● 编委会

主　任：刘　炜　孙秀丽　黄丽丽

主　编：钱初熹　朱黎兵

编　委（按姓氏笔画为序）

马蔚斌　吕云萍　李　莉　邱云章

张　泽　张旭东　陈怡婷　郑杰才

郑宝珍　郑惠婷　徐英杰　徐耘春

赖思沁

● 全国教育科学"十四五"规划2021年度教育部重点课题"五育融合视域下小初高一体化美育课程体系建构及实施策略研究（批准号DLA210382）"研究成果

● 厦门英才学校"以美融通五育一体化育人体系"之美育课程系列

福建卷

非遗里的中国智慧

主编 钱初熹　朱黎兵

教学设计

厦门大学出版社
国家一级出版社
全国百佳图书出版单位

图书在版编目（CIP）数据

非遗里的中国智慧. 福建卷. 教学设计 / 钱初熹，朱黎兵主编. -- 厦门：厦门大学出版社，2025.3.
ISBN 978-7-5615-9490-2

Ⅰ. G122

中国国家版本馆CIP数据核字第20253EA544号

责任编辑　郑　丹
美术编辑　李嘉彬
技术编辑　许克华

出版发行　**厦门大学出版社**
社　　址　厦门市软件园二期望海路39号
邮政编码　361008
总　　机　0592-2181111　0592-2181406(传真)
营销中心　0592-2184458　0592-2181365
网　　址　http://www.xmupress.com
邮　　箱　xmup@xmupress.com
印　　刷　厦门集大印刷有限公司

开本　889 mm×1 194 mm　1/16
印张　36.25
插页　2
字数　988千字
版次　2025年3月第1版
印次　2025年3月第1次印刷
定价　168.00元（全5册）

本书如有印装质量问题请直接寄承印厂调换

厦门大学出版社
微信二维码

厦门大学出版社
微博二维码

序

一、作为美育重要组成部分的美术教育

2016年9月13日,《中国学生发展核心素养》研究成果正式发布。中国学生发展核心素养以培养"全面发展的人"为核心,分为文化基础、自主发展、社会参与三个方面,综合表现为人文底蕴、科学精神、学会学习、健康生活、责任担当、实践创新这六大素养。各素养之间相互联系、互相补充、相互促进,在不同情境中整体发挥作用。[①] 中国学生发展核心素养主要指学生应具备的,能够适应终身发展和社会发展需要的必备品格和关键能力。中国学生发展核心素养的提出,是落实立德树人根本任务的一项重要举措,也是适应世界教育改革发展趋势、提升我国教育国际竞争力的迫切需要,为新时代背景下的美术教育指明了培养人才的方向。

2020年10月15日,中共中央办公厅、国务院办公厅印发的《关于全面加强和改进新时代学校美育工作的意见》指出:"美是纯洁道德、丰富精神的重要源泉。美育是审美教育、情操教育、心灵教育,也是丰富想象力和培养创新意识的教育,能提升审美素养、陶冶情操、温润心灵、激发创新创造活力。"

随着我国政府对美育的日益重视,美术教育加快了前进的步伐,取得了令人瞩目的成效,特别是在弘扬中华优秀传统文化方面取得了令人瞩目的成绩。目前,美术教师群体对于通过学校美术课程开展中华优秀传统文化教育的价值与目标存在不同的认识,有的教师仅停留于知识与技能的传授层面,有的教师在传授知识与技能的同时也注重指导学生对其内涵的感悟。但大部分美术教师对如何通过学校美术教育,激发中小学生的家国情怀,增强文化自信方面的认识明显是不足的。此外,融入革命文化和社会主义先进文化的学校美术教育并没有受到足够的重视。

究其原因,是美术教育领域虽已对中国学生发展核心素养中的文化基础、自主发展方

[①] 核心素养研究课题组.中国学生发展核心素养[J].中国教育学刊,2016(10):1-3.

面素养的认识比较深入,但缺乏对社会参与方面素养的正确认识。中央美术学院党委书记、中国美术家协会美术教育委员会主任高洪指出:"坚持在美术教育中实施素质教育,克服美术教育中的功利主义,是遵循美育特点的前提。"①的确如此,作为素质教育重要组成部分的美术教育要遵循美育特点,就必须克服美术教育中的功利主义,全面认识作为美育重要组成部分的美术教育的价值与目的。

二、全面认识美术教育的价值与意义

(一)文化自信是国家与民族发展的力量

为解决上述问题,我们首先需要对美育视域下美术教育的价值与目的进行深入思考与探究。

2017年10月18日,习近平总书记在党的十九大报告中指出:"坚定文化自信,推动社会主义文化繁荣兴盛。""坚持社会主义核心价值体系。文化自信是一个国家、一个民族发展中更基本、更深沉、更持久的力量。必须坚持马克思主义,牢固树立共产主义远大理想和中国特色社会主义共同理想,培育和践行社会主义核心价值观,不断增强意识形态领域主导权和话语权,推动中华优秀传统文化创造性转化、创新性发展,继承革命文化,发展社会主义先进文化,不忘本来、吸收外来、面向未来,更好构筑中国精神、中国价值、中国力量,为人民提供精神指引。""坚持全民行动、干部带头,从家庭做起,从娃娃抓起。深入挖掘中华优秀传统文化蕴含的思想观念、人文精神、道德规范,结合时代要求继承创新,让中华文化展现出永久魅力和时代风采。"习近平总书记的报告为推进美育新一轮高水平开展注入了强劲的动力,具有极其重大的指导意义。

我们深刻认识到文化自信是一个民族、一个国家以及一个政党对自身文化价值的充分肯定和积极践行,并对其文化的生命力持有坚定信心。我国人民对中华文化的强烈认同,既是本国自立于世界民族之林的伟大精神力量,又是使民族在激烈的国际竞争中立于不败之地的强大支柱。家国情怀,其实就是古人提倡的"修身齐家治国平天下"的情怀。从文献上看,《周易》是第一部较为明确地将"君子"作为重要概念进行论述的著作。在君子人格的起始阶段,就已经把个人与国家看成家国的一体。社会主义核心价值观倡导的是新时代的家国情怀和君子人格。富强、民主、文明、和谐是社会主义核心价值观在国家层面追求的价值目标;自由、平等、公正、法治是社会主义核心价值观在社会层面追求的价值取向;爱国、敬业、诚信、友善是社会主义核心价值观在公民个人层面追求的价值准则。这三个层面体现了社会主义核心价值观国家意志与个人诉求的交互连接、宏大叙事和日

---

① 高洪.弘扬中华美育精神[N].人民日报,2019-08-25(08).

常生活的有机统一、个人幸福和民族复兴的紧密结合。① 文化自信与家国情怀密切相关，相辅相成，汇聚成国家与民族发展的精神支柱与强大力量。

(二)增强文化自信与厚植家国情怀的美术教育具有重要价值与深远意义

近年来，人工智能、大数据、基因技术、脑科学等各个领域飞速变革。智能化社会要求美术教育进行转型。美术教育的价值蕴含于美术赋予学生的独特体验之中，它以帮助学生获得视觉识读、造型表现、空间思维、想象创意、物尽其用、美感延展的能力为目的，以对中华文化的自信以及文化理解为深度学习的目标。学校美术教育的独特价值、目的以及深度学习的目标，有助于学生在智能化时代形成对本国文化的自信，激发家国情怀，并焕发文化创造活力，为积极建设社会主义文化强国而努力学习。

我们要深刻理解美术教育的重要价值与深远意义。一方面，美术是一种重要的语言。当我们解读、传递、创造有关视觉、声音的信息时，图像、文字、数字、声音等各种资源进行交互所带来的意外发现，易于启动不能用考试来代替的创意、想象、思考、情感和观念，提升思维灵活性。在学习美术的过程中，学生激发好奇心，热情地对美术媒介和工作流程进行探究与实验，学习如何做出选择，运用跨学科的方法，促进积极的和复杂的学习，学会协调自己的双手、心灵和头脑对世界进行探索，理解通过创意将不可能变为可能的价值，获得继承传统文化并创造新文化所必备的造型表现能力、自主学习能力、探究能力、批判性思考和解决问题能力、革新与创造能力，以及沟通与协作能力。另一方面，随着科技的飞速发展，全球化的趋势日渐明显，本土文化面临严峻的挑战。在我国的巨人文化遗产中，蕴藏着可促进现代社会发展的智慧。通过美术教育，开展以中华优秀传统文化、革命文化和社会主义先进文化为主要内容的教学实践活动，有利于当代青少年了解祖国的优秀文化，增强文化自信和政治认同感，激发家国情怀，具备公民品格、生态文明观以及拓展全球视野，并逐步树立保护、继承优秀传统文化并发展社会主义新文化的志向。

通过美育课程引导学生不断探寻中华优秀传统文化中蕴含的中国智慧，有助于实现美术教育的重要价值与深远意义，增强青少年的文化自信，赋予青少年自主发展的能力，激励并推动全面可持续增长的革新与创造。学习过此类课程的青少年具有文化自信与家国情怀，具备公民品格、生态文明观和全球视野，善于应对社会、经济、文化、教育、科技、环境保护等各方面的挑战，促进社会的可持续发展。

---

① 年轻人要有家国情怀[EB/OL].(2021-10-24)[2024-08-18].https://www.sohu.com/a/496940767_121241907.

三、积极开展"探寻中华优秀传统文化中的中国智慧"的学校美术教育

(一)培养学生核心素养的深度学习

"不断探寻中华优秀传统文化中的中国智慧"的美术课程需要达到"深度学习"的层面。深度学习通过组合低层特征形成更加抽象的高层表示属性类别或特征,以发现数据的分布式特征表示。近年来,中外学者们将源于人工神经网络研究的"深度学习"拓展到人类学习的范畴。依据人工神经网络的研究成果,深度学习把学习结构看作一个网络,人脑具有一个深度结构,认知过程逐层进行,逐步抽象。

我国学者指出:深度学习以培养学生核心素养为根本追求,因为只需简单记忆和机械应用程序的工作,是不需要深度学习的。在快速变化的世界取得职业和社会生活成功的关键,就是要拥有远大志向和坚强的意志、批判性思考和问题解决能力、有效的沟通和协作能力以及学科思维、学习策略和积极的学习心向等。而这些素养的获得需要深度学习的支撑,因为素养是"个体在与各种真实情境持续的社会性互动中,不断解决问题和创生意义的过程中形成的",深度学习正是这样的活动和过程。"学科核心"、"知识结构"、"学习动机"、"深度理解"和"解决复杂问题",成为深度学习的关键词。①

在美术教育中的"深度学习"回应新时代中国学生发展核心素养培育的挑战,以"基于项目的学习"为基础,美术学习活动的设计与实施遵循学习科学的基本原理,从强调学习什么转变为更强调如何学习以及如何运用所学,主要由专长习得、问题解决和高级思维构成对美术概念的深层次理解。学生围绕美术的核心概念,建立起相关概念、原理之间的框架及其与现实世界关联而生成的关键性问题;通过呈现真实问题情境,学生在"前概念"的基础上,持续不断地探究,像"艺术家、设计师和工艺师"一样进行视觉艺术知识建构、问题解决和反思改进,从而实现概念的改变和知识的迁移。教师通过支持学生经历富有意义的美术学习过程,促使学生发生真实的美术学习;采取线上和线下并行的混合式美术教学方式,促进学生主动学习。通过这样的美术学习活动,学生就从浅表学习走向深度学习。

(二)增强文化自信与厚植家国情怀的美术教育

增强文化自信与厚植家国情怀的美术教育突破二维课程(事实/技能)模式的局限,采用三维课程(事实/技能、概念、概念性理解)模式②,利用事实性内容和技能来支持能够跨时间、跨文化、跨情境迁移的观念和观念性理解。主题和事实性问题被锁定在特定的时

---

① 郑葳,刘月霞.深度学习:基于核心素养的教学改进[J].教育研究,2018(11):56-60.
② 林恩·埃里克森,洛伊斯·兰宁.以概念为本的课程与教学[M].鲁效孔,译.上海:华东师范大学出版社,2018:18.

间、地点、情境当中;事实是主题框架内的特定知识片段;概念可以跨时间、跨文化、跨情境迁移,它们是以共同属性框定一组实例的心智建构,分为宏观概念(跨学科的)、微观概念(更多是学科内的);概括(概念性理解)是表述两个或两个以上的概念之间的句子,它们可以跨时间、跨文化、跨情境迁移理解。在课程评估中学生根据三个层次的问题可以清晰地表述"知道什么"、"理解什么"和"能够做什么"。

(三)厦门英才学校15年创美一体化课程

2020年,华东师范大学美术教育团队与厦门英才学校携手共建"厦门英才学校15年创美一体化课程",将"中国学生发展核心素养"与"厦门英才学校美术学科核心素养"相结合(如图1)。人才培养目标定位为:"通过英才学校15年创美一体化课程,培养融会创意、审美、表现的关键能力,具有自主发展与社会贡献的必备品格,以及坚定的文化自信、强烈的家国情怀、宽广的全球视野的英才。"

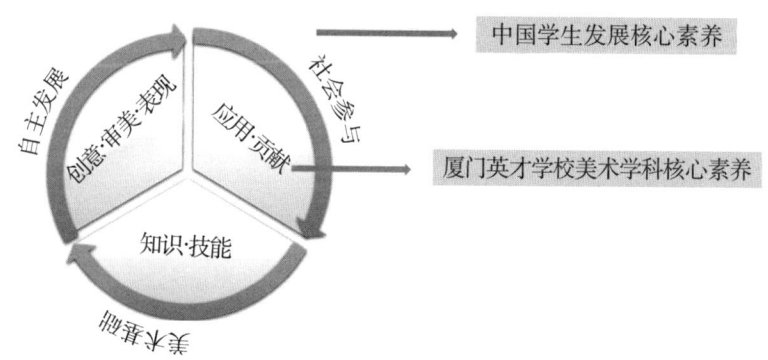

图1 将"中国学生发展核心素养"和"厦门英才学校美术学科核心素养"相结合

"厦门英才学校15年创美一体化课程"分为三大主题:①"三种文化"(中华优秀传统文化、革命文化和社会主义先进文化),内容为"闽西南建筑";②"中国智慧",内容为"衣食住行";③"生态文明",内容为"跨学科可持续设计"。三大主题课程覆盖"共同基础课程""英才特质课程""特长生课程""博物馆研学课程"。

其中,"中国智慧"以增强学生的文化自信与家国情怀素养为根本追求,以深度学习为支撑,教师引导学生在与真实情境的社会性互动中,不断解决问题和创生意义。学生通过学习,形成远大志向和坚强意志,获得批判性思考、问题解决能力和有效沟通协作能力,激发艺术思维,提高创意表现能力。

四、结语

当今世界正在经历百年未有之大变局,我国正面临前所未有的机遇与挑战。美育视域下的美术教育亟须更新观念并创新体制。我们要汇聚多方力量,积极开展以增强文化自信与厚植家国情怀为重点的美术教育,赋予青少年自主发展的能力,激励并推动全面可持续增长的革新与创造，善于应对社会、经济、文化、教育、科技、环境保护等各方面的挑战，促进社会的可持续发展，在个人成长的同时为建设社会主义强国做出贡献。

教育部艺术教育委员会委员
上海市艺术教育委员会委员
华东师范大学教授、博士生导师

钱初熹

2023年8月1日于上海舒溪书斋

目 录

绪 论 ………………………………………………………………………………… 1

第一部分 幼儿园

第一章 "衣"的中国智慧 ………………………………………………………… 14
 第一节 "惠女服里的'人间烟火味'"美术主题活动与教学设计案例
   （感受与欣赏）………………………………………………………… 15
 第二节 "惠女服里的'人间烟火味'"美术主题活动与教学设计案例
   （表现与创造）………………………………………………………… 19

第二章 "食"的中国智慧 ………………………………………………………… 25
 第一节 "感受闽南的茶乐趣"美术主题活动与教学设计案例
   （感受与欣赏）………………………………………………………… 26
 第二节 "感受闽南的茶乐趣"美术主题活动与教学设计案例
   （表现与创造）………………………………………………………… 30

第三章 "住"的中国智慧 ………………………………………………………… 34
 第一节 "遇见有趣的土楼"美术主题活动与教学设计案例
   （感受与欣赏）………………………………………………………… 35
 第二节 "遇见有趣的土楼"美术主题活动与教学设计案例
   （表现与创造）………………………………………………………… 38

第四章 "行"的中国智慧 ………………………………………………………… 43
 第一节 "感知闽南福船"美术主题活动与教学设计案例
   （感受与欣赏）………………………………………………………… 44
 第二节 "感知闽南福船"美术主题活动与教学设计案例
   （表现与创造）………………………………………………………… 49

第二部分　小学

第一章　"衣"的中国智慧 …… 54
　　第一节　"初识惠安女服饰"美术单元课程与教学设计案例
　　　　　　（欣赏·评述单元） …… 55
　　第二节　"初识惠安女服饰"美术单元课程与教学设计案例
　　　　　　（创意·表现单元） …… 62

第二章　"食"的中国智慧 …… 70
　　第一节　"寻踪闽南茶味故里"美术单元课程与教学设计案例
　　　　　　（欣赏·评述单元） …… 71
　　第二节　"寻踪闽南茶味故里"美术单元课程与教学设计案例
　　　　　　（创意·表现单元） …… 79

第三章　"住"的中国智慧 …… 86
　　第一节　"邂逅沧江古镇"美术单元课程与教学设计案例
　　　　　　（欣赏·评述单元） …… 87
　　第二节　"邂逅沧江古镇"美术单元课程与教学设计案例
　　　　　　（创意·表现单元） …… 99

第四章　"行"的中国智慧 …… 108
　　第一节　"'行'之奥秘——古船新生"美术单元课程与教学设计案例
　　　　　　（欣赏·评述单元） …… 109
　　第二节　"'行'之奥秘——古船新生"美术单元课程与教学设计案例
　　　　　　（创意·表现单元） …… 115

第三部分　初中

第一章　"衣"的中国智慧 …… 124
　　第一节　"寻秘惠安女服饰"美术单元课程与教学设计案例
　　　　　　（欣赏·评述单元） …… 125

第二节　"寻秘惠安女服饰"美术单元课程与教学设计案例
　　　　　　（创意·表现单元） ··· 133

第二章　"食"的中国智慧 ·· 141

　　第一节　"走进闽南茶记忆"美术单元课程与教学设计案例
　　　　　　（欣赏·评述单元） ··· 142

　　第二节　"走进闽南茶记忆"美术单元课程与教学设计案例
　　　　　　（创意·表现单元） ··· 151

第三章　"住"的中国智慧 ·· 158

　　第一节　"寻踪古建筑"美术单元课程与教学设计案例
　　　　　　（欣赏·评述单元） ··· 159

　　第二节　"寻踪古建筑"美术单元课程与教学设计案例
　　　　　　（创意·表现单元） ··· 171

第四章　"行"的中国智慧 ·· 178

　　第一节　"'行'之工匠——'海丝'遗迹"美术单元课程与教学设计案例
　　　　　　（欣赏·评述单元） ··· 179

　　第二节　"'行'之工匠——'海丝'遗迹"美术单元课程与教学设计案例
　　　　　　（创意·表现单元） ··· 188

第四部分　高中

第一章　"衣"的中国智慧 ·· 198

　　第一节　"演绎惠安女服饰"美术单元课程与教学设计案例
　　　　　　（欣赏·评述单元） ··· 199

　　第二节　"演绎惠安女服饰"美术单元课程与教学设计案例
　　　　　　（创意·表现单元） ··· 208

第二章　"食"的中国智慧 ·· 217

　　第一节　"遇见茶汤和好天气"美术单元课程与教学设计案例
　　　　　　（欣赏·评述单元） ··· 218

　　第二节　"遇见茶汤和好天气"美术单元课程与教学设计案例
　　　　　　（创意·表现单元） ··· 227

第三章 "住"的中国智慧 ······· 235
 第一节 "对话世界文化遗产"美术单元课程与教学设计案例
  （欣赏·评述单元）······· 236
 第二节 "对话世界文化遗产"美术单元课程与教学设计案例
  （创意·表现单元）······· 243

第四章 "行"的中国智慧 ······· 251
 第一节 "'行'之创意——迭代轨迹"美术单元课程与教学设计案例
  （欣赏·评述单元）······· 252
 第二节 "'行'之创意——迭代轨迹"美术单元课程与教学设计案例
  （创意·表现单元）······· 260

后　记 ······· 270

绪　论

厦门英才学校数十年坚持"爱与创造"教育主张，探索"大爱大美"教育路径。发挥一体办学优势，统筹推进小初高"以美融通五育一体化育人体系"，形成英才大美特色文化，促进学生在美的文化浸润下，形成美的价值追求，为学生的幸福人生奠基。

教育的根本任务是立德树人，培养德智体美劳全面发展的社会主义建设者和接班人。厦门英才学校15年创美一体化课程以培养学生的美术学科核心素养与中国学生发展核心素养为育人目标，将艺术性与育人目标紧密结合在一起，凸显艺术教育的感性特征，充分发挥艺术教育所具有的寓教于乐、潜移默化的育人作用。同时，深入挖掘传统非遗中蕴含的中国智慧，借古人之智慧，开今人之生面。

本书编写组在编写出版《福建建筑美育》基础上，又组织编写了美育教材《非遗里的中国智慧（福建卷）》，本书将"中国学生发展核心素养"与"学科核心素养"相结合，通过深度学习，从福建非遗中有关衣、食、住、行四个方面入手，带领不同学段同学们由浅入深探寻福建地区非遗中的智慧，并将其融入现代生活，在真实情境中借鉴古人的智慧，指导学生的创意与实践，帮助学生获得批判性思考、问题解决能力和有效沟通协作能力，进一步增强学生的文化自信与家国情怀。

《非遗里的中国智慧（福建卷）》编写组高度重视学生在美育课程中对素养与思维能力的培育，而非单纯聚焦于知识技能的传授。此外，本书所述课程设计紧密遵循具身理论的教育原则，强调在"实践"环节中深化对课程核心理念及原理的理解与掌握。我们坚信，英才学校15年一体化美育课程的设计与教学实践活动，将有效促进学生核心素养的全面提升，并着力培养其融合创新思维、审美能力、表现技巧于一体的关键能力。在此学习过程中，学生还将具备自主发展的能力、社会贡献的责任感，以及坚定的文化自信、深厚的家国情怀与宽广的全球视野，从而成长为具备综合素养的杰出人才。以下是学生在学习过程中能具备的核心素养，以及能够达到的课程目标：

一、核心素养

通过课程的学习，不同学段的学生能够提升的核心素养包括：

幼儿园阶段：造型游戏、艺术感知、审美情趣、家国情怀；

小学阶段：审美感知、艺术表现、创意实践、文化理解、政治认同、家国情怀、文化自信、健全人格、生态意识；

初中阶段：审美感知、艺术表现、创意实践、文化理解、政治认同、家国情怀、文化自信、健全人格、生态意识；

高中阶段：图像识读、审美判断、美术表现、创意实践、文化理解、政治认同、家国情怀、文化自信、健全人格、生态意识。

二、课程目标

(一)学生能够知道

1."欣赏·评价"课例

(1)欣赏方法,如费德曼四步鉴赏法、发现法、比较法、思维导图法、对话法、情境法等。

(2)视觉元素,如线条、形状、色彩、肌理、空间等。

(3)形式原理,如对称、均衡、节奏等。

(4)色彩知识,如原色、间色、复色、冷色调、暖色调、对比色、近色等。

2."创意·表现"课例

(1)视觉元素,如线条、形状、色彩、肌理、空间等。

(2)形式原理,如对称、均衡、节奏等。

(3)色彩知识,如原色、间色、复色、冷色调、暖色调、对比色、近色等。

(二)学生能够做到

1."欣赏·评述"课例

(1)从非遗传承人、非遗作品等角度出发欣赏与认识非遗里蕴含的中国智慧,并能倾听他人的想法和解读。

(2)运用恰当的欣赏方法(如描述、分析、解释、评价等)解读非遗里蕴含的中国智慧。

(3)综合运用发现法和情境法来探究非遗里的中国智慧的类型,并用比较法来多角度分析。

(4)综合运用情境法和对话法从文化角度解读非遗里的中国智慧的独特价值。

(5)对自己创作或制作的作品能进行反思,虚心倾听、理解别人的意见或建议,并加以改进。

2."创意·表现"课例

(1)从线条、形状、色彩、空间、明暗、肌理等基本造型元素的角度出发认识非遗里的中国智慧。

(2)运用对称、均衡、重复、节奏、对比、变化、统一等形式原理创作蕴含中国智慧的相关设计作品。

(3)能够通过对各种艺术媒材、技巧和制作过程的探索及实验,发展艺术感知能力和造型表现能力。

(4)能够设计创作,体验造型活动的乐趣,敢于创新与表现,产生对美术学习的持久兴趣。

(三)学生能够理解

1."欣赏·评述"课例

(1)学生能够理解非遗里的中国智慧蕴含的人文价值,采用不同的鉴赏方法来解读非遗里的中国智慧。

(2)学生能够理解非遗里的中国智慧蕴含的传承和创新精神,提高保护非遗的意识和自觉性。

(3)学生通过学习提高对自然美、人文美、文化美的兴趣,形成高雅的情趣,从而养成自觉珍视优秀的民族、民间美术与文化遗产,增强民族自豪感,尊重世界多元文化的态度。

(4)在参与班级或小组的各种表达交流中,学生能尊重和理解别人不同的看法或想法。

2."创意·表现"课例

(1)学生能够理解非遗里的中国智慧蕴含的人文价值,采用不同的表达方法来展现非遗里的中国智慧。

(2)学生通过非遗里的中国智慧所承载的文化传承和创新精神所蕴含的创意表现,提高保护非遗的意识和自觉性。

(3)学生通过制作创意作品,养成自觉珍视优秀的民族、民间美术与文化遗产、增强民族自豪感、尊重世界多元文化的态度。

(4)在参与班级或小组的各种创作中,学生能尊重和理解别人不同的看法或想法,对自己创作或制作的作品能进行反思,虚心倾听、理解别人的意见或建议,并加以改进。

(5)学生通过探索不同的创作方法,创作可以在一定程度上表达自己感受的作品,发展具有个性的表现能力,表达思想与情感。

《非遗里的中国智慧(福建卷)》在内容框架上分为四个部分,每部分的专题和所介绍的非物质文化遗产蕴含的中国智慧介绍如下:

【第一部分:"衣"的中国智慧】

专题包括:幼儿园"惠女服里的'人间烟火味'",小学"初识惠安女服饰",初中"寻秘惠安女服饰",高中"演绎惠安女服饰"。

本书将带领读者了解福建省惠安女服饰的历史、特点及制作工艺,感受福建人民的勤劳与创造力,引导读者探寻传统非遗中"衣"所蕴含的中国智慧:

幼儿园:惜物勤俭,因地制宜,守望相助;

小学:师法自然,因材施艺,形意相生,吃苦耐劳,勤劳节俭;

初中:惜物勤俭,师法自然,因地制宜,吃苦耐劳;

高中:天人合一,因地制宜,和谐共生。

【第二部分:"食"的中国智慧】

专题包括:幼儿园"感受闽南的茶乐趣",小学"寻踪闽南茶味故里",初中"走进闽南茶记忆",高中"遇见茶汤和好天气"。

本书将带领读者了解福建省的茶文化,探究其背后的故事与茶叶制作方法,感受福建历史悠久的茶艺文化,引导读者探寻非遗中"食"所蕴含的中国智慧:

幼儿园:仁者见仁,智者见智,欲速则不达;

小学:物以载道,因材施艺,说繁道简;

初中:品茶论道,形意相生,返璞归真;

高中:因地制宜,天人合一,由技入道,张弛有度。

【第三部分:"住"的中国智慧】

专题包括:幼儿园"遇见有趣的土楼",小学"邂逅沧江古镇",初中"寻踪古建筑",高中"对话世界文化遗产"。

本书将带领读者了解福建省的传统民居建筑,探究其设计理念、建筑材料与建造技艺,领略建筑之美,引导读者探寻非遗中"衣"所蕴含的中国智慧:

幼儿园:分甘共苦,守望相助,形意相生,因地制宜;

小学:形意相生,物以载道,因地制宜,聚族而居,守正创新;

初中:因地制宜,守正创新;

高中:聚族而居,因地制宜、以人为本,和谐共生。

【第四部分:"行"的中国智慧】

专题包括:幼儿园"感知闽南福船",小学"'行'之奥秘——古船新生",初中"'行'之工匠——'海丝'遗迹",高中"'行'之创意——迭代轨迹"。

本书将带领读者围绕福船,探究其历史、特点、使用场景等,感受海洋文化的魅力,引导同学们探寻非遗中"衣"所蕴含的中国智慧:

幼儿园:分甘共苦,空间营造;

小学:因材施艺,和谐共生,互帮互助,传承新生;

初中:因材施艺,和谐共生,互帮互助;

高中:传承新生,天人合一,师法自然。

幼儿园课程按"感受与欣赏"和"表现与创造"两个主题活动展开,小学到高中的课程均按照"欣赏·评述"与"创意·表现"两个大单元形式开展,设置"美术课程标准解读"、"学材"、"教学设计"(教案)、"课程学习评价指南"等内容。通过内容丰富、形式多样的单元课程,能够帮助学生在感受多彩非遗与探寻其蕴含的中国智慧过程中,获得批判性思考、问题解决能力和有效沟通协作能力,激发创新思维,提高审美素养和创意表现能力。

本书的具体内容介绍如下:

【第一部分:"衣"的中国智慧】

(幼儿分册)

专题一:惠女服里的"人间烟火味"

主题一:感受与欣赏

活动:美丽恬静——别致的惠女服

主题二:表现与创造

活动1:御寒防晒——我戴一顶金箬笠

活动2:短衣宽裤——惠女服的小巧思

(小学分册)

专题二:初识惠安女服饰

单元一　欣赏·评述

第1课时:海上生花——勤劳的惠安女

第2课时:润物无声——和谐的家园

单元二　创意·表现

第1课时:初识惠女——美丽的花头巾

第2课时:印象惠女——独特的花衣裳

(初中分册)

专题三:寻秘惠安女服饰

单元一　欣赏·评述

第1课时:寻根溯源——惠安女服饰的造型美

第2课时:浮光掠影——惠安女服饰的生活美
单元二　创意·表现
第1课时:别具匠心——服饰中的植物纹样
第2课时:创意无限——惠安元素的再设计

(高中分册)
专题四:演绎惠安女服饰
单元一　欣赏·评述
第1课时:探根溯源——惠安女服饰探秘
第2课时:薪火相传——惠安女服饰传承
第3课时:匠心之用——惠安女服饰新生
单元二　创意·表现
第1课时:独出心裁——惠安女首饰再设计
第2课时:独具创新——惠安女服装再设计
第3课时:异彩纷呈——惠安女服装展示

【第二部分:"食"的中国智慧】

(幼儿分册)
专题一:感受闽南的茶乐趣
主题一:感受与欣赏
活动1:认识漳平水仙茶
活动2:制作水仙茶饼
主题二:表现与创造
活动1:创意茶杯设计
活动2:模拟品茶

(小学分册)
专题二:寻踪闽南茶味故里
单元一　欣赏·评述
第1课时:千年窑火——寻踪德化白瓷茶具
第2课时:茶意传情——创作立体茶杯贺卡
单元二　创意·表现
第1课时:初识白瓷——设计套装茶具
第2课时:印象茶席——制作茶席立体纸花

(初中分册)
专题三:走进闽南茶记忆
单元一　欣赏·评述
第1课时:清香滋味——寻迹铁观音
第2课时:品茶论道——鉴赏茶席陈设
第3课时:好客之道——品味舌尖茶点
第4课时:故园情思——土特产包装设计

单元二　创意·表现
第1课时:乡韵悠长——设计茶产品包装
第2课时:纸艺体验——制作手工茶席(一)
第3课时:纸艺体验——制作手工茶席(二)

(高中分册)
专题四:遇见茶汤和好天气
单元一　欣赏·评述
第1课时:土地和手掌的温度
第2课时:烹茶煮茗——烧水与煮茶的故事
第3课时:一脉相承——过去、现在和未来的茶
第4课时:沁人心脾——一碗茶汤见人情
单元二　创意·表现
第1课时:兰香铁韵——铁观音的绘本故事
第2课时:茶农偶头——闽南布袋戏
第3课时:水墨品茶——茶汤与好心情

【第三部分:"住"的中国智慧】

(幼儿分册)
专题一:遇见有趣的土楼
主题一:感受与欣赏
活动:房子中的甜甜圈
主题二:表现与创造
活动1:我的小小土楼
活动2:土楼大家庭

(小学分册)
专题二:邂逅沧江古镇
单元一　欣赏·评述
第1课时:精雕细琢——遇见风情莲塘
第2课时:云游逸品——重启沧江古镇
单元二　创意·表现
第1课时:妙手匠心——构建纸艺古厝

(初中分册)
专题三:寻踪古建筑
单元一　欣赏·评述
第1课时:闽韵流芳——承千年古厝承记忆
第2课时:古风遗韵——品传统古建筑工艺
第3课时:兼容并蓄——赏闽南近代园林艺术
单元二　创意·表现
第1课时:相地合宜——设计园林景观

(高中分册)

专题四:对话世界文化遗产

单元一　欣赏·评述

第1课时:且"筑"为"家"——古建筑设计的特点

单元二:创意·表现

第1课时:"衣衫"傍水——古民居的现代创意演绎

第2课时:"智慧"营造——土楼中蕴含的智慧

【第四部分:"行"的中国智慧】

(幼儿分册)

专题一:感知闽南福船

主题一:感受与欣赏

活动1:学知识

活动2:找图形

活动3:辨色彩

活动4:火眼金睛

活动5:思奥秘

主题二:表现与创造

活动:福船水彩画

(小学分册)

专题二:"行"之奥秘——古船新生

单元一　欣赏·评述

第1课时:古船探秘　　神奇的福船之谜

第2课时:古船新生——穿越时空的工艺

单元二　创意·表现

第1课时:"船"承记忆——福船拼贴画制作

第2课时:"船"流不息——立体福船制作

(初中分册)

专题三:"行"之工匠——"海丝"遗迹

单元一　欣赏·评述

第1课时:高出云表——海上丝路航标

第2课时:长桥卧波——海上丝路遗迹

单元二　创意·表现

第1课时:四通八达——"海丝"手绘地图

第2课时:庇佑平安——石将军泥塑

(高中分册)

专题四:"行"之创意——迭代轨迹

单元一　欣赏·评述

第1课时:乘风破浪——福船远航技艺

第2课时:继往开来——福船文化传承

第3课时:融合创新——红点设计博物馆
单元二　创意·表现
第1课时:古船印象——福船文创设计
第2课时:布帆无恙——福船粉印版画
第3课时:一路福星——交通工具设计

附:内容导读

【第一部分:"衣"的中国智慧】

一、导读

福建省泉州市惠安县位于台湾海峡西岸,惠东地区的崇武、小岞等乡镇的女性,在服饰的样式、色彩、装饰等方面形成了闽南地区独特的惠安女服饰文化艺术。惠安女服饰主要由斗笠、头巾、上衣、腰带、裤子等款项组成,惠安女服饰的整体造型美观、色彩协调,奇而不俗、艳而有韵,是汉民族服饰中极具视觉冲击力的个性服饰,体现了惠安女特有的审美情趣。惠安女服饰文化源远流长,有着古闽越族服饰的遗存痕迹,又揉进中原文化、海洋文化等其他文化的影响,是研究中华民族多元文化交融的宝贵历史文化遗产,在民族服饰文化中独树一帜。"惠安女服饰"于2006年列入第一批国家级非物质文化遗产名录。

二、惠安女服饰

惠安女服饰是古代百越遗俗与中原文化及海洋文化等多种文化在互相碰撞交融的过程中不断演绎而形成的服饰民俗文化。据崇武大岞山新石器时代文化遗址的地表采集到的陶片纹饰有篮纹、绳纹、斜线纹、云雷纹和附加堆纹等,证实惠安女服饰有着古闽越族的遗存信息。民间传说惠东人是闽南十八峒之一蝴蝶峒的后裔,蝴蝶是其原始的族徽和崇拜对象,惠安女服饰色彩框架的形成就源自远古百越祖先蝴蝶族徽和图腾的崇拜。惠安女长期居住生活在崇武、小岞两个半岛的海岬边域,保留着特别的生活习俗,故惠安女服饰在色彩视觉效果上与自然环境十分和谐,保留了海洋文化的深深烙印。

惠安女服饰整体样式定型于唐朝,至宋代渐趋成熟,明末清初惠安女服饰有了比较明显的变化,特别老年人的服饰颜色都以黑色调为主,红、蓝、绿等色只在装饰上运用少许。20世纪20年代,黑、红、蓝、绿、银灰成了这个时期的主色调,具有十分和谐的搭配效果。至20世纪五六十年代,使用黄斗笠、花头巾和塑料手工艺品如裤带、凉鞋等,色彩产生了巨大的变化。进入20世纪七八十年代,惠安女服饰的色彩变化达到鼎盛时期,配饰也更为讲究,每件饰品都是精雕细刻。

惠安女服饰款式奇异、装饰独特、色彩协调,融民族、民间、地方和环境等特征于一体。惠安女服饰造型的基本特征为"封建头,民主肚,节约衫,浪费裤",惠安女的服饰组合造型美观、注重比例,贴合穿着者体形,即衣短裤长、紧束的上衣、宽畅的裤脚,符合上紧下松的视觉审美。惠安女服饰发展至今,其固有的色彩主框架仍然是"黄斗笠、黑绸裤、蓝上衣"。黄、黑、蓝、绿组成了惠安女服饰的主色调,创造出和谐、鲜明的整体视觉效果。

惠安女服饰纹样是一种附着在服装载体上的主体美,它与当地民俗风情、宗教祭祀及人们的生活情趣、伦理道德是分不开的,大多寄寓着对美好生活的向往,寓情于景,带有渔家生活气息。纹样设计通过具体生动的形象,运用象征寓意等艺术手法,使其吉祥意念与表现形式不断地融合,故具有很强的内涵性、象征性、寓意性。

惠安女服饰是中国服饰精华的一部分,服饰组合造型美观、色彩协调,堪称奇而不俗、艳而有韵,它以适应生活和劳动为基调,并严格遵循其自身的审美观念,以"称体、入时、从俗"为追求目标。讲究色彩与环境的协调和谐,注重尺度比例适应劳动生活的需要,追求与自然的和谐美,极具历史文化研究价值。

【第二部分:"食"的中国智慧】

一、导 读

闽南茶文化博大精深、源远流长,是中华优秀传统文化的重要组成部分,它蕴藏着中华民族浓厚的生活气息和深厚的精神文化内涵。福建闽南地区不但积累了大量关于茶叶种植、生产、食用的物质文化,更积累了丰富的有关茶的精神文化,也即茶文化。

二、安溪铁观音制作技艺

铁观音,属于乌龙茶类,是中国十大名茶之一,出产于福建闽南地区安溪县,这里群山环绕,峰峦叠嶂,云雾缭绕,年平均气温19～20℃,土层深厚,特别适宜茶树的生长。纯种铁观音植株为灌木型,枝条斜生,叶片呈水平状生长,叶形椭圆,叶缘齿疏而钝,叶面呈波浪状隆起,具明显肋骨形,略向背面反卷,叶肉肥厚,叶色浓绿光润,叶尖端稍凹,向左稍歪,略往下垂,嫩芽紫红色,因此有"红芽歪尾桃"之称。铁观音属于半发酵茶类,冲泡可分为八道程序,分别是白鹤沐浴(洗杯)、观音入宫(落茶)、悬壶高冲(冲茶)、春风拂面(刮泡沫)、关公巡城(倒茶)、韩信点兵(点茶)、鉴尝汤色(看茶)和品啜甘霖(喝茶)。2008年,"安溪铁观音制作技艺"被列入第二批国家级非物质文化遗产名录。

采制铁观音要求严格而精细,安溪铁观音制作工序包括:

(1)采摘和倒青:安溪铁观音的制作综合了红茶发酵和绿茶不发酵的特点,属于半发酵的品种。茶青的采集以茶芽(心)伸长叶面开面后,采取它的一心二叶,俗称"开面采"。茶青的采集在整个制茶过程当中占了非常重要的先决条件,采集茶青时应避开阴雨天,否则将很难形成甘醇之味及香气。

(2)晒育和晾青:鲜叶采摘后,经过室内晾青后进行晒青。晒青时间以午后4时阳光柔和时为宜,叶子薄摊,以失去原有光泽、叶色转暗、手摸叶子柔软、顶叶下垂、失重6%～9%为适度。之后移入室内晾青后进行做青。

(3)摇青与筛青交替进行,合称做青。做青技术性高,灵活性强,是决定毛茶品质优劣的关键。摇青使叶子边缘经过摩擦,叶缘细胞受损,再经过摊置,在一定的温度、湿度条件下伴随着叶子水分逐渐丧失,叶中多酚类在酶的作用下缓慢地氧化并引起了一系列化学变化,从而形成乌龙茶的特有品质。

铁观音鲜叶肥厚,要重摇并延长做青时间,摇青共5～6次,每次摇青的转数由少到多。摇育后摊置历时由短到长,摊叶厚度由薄到厚。第三、四次摇青必须摇到青味浓强,鲜叶硬挺,俗称"还田",梗叶水分重新分布平衡。摇青是制作铁观音的重要工序,通过摇笼旋转,叶片之间产生碰撞,叶片边缘形成擦伤,从而激活了芽叶内部酶的分解,产生一种独特的香气。就这样转转停停、停停转转,直到茶香自然释放,香气浓郁时进行杀青。

(4)炒青要及时,当做青叶青味消失,香气初露即应抓紧进行。

(5)揉捻、包揉:铁观音的揉捻是多次反复进行的。初揉约3～4分钟,解块后即行初焙。焙至五六成干,不粘手时下焙,趁热包揉,运用揉、压、搓、抓、缩等手法,经三揉三焙后,再用50～60℃的文火慢烤,使成品香气敛藏,滋味醇厚,外表色泽油亮。

(6)烘干、挑梗后,制成成品:揉捻和包揉后,茶叶卷缩成颗粒后再进行文火焙干,最后还要经过筛分、拣剔,制成成茶。

【第三部分:"住"的中国智慧】

一、导读

闽南传统民居营造技艺是发源于福建省泉州的一种独具特色的建筑技艺,始于唐五代。闽南民居属于中国院落式民居的一个流派,其材料使用和结构技术先进、构成因素丰富、"礼"的层次复杂和装修装饰多样。作为中国传统建筑技艺的一个分支,闽南传统民居营造技艺在完整地表现了中国传统建筑的思想理念、群组布局、结构形态等内容与形式的同时,又由于其地理位置及气候条件,形成了自己独具特色的建筑规制。俗称"皇宫起"官式大厝的闽南民居在闽南随处可见,有三开间、五开间、带护厝、突山厅堂,两边对称,横向扩展布局,纵深有二落、三落、五落不等,以庭为组织院落单元,庭、廊、过水贯穿全宅,屋檐上的"水车堵",屋檐下的"鸟踏",墙上"出砖入石",屋脊上的翘脊曲线优美,其燕尾脊的屋顶设计极具意匠美,两端探出高昂翘起,尖细,有轻灵飞动之势,底部是白石壁脚,上面是红砖红瓦,红白对比,明艳动人,形成了闽南民居建筑文化深沉而独特的底蕴。2008年,"闽南传统民居营造技艺"被列入第二批国家级非物质文化遗产名录。

二、闽南传统民居营造技艺

闽南传统民居营造技艺是中原文化和闽南本土文化相结合的产物。它与闽南的地理、气候条件及文化习俗等相结合,形成一种独特的建筑形式,传播于我国闽南和港澳台地区,以及东南亚等地。

闽南民居官式大厝营造技艺是宫廷建筑技艺的平民化、建筑装饰艺术的实用化和闽南人文底蕴的具体化,蕴含丰富的历史文化内涵。闽南民居最为独特的建筑俗称"皇宫起","皇宫起"源起于唐五代,成熟于宋元,明清时步入巅峰,清末民国时名师鹊起、精品迭出。至今已有一千多年的历史。当时闽王王审知的嫔妃黄厥系惠安人,因得闽王宠爱而被特许按官殿规制和外形在家乡大兴土木。后来,"皇宫起"官式大厝由此成为当地民居争相仿效的样式,并逐渐流传四方。南宋皇室南外宗正司迁入泉州后,把中原官殿建筑技艺带入民间,使官殿式"皇宫起"的民居建筑进一步发展。

"皇宫起"大型民居建筑规制严谨、空间结构对称,其在继承中国古典建筑精髓的同时,汲取闽南地域文化中的独特养分,从而在建筑结构、建筑装饰、雕刻题材和用材选择上形成了自己的风格与特长。石雕、木雕、砖雕、泥塑、彩绘广泛应用于脊吻、斗拱、雀替、门窗、屏风、栋梁等构件,基本上达到建筑必有装饰、必有寓意、意必吉祥的艺术境界,形成闽南传统民居建筑独特的风格。其"燕尾归脊"寓意燕子(子女)不管漂泊他乡,不论路途多远总要回归故里,影响深远,成为海外侨胞的一种思乡情结。

【第四部分:"行"的中国智慧】

一、导读

水密隔舱福船制造技艺是中国于唐代在造船方面的一大发明,是中国对世界航海事业的重大贡献。写于13世纪的《马可·波罗游记》就对水密隔舱技术做了详细介绍。水密隔舱福船制造技艺对提高船舶航行的安全性、便于货物分舱管理、增加船体的强度与刚度等方面具有重要的作用和价值。宋朝以后，水密隔舱技术逐渐被世界各国的造船界所普遍采用，至今水密隔舱仍是船舶设计中重要的结构形式，对人类航海史的发展产生了重要影响。"水密隔舱福船制造技艺"于 2008 年列入第二批国家级非物质文化遗产名录。2009 年，"中国水密隔舱福船制造技艺"入选联合国教科文组织"急需保护的非物质文化遗产名录"。

二、水密隔舱福船制造技艺

水密隔舱福船以樟木、松木、杉木为主要材料，采用榫接、艌缝等核心技艺，使船体结构牢固，舱与舱之间互相独立，形成密封不透水的结构形式，在"师傅头"（闽南地区对主持造船工匠的尊称）指挥下，由众多工匠密切配合完成。

所谓水密隔舱，就是船舱中以隔舱板分隔的彼此独立且互不透水的一个个舱区。就一个单独的水密隔舱而言，它由隔舱板、船壳板、水底板、船甲板围成，构成一个相对独立的空间。隔舱板的位置与隔舱的尺寸大小与舱的用途密切相关，隔舱板一般设置在船壳板弯曲的拐点处，用以支撑船壳板，从而增加船体的强度与刚度。对于整艘木帆船而言，水密隔舱的数量与船的大小、用途有关。福船采用隔舱板把船舱分成互不透水的不同舱区，航行时一个或两个船舱意外受损，海水进不到其他舱中，船依然能保持浮力，不会沉没，这极大提高了航海的安全性。千百年来，该技艺广泛应用于渔船、货船、战船及外交使船，特别是宋元时期航行在"海上丝绸之路"的福建远洋货船和明代郑和七下西洋的船队都采用了该项技艺。

据《明史·郑和传》以及《瀛涯胜览》（马欢撰）记载，郑和航海宝船共 62 艘，最大的长 148 米，宽 60 米，排水量 1 万多吨，是当时世界上最大的木帆船。船有 4 层，船上 9 桅可挂 12 张帆，锚重有几千斤，要动用二三百人才能启航。

水密隔舱技艺自晋代传承至今，历经唐、宋、元、明、清，被不断地再创造，且有在泉州湾打捞出的以水密隔舱为主要结构形式的宋代远洋货船为证。

据《惠安县志》记载，最迟在唐神龙至景龙年间，沙格（今惠安东北部）等地已有捕鱼业。在古代，渔业与造船业的发展史是同步的，有船才能捕鱼。这从侧面证明，最迟在唐代，闽南先民就掌握了海船制造技艺。

宋朝时期，闽南造海船已采用成熟的水密隔舱结构，福建与广州已成为海船建造中心，福州、兴化、泉州、漳州都设有官船厂。1974 年，泉州湾后渚港出土了一艘宋代远洋货船残体，其舱位保存完好，已具有极为完善的水密隔舱结构。1982 年发掘的泉州法石宋代古船，也有水密隔舱结构。以上两艘古船的发掘无可辩驳地证明：最迟于宋代，泉州所造海船已采用成熟的水密隔舱结构。

元明时期，海船制造技艺达到鼎盛。元代，峰尾黄氏始祖"源修"徙居峰尾半岛，建造"开峰府"和"衍泽堂"，黄氏造船世家由此启航。到了明朝时期，闽南地区的造船技术和造船业都达到了一个阶段性的顶峰。

清代海船以战舰著称于世。清朝禁海"迁界"后，泉港海船制造走向没落，但水密隔舱福船制造技艺一脉相承。由于清代中后期西方殖民者东侵和朝廷限制，航行东洋和南洋的帆船已为数不多。康熙二十八年（1689 年），黄都公受清廷任用为"道宪厦厂军工匠首领"，连续为郑成功和施琅造船、修船，并主持监造新战船事务。

1795 年，英国海军总工程师塞缪尔·本瑟姆第一次采用中国水密隔舱技术建造新型军舰。从此，中国水密隔舱技术逐渐被世界各国的造船界普遍采用，至今仍普遍应用在现代船舶制造中。该技艺是人类造船史上的一项伟大发明，对提高航海安全性起到了革命性作用，充分体现了古代中国劳动人民的非凡智慧和卓越才能。

第一部分

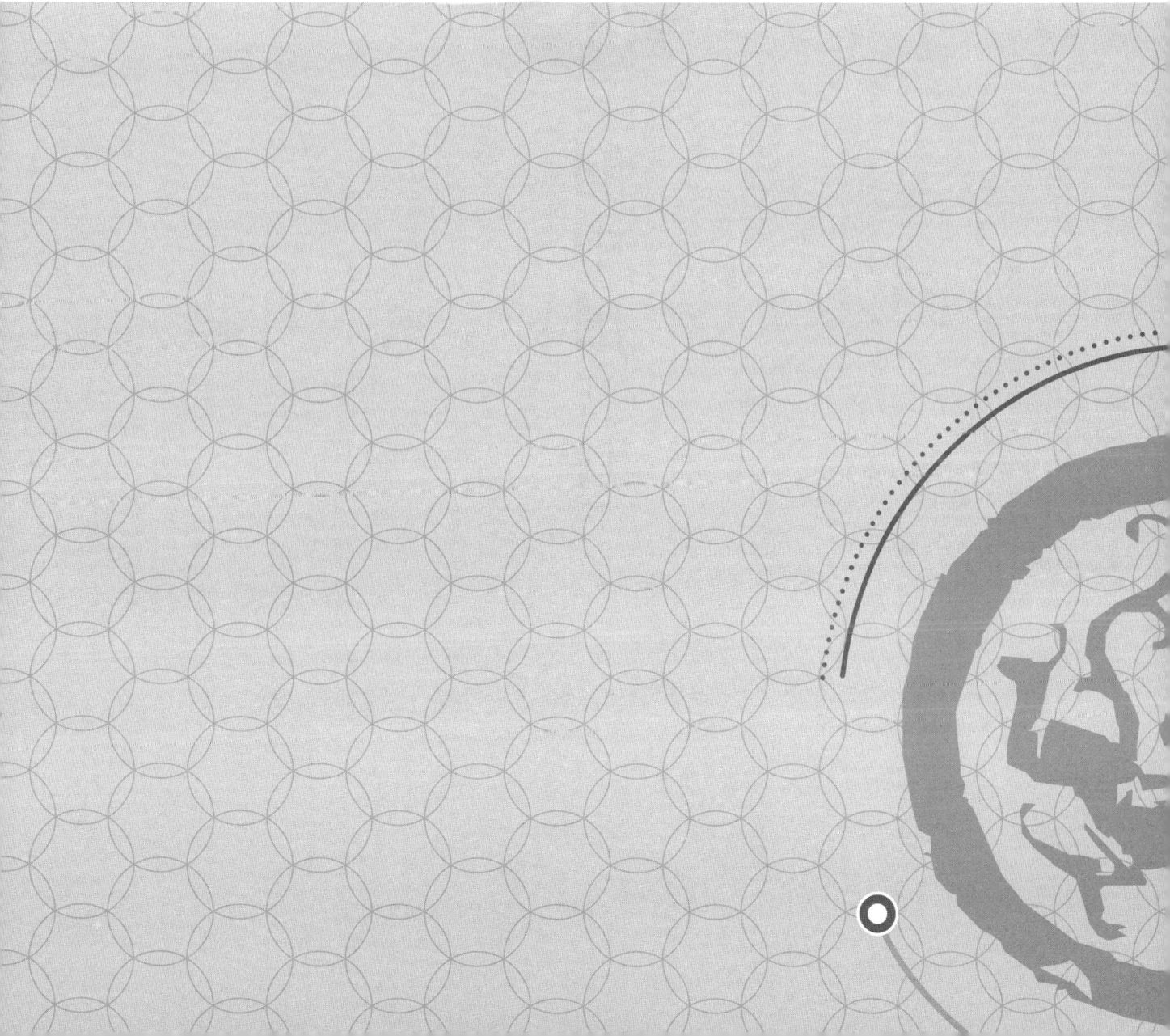

幼儿园

第一章 "衣"的中国智慧

第一节 "惠女服里的'人间烟火味'"美术主题活动与教学设计案例

(感受与欣赏)

一、主题规划建议

表 1-1-1　主题规划建议

研读指南	本单元为"学前儿童艺术领域"学习领域的教学内容。《3~6岁儿童学习与发展指南》中 5~6 岁阶段的目标是： 1. 积极参与艺术活动，有自己比较喜欢的活动形式。 2. 能用多种工具、材料或不同的表现手法表达自己的感受和想象。 3. 艺术活动中，能与他人相互配合，也能独立表现。	
确定内容	学习领域	艺术领域
	《3~6岁儿童学习与发展指南》中"5~6岁幼儿艺术领域"学习领域中"感受与欣赏"的目标包括： 1. 喜欢自然界与生活中美的事物。 2. 喜欢欣赏多种多样的艺术形式和作品。 3. 本主题活动教材的学习内容基于以上两点进行设定。	
课程目标	1. 能知道：了解惠安女服饰的组成部分及其特征，着重理解斗笠、上衣、裤子的具体特点和作用。 2. 能做到：能区分出惠安女服饰的款式、色彩、纹样等元素与其他服饰的相同和不同之处。 3. 能理解：感受惠安女服饰师法自然的中国智慧和服饰中蕴含的艺术美。	
思政元素	☑ 家国情怀：知道闽南惠安女服饰的整体特征，理解惠安女服饰中斗笠、上衣、裤子的具体特点和作用，体会家乡服饰的巧妙性和汉族服饰的多样性。 ☑ 艺术精神：认识惠安女服饰的款式、色彩、纹样等艺术元素，感受惠安女服饰独特的艺术美。 ☑ 健全人格：了解惠安女的劳动环境，感受惠安女辛苦劳作、勤奋努力的精神品格。	
规划主题	主题	惠女服里的"人间烟火味"
	活动次数　1次	美丽恬静——别致的惠女服

二、主题活动设计

表 1-1-2　主题活动设计

学情分析	大班幼儿已经有了一定的手工基础和技能,对服饰也有自己的经验认知。生活在闽南地区的幼儿对于惠安女服饰并不陌生,以幼儿比较熟悉的服饰作为核心展开教育活动,既能够让幼儿有话可说、有情可抒,又可以更新丰富幼儿的体验,感受民族服饰不一样的美。
设计教学方法	教师主导:讲解中国传统服饰的特点以及惠安女服饰中蕴含的智慧,并引导幼儿通过艺术形式表达自己的理解。
	幼儿自主:观察惠安女服饰与其他服饰的图片,说说惠安女服饰的特征。
	师幼互动:通过观看视频,师幼共同讨论惠安女服饰中斗笠、上衣和裤子的作用。
主题活动目标	1. 知道:了解惠安女服饰的组成部分及其特征,着重理解斗笠、上衣、裤子的特点和作用。 2. 能做:探究并说出惠安女服饰的特点,体会艺术活动的乐趣。 3. 理解:感受惠安女服饰师法自然、因材施艺的中国智慧。
活动重难点	重点:感受惠安女服饰中蕴含的中国智慧,包括"御寒遮风、防晒蔽沙"的经验智慧和"便于耕种、易于涉海"的创造智慧。
	难点:感受惠安女服饰中蕴含的中国智慧。
主题活动框架	惠女服里的"人间烟火味" 　　│ 美丽恬静——别致的惠女服 　　│ 　　├── 知识:各派惠安女服饰的整体特点和独特智慧 　　│ 　　└── 技能:观察、思考、探究惠安女服饰的特点

三、活动方案设计

表1-1-3 活动"美丽恬静——别致的惠女服"方案设计

活动对象	大班幼儿	活动领域	感受与欣赏
活动目标			
活动重难点			
活动简介			
活动准备			
活动环节	活动内容		设计意图
导入环节	1. 出示唐装和西装的对比图片,提问幼儿哪个是中国传统服饰、中国传统服饰有什么特点。 2. 出示凤尾裙、琵琶袖的图片,引导幼儿说说自己熟悉的汉族服饰。		1. 通过对比中西方服饰,帮助幼儿理解中国传统服饰色彩、外形、图案的大致特点。 2. 联系幼儿已有经验,引导幼儿体会汉族服饰的多样性。
展开部分	1. 纵向比较:出示惠安女服饰的图片,介绍惠安女服饰的起源和衍化。 2. 横向比较:引导幼儿观察山霞崇武派和净峰小岞派的惠安女服饰比较图,请幼儿讲述两种类型服饰的不同和相同之处。 3. 特点总述:以常见的山霞崇武派惠安女服饰为例,着重讲解服饰中斗笠、头巾、上衣、裤子、腰链的大致特点,帮助幼儿理解惠安女服饰的独特智慧。		从时间纵向和派别横向进行比较,使幼儿对惠安女服饰形成全方面的了解,体会其独特智慧。

活动目标:
1. 通过观察图片,了解惠安女服饰的起源、衍化和特点。
2. 发现并说说两个派别的惠安女服饰的不同和相同之处。
3. 萌发对惠女服、中国汉族服饰的喜爱。

活动重难点:
活动重点:了解惠安女服饰的特点。
活动难点:理解惠安女服饰蕴含的独特智慧。

活动简介:
引导幼儿欣赏中国传统服饰、汉族服饰的图片;讲述惠安女服饰的起源和衍化;讲解惠安女服饰的大致特点;引导幼儿比较两个派别的惠安女服饰;用儿歌总结活动;拓展到区角和主题墙。

活动准备:
材料准备:唐装和西装图片、凤尾裙和琵琶袖图片、山霞崇武派和净峰小岞派惠安女服饰图片。
经验准备:幼儿知道惠安女服饰,大致了解惠安女服饰的外形。

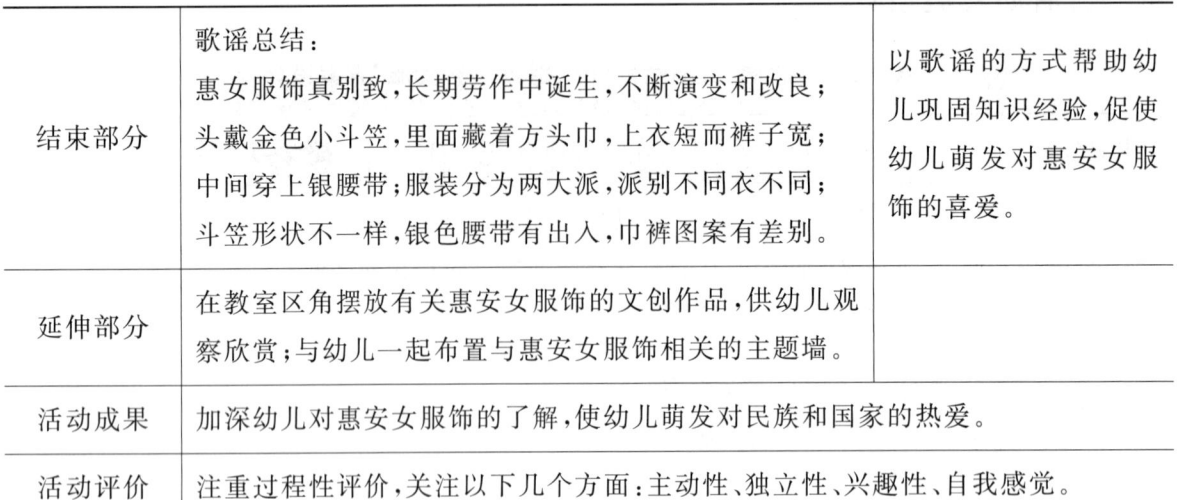

续表

结束部分	歌谣总结： 惠女服饰真别致，长期劳作中诞生，不断演变和改良； 头戴金色小斗笠，里面藏着方头巾，上衣短而裤子宽； 中间穿上银腰带；服装分为两大派，派别不同衣不同； 斗笠形状不一样，银色腰带有出入，巾裤图案有差别。	以歌谣的方式帮助幼儿巩固知识经验，促使幼儿萌发对惠安女服饰的喜爱。
延伸部分	在教室区角摆放有关惠安女服饰的文创作品，供幼儿观察欣赏；与幼儿一起布置与惠安女服饰相关的主题墙。	
活动成果	加深幼儿对惠安女服饰的了解，使幼儿萌发对民族和国家的热爱。	
活动评价	注重过程性评价，关注以下几个方面：主动性、独立性、兴趣性、自我感觉。	

第二节 "惠女服里的'人间烟火味'"美术主题活动与教学设计案例

（表现与创造）

一、主题规划建议

表 1-1-4　主题规划建议

研读指南	本单元为"学前儿童艺术领域"学习领域的教学内容。《3~6岁儿童学习与发展指南》中5~6岁阶段的目标是： 1. 积极参与艺术活动，有自己比较喜欢的活动形式。 2. 能用多种工具、材料或不同的表现手法表达自己的感受和想象。 3. 艺术活动中，能与他人相互配合，也能独立表现。	
确定内容	学习领域	艺术领域
	《3~6岁儿童学习与发展指南》中"5~6岁幼儿艺术领域"学习领域中"表现与创造"的目标包括： 1. 喜欢进行艺术活动并大胆表现。 2. 具有初步的艺术表现与创造能力。 本主题活动教材的学习内容基于以上两点进行设定。	
课程目标	1. 能知道：了解惠安女斗笠御寒防晒的特点和上衣、裤子的设计方法。 2. 能做到：能运用材料制作惠安女服饰中的斗笠，并学会晕染技术，体会服饰搭配的乐趣。 3. 能理解：感受惠安女的勤奋和惠安女服饰蕴含的形意相生的中国智慧。	
思政元素	☑ 家国情怀：知道闽南惠安女服饰的整体特征，理解惠安女服饰中斗笠、上衣、裤子的具体特点和作用，体会家乡服饰设计的巧妙和汉族服饰的多样性。 ☑ 艺术精神：认识惠安女服饰的款式、色彩、纹样等艺术元素，感受惠安女服饰独特的艺术美。 ☑ 健全人格：了解惠安女的劳动环境，感受惠安女辛苦劳作、勤奋努力的精神品格。	
规划主题	主题	惠女服里的"人间烟火味"
	活动次数　2次	御寒防晒——我戴一顶金箬笠
		短衣宽裤——惠女服的小巧思

二、主题活动设计

表 1-1-5　主题活动设计

学情分析	大班幼儿已经有了一定的手工基础和技能,对服饰也有自己的经验认知。生活在闽南地区的幼儿其实对于惠安女服饰并不陌生,以幼儿比较熟悉的服饰作为核心展开教育活动,既能够让幼儿有话可说、有情可抒,又可以更新丰富幼儿的经验,感受民族服饰不一样的美。
设计教学方法	教师主导:讲解惠安女服饰中蕴含的智慧和服饰特点,引导幼儿了解服饰材料的运用。
	幼儿自主:观察惠安女服饰的图片,说说惠安女服饰的特征。
	师幼互动:通过观看视频,师幼共同讨论惠安女服饰中斗笠、上衣和裤子的作用。
主题活动目标	1. 能知道:了解惠安女服饰的组成部分及其特征,着重理解斗笠、上衣、裤子的特点和作用。 2. 能做到:动手制作斗笠和晕染裤子,通过小组合作,感受穿戴服饰的乐趣。 3. 能理解:感受惠安女服饰师法自然、因材施艺的中国智慧。
活动重难点	重点:感受惠安女服饰中蕴含的中国智慧,包括"御寒遮风、防晒蔽沙"的经验智慧和"便于耕种、易于涉海"的创造智慧。
	难点:运用不同形式、不同材料表现惠安女服饰的美。
主题活动框架	惠女服里的"人间烟火味" ├─ 御寒防晒——我戴一顶金箬笠 │　├─ 知识:惠安女服饰御寒遮风、防晒蔽沙的经验智慧 │　└─ 技能:运用剪裁、穿插、折捏、粘贴等手工技巧制作纸斗笠,小组合作装饰斗笠 └─ 短衣宽裤——惠女服的小巧思 　　├─ 知识:惠安女服饰便于耕种、易于涉海的创造智慧 　　└─ 技能:运用晕染技法和手工技巧创作惠安女服饰中的短衣宽裤

三、活动方案设计

表1-1-6　活动1"御寒防晒——我戴一顶金箬笠"方案设计

活动对象	大班幼儿	活动领域	表现与创造
活动目标	1. 知道斗笠各部分的特点和作用。 2. 能够运用剪裁、穿插、折捏、粘贴等手工技巧制作纸斗笠，小组合作装饰斗笠。 3. 敢于大胆表达自己的想法，体会惠安女劳作的辛苦。		
活动重难点	活动重点：知道斗笠的作用，独立制作纸斗笠，合作装饰斗笠。 活动难点：大胆表达自己的想法，体会惠安女劳作的辛苦。		
活动简介	了解惠安女斗笠的功能，独立制作斗笠并小组合作装饰斗笠，感受惠安女服饰的经验智慧。		
活动准备	材料准备：教学PPT、剪刀、黄色卡纸、双面胶、纸巾、颜料、调色盘。 经验准备：见过真实的惠安女斗笠，对其有大致的印象。		
活动环节	活动内容		设计意图
导入环节	1. 结合PPT，引导幼儿回忆惠安女服饰各部分的特点。 2. 提问幼儿一个有关斗笠的谜语。 小结：惠安女服饰由金黄色的斗笠、方方的头巾、短短的上衣、银闪闪的腰链和宽宽的裤子组成。今天，我们要来仔细看一看斗笠。		唤起幼儿记忆，用谜语点出本次活动的核心并激发幼儿兴趣。
共同讨论	1. 出示山霞崇武派斗笠的图片，引导幼儿围绕尖顶、帽身、帽檐和装饰四部分讨论斗笠的外形特点与细节。 小结：原来斗笠的顶端有一个尖尖的头，身体有四块红色的三角形，三角形下面有绿色的扣子，帽檐两边还有花。 2. 播放惠安女在晴天和雨天赶海打鱼的视频，师幼讨论斗笠的作用。 (1)幼儿仔细观察视频，再说说视频里的惠安女在做什么。 (2)提问：惠安女劳动的环境是怎样的？（雨淋、风吹、日晒、沙打） (3)追问：惠安女头上斗笠的作用是什么？ (4)幼儿分组讨论并进行分享，教师总结斗笠的作用是御寒遮风、防晒蔽沙。		由整体到局部拆分式地观察斗笠，让幼儿能够细致全面地了解惠安女的斗笠。 组织幼儿观看视频，使幼儿了解惠安女真实的劳作环境，体会惠安女的勤奋与辛苦。 劳作方式—环境特点—斗笠作用，层层递进，让幼儿感受惠安女服饰的经验智慧。

续表

创意工坊	1. 制作环节,教师可以对个别幼儿进行语言引导。 (1)每位幼儿制作一顶斗笠。 (2)幼儿分组分工,合作装饰斗笠。 2. 展示环节,邀请幼儿分享自己的斗笠和制作心得。 3. 排队将斗笠放置到美工区,装饰班级的同时还可以开展区角活动。 小结:请幼儿分享自己的斗笠,并装饰班级里的美工区。之后,幼儿在区角活动的时候还可以在斗笠下添加纸头巾,完善作品。	支持幼儿独立制作自己的斗笠,并和同伴合作装饰。 鼓励幼儿大胆表达自己的想法。
活动延伸	头巾上的"纹"化:在美工区投放惠安女立形牌,引导幼儿用马克笔在立形牌的头巾部分绘制纹样。把制作完成的立形牌竖立在幼儿做好的斗笠内,将其作为装饰品摆放在美工区。	用装饰头巾的方式让幼儿感受纹样之美。
活动成果	独立制作纸斗笠,合作装饰纸斗笠,用以装饰美工区。	—
活动评价	注重过程性评价,关注以下几个方面:构思、主动性、兴趣性、独立性、创造性、习惯性、自我感觉。	

表 1-1-7　活动 2"短衣宽裤——惠女服的小巧思"方案设计

活动对象	大班幼儿	活动领域	表现与创造
活动目标	1. 知道惠安女服饰上衣、裤子的特点和作用。 2. 能够运用晕染技法制作上衣,用手工技巧制作裤子。 3. 体会上衣和裤子自由搭配的乐趣,感受惠安女的勤劳。		
活动重难点	活动重点:知道惠安女服饰上衣、裤子的作用,手工制作裤子。 活动难点:运用晕染技法制作上衣,感受惠安女的勤劳。		
活动简介	了解惠安女衣裤的作用,独立晕染上衣并制作裤子,感受惠安女服饰的创造智慧。		
活动准备	材料准备:画纸衣服半成品、染料、画笔、水杯、深色彩纸、剪刀等。 经验准备:见过真实的惠安女衣裤,对其有大致的印象。		

续表

活动环节	活动内容	设计意图
导入环节	1. 带领幼儿回忆斗笠的特点和作用。 2. 提问幼儿，引出本次活动的主题。 惠安女服饰从上到下全身是宝，之前我们一起讨论并制作过惠安女的斗笠，想想这次老师要介绍惠安女身上的什么？ 小结：除了漂亮又有用的斗笠，惠安女的衣服和裤子也同样很有趣很有用。	1. 引导幼儿进入情境，勾起对惠安女服饰的记忆。 2. 通过提问，引发幼儿思考，激发幼儿兴趣，引出活动主题。
共同讨论	1. 出示普通衣裤和山霞崇武派惠安女衣裤的对比图，引导幼儿说说惠安女衣裤的特点。 (1) 围绕惠安女衣服的衣长、下摆、袖长、花纹和裤子的颜色、款式、图案进行讨论。 (2) 教师小结：惠安女的上衣短短的，到肚脐上面；上衣下摆呈椭圆形，向外弯展到袖拢；袖子紧紧的，长度不到小臂；衣服上的花纹大都是细点、细纹。惠安女的裤子黑黑的、宽宽的，有着充满立体感的折痕。 2. 播放惠安女雕石耕种、涉海捕鱼的视频，师幼讨论惠安女短衣宽裤的作用。 (1) 幼儿仔细观察视频，说说视频里的惠安女在做什么。 (2) 提问：惠安女雕石耕种时的环境是什么样的？（石灰、泥泞）涉海捕鱼时的环境是什么样的？（海浪、沙石） (3) 追问：惠安女为什么要穿短短的上衣、宽宽的裤子？ (4) 幼儿分组讨论并进行分享，教师总结短衣的作用是让惠安女便于耕种，避免弄脏衣沿衣袖；宽裤的作用是让惠安女易于涉海，裤子被打湿了也容易风干。	1. 用普通衣裤和惠安女衣裤作对比，突出惠安女衣裤的特点。 2. 引导幼儿从上到下，多个角度观察斗笠，让幼儿能够较完整地了解惠安女的衣裤。 3. 幼儿通过视频了解惠安女真实的劳动环境，体会惠安女的勤奋与辛苦。 4. 劳作方式—环境特点—衣裤作用，层层递进，让幼儿感受惠安女服饰的创造智慧。
创意工坊	1. 晕染上衣：按步骤晕染，教师适当介入。 2. 制作裤子：独立用彩纸折、用剪刀裁裤子。 3. 自由组合：将晕染好的上衣和折剪好的裤子配对，可以和同伴交换搭配，并分享交流。 小结：这就是大家设计的惠安女衣裤，把它们放在展示柜上，装饰我们的班级吧。	1. 晕染可以在教室也可以在专门的画室进行，教师引导幼儿按步骤晕染，让幼儿体会颜料与布料结合的奇妙。 2. 幼儿和同伴自由搭配上衣和裤子，体会多样组合的乐趣。 3. 鼓励幼儿大胆表达自己的想法，感受惠安女衣裤设计的巧思。

续表

活动成果	晕染和手工作品。
活动评价	注重过程性评价,关注以下几个方面:构思、主动性、兴趣性、独立性、创造性、习惯性、自我感觉。

第二章 "食"的中国智慧

第一节 "感受闽南的茶乐趣"美术主题活动与教学设计案例

（感受与欣赏）

一、主题规划建议

表 1-2-1　主题规划建议

研读指南	本单元为"学前儿童艺术领域"学习领域的教学内容。《3～6岁儿童学习与发展指南》中大班阶段的目标是： 1. 乐于收集美的物品或向别人介绍所发现的美的事物。 2. 乐于模仿自然界和生活环境中有特点的声音，并产生相应的联想。 3. 艺术欣赏时常用表情、动作、语言等方式表达自己的理解。 4. 愿意和别人分享、交流自己喜爱的艺术作品和美感体验。		
确定内容	学习领域	艺术领域	
确定内容	《3～6岁儿童学习与发展指南》中"5～6岁幼儿艺术领域"学习领域中"感受与欣赏"方面的目标包括： 1. 喜欢自然界与生活中美的事物。 2. 喜欢欣赏多种多样的艺术形式和作品。 本主题活动教材的学习内容基于以上两点设定。		
课程目标	1. 能知道：知道漳平水仙茶的色彩、形状和制作水仙茶饼的环节以及中国历史上的一些茶画作品。 2. 能做到：辨认漳平水仙茶的形状，掌握制作茶饼过程中最重要的环节。 3. 能理解：闽南茶文化凝结着仁者见仁、智者见智的中国智慧，是中华优秀传统文化的体现。		
思政元素	☑ 家国情怀：爱国爱校爱集体。 ☑ 文化自信：认可漳平水仙茶文化和闽南茶文化。 ☑ 艺术精神：能够辨认不同的形状和色彩。 ☑ 健全人格：学会分享，合理表达自己的建议。 ☑ 生态意识：珍惜粮食。		
规划主题	主题	感受闽南的茶乐趣	
规划主题	活动次数	2次	认识漳平水仙茶
规划主题			制作水仙茶饼

二、主题活动设计

表 1-2-2　主题活动设计

学情分析	5~6岁的幼儿喜欢自然界与生活中美的事物，喜欢欣赏多种多样的艺术形式和作品。
设计教学方法	教师主导：讲解漳平水仙茶的色彩、形状特点和气味；讲解制作水仙茶饼的步骤和注意事项。
	幼儿自主：观察与探究漳平水仙茶的色彩、形状特点和气味；学习制作水仙茶饼的步骤和注意事项，与家长或教师共同合作，尝试制作水仙茶饼。
	师幼互动：交流与讨论漳平水仙茶的色彩、形状特点和气味；教师与幼儿及其家长合作制作水仙茶饼。
主题活动目标	1. 能知道：知道漳平水仙茶的色彩、形状特点和气味；知道水仙茶饼的制作步骤。 2. 能做到：通过观察实物、教师讲解等方式，幼儿能辨认漳平水仙茶；通过与家长合作、亲身体验等方式，创造条件让幼儿接触与茶有关的多种艺术形式和作品，学习制作水仙茶饼。 3. 能理解：热爱闽南茶文化，感受茶文化的乐趣，体验动手实践的愉悦。
活动重难点	重点：知道漳平水仙茶的色彩、形状特点和气味。
	难点：幼儿积极主动地与家长一起制作水仙茶饼。
主题活动框架	感受闽南的茶乐趣 ├── 认识漳平水仙茶 │ ├── 知道漳平水仙茶是福建省漳平市的特产 │ └── 观察漳平水仙茶的形状和色彩 └── 制作水仙茶饼 　　├── 知道制作水仙茶饼的步骤 　　└── 观察水仙茶饼在制作过程中的形状和色彩变化

三、活动方案设计

表 1-2-3　活动 1"认识漳平水仙茶"方案设计

活动对象	幼儿园大班	活动领域	感受与欣赏
活动目标	\multicolumn{3}{l}{1. 能知道:知道漳平水仙茶的色彩、形状特点和气味。 2. 能做到:通过观察实物、教师讲解等方式,幼儿能辨认漳平水仙茶。 3. 能理解:热爱闽南茶文化,感受茶文化的乐趣。}
活动重难点	\multicolumn{3}{l}{知道漳平水仙茶的色彩和形状特点。}
活动简介	\multicolumn{3}{l}{通过实物辨认和教师讲解,幼儿知道漳平水仙茶的色彩和形状特点。}
活动准备	\multicolumn{3}{l}{材料准备:漳平水仙茶和其他茶叶若干。 经验准备:幼儿知道什么颜色是绿色,什么是圆形和长方形。}

活动环节	活动内容	设计意图
环节 1	幼儿观察漳平水仙茶与其他茶叶在形状、色彩和气味等方面的区别。	观察实物,增强活动趣味性。
环节 2	教师讲解各种茶叶的形状、色彩和气味等。	教师讲解知识。
环节 3	打乱各种茶叶的排列方式,幼儿辨认漳平水仙茶。	评价幼儿是否知晓漳平水仙茶的外观特点。
活动成果	\multicolumn{2}{l}{学生能够从各种茶叶中辨认出漳平水仙茶,并讲述漳平水仙茶的色彩、形状特点和气味。}
活动评价	\multicolumn{2}{l}{幼儿能够讲述漳平水仙茶的色彩、形状特点和气味,且在表述中表现出对茶的喜爱和兴趣,则为达到活动目标。}

表 1-2-4　活动 2"制作水仙茶饼"方案设计

活动对象	幼儿园大班	活动领域	感受与欣赏
活动目标			

活动对象	幼儿园大班	活动领域	感受与欣赏
活动目标	1. 能知道：幼儿与家长一起学习制作水仙茶饼。 2. 能做到：通过与家长合作、亲身体验等方式，创造条件让幼儿接触与茶有关的多种艺术形式和作品，学习制作水仙茶饼。 3. 能理解：感受茶文化的乐趣，体验动手实践的愉悦。		
活动重难点	积极主动地与家长一起制作水仙茶饼。		
活动简介	幼儿与家长共同学习制作水仙茶饼的步骤和注意事项，并动手实践。		
活动准备	材料准备：水仙茶叶、面粉以及炊事工具等。 经验准备：有一定的动手实践能力。		
活动环节	活动内容		设计意图
环节1	教师讲解，幼儿与家长共同学习制作水仙茶饼的步骤和注意事项。		家校合作，增进教师和家长的交流。
环节2	教师辅助，幼儿与家长共同制作水仙茶饼。		动手实践，增加幼儿和家长的互动。
环节3	制作完成后，邀请教师和其他幼儿品尝自己和家长制作的水仙茶饼，并接受其他幼儿的邀请，对品尝的水仙茶饼给出自己的建议。		学会分享和邀请他人，学习用合适的方式提出建议。
活动成果	制作完成的水仙茶饼。		
活动评价	有制作完成的水仙茶饼，幼儿邀请其他幼儿品尝自己和家长共同制作的水仙茶饼，并接受其他幼儿的邀请，品尝他人制作的水仙茶饼，合理地提出建议。		

第二节 "感受闽南的茶乐趣"美术主题活动与教学设计案例

（表现与创造）

一、主题规划建议

表 1-2-5　主题规划建议

研读指南	本单元为"学前儿童艺术领域"学习领域的教学内容。《3～6岁儿童学习与发展指南》中大班阶段的目标是： 1. 积极参与艺术活动，有自己比较喜欢的活动形式。 2. 能用多种工具、材料或不同的表现手法表达自己的感受和想象。 3. 艺术活动中能与他人相互配合，也能独立表现。 4. 能用基本准确的节奏和音调唱歌。 5. 能用律动或简单的舞蹈动作表现自己的情绪或自然界的情景。 6. 能自编自演故事，并为表演选择和搭配简单的服饰、道具或布景。 7. 能用自己制作的美术作品布置环境、美化生活。
确定内容	学习领域：艺术领域 《3～6岁儿童学习与发展指南》中"5～6岁幼儿艺术领域"学习领域中"表现与创造"方面的目标包括： 1. 喜欢进行艺术活动并大胆表现。 2. 具有初步的艺术表现与创造能力。 本主题活动教材的学习内容基于以上两点进行设定。
课程目标	1. 能知道：古人饮茶的场景；知道茶杯由杯身和把手两部分组成，品茶需要茶杯、装了热水的茶壶和茶叶；知道2种以上茶叶的名称。 2. 能做到：用材料设计创意纸茶杯和茶包，并能够安静下来模拟品茶。 3. 能理解：中国茶文化历史悠久，蕴含着仁者见仁、智者见智的中国智慧。

续表

思政元素	☑ 家国情怀：爱国、爱校、爱集体。 ☑ 文化自信：热爱中华民族的品茶文化。 ☑ 艺术精神：能够制作纸茶杯，辨认不同的色彩和向他人讲述自己的创作理念和创作过程。 ☑ 健全人格：学会认真完成自己的目标。 ☑ 生态意识：不浪费创作材料，不浪费茶叶和水。		
规划主题	主题	感受闽南的茶乐趣	
	活动次数	2次	创意茶杯设计
			模拟品茶

二、主题活动设计

表 1-2-6　主题活动设计

学情分析	5～6岁的幼儿喜欢进行艺术活动，且具有初步的艺术表现与创造能力。
设计教学方法	教师主导：讲解设计创意茶杯的要点和品茶需要用到的物品。
	幼儿自主：观察与探究创意茶杯设计的颜色、形状与图案；观察与探究茶席的合理搭配和品茶需要用到的物品。
	师幼互动：交流与讨论创意茶杯设计过程和创作理念；交流与讨论品茶需要用到的物品与品茶方式。
主题活动目标	1. 能知道：了解茶杯的构成元素和茶杯的形状、色彩以及图案装饰；知道品茶需要有茶叶、茶杯和装了热水的茶壶才能够完成。 2. 能做到：通过动手实践，制作创意茶杯；通过教师讲解和小组讨论，模拟品茶的过程。 3. 能理解：通过创意茶杯的设计，感受创造的魅力；模拟品茶，感受古人品茶时的心境。
活动重难点	重点：通过动手实践，感受创造的魅力。
	难点：了解茶杯的构成元素和茶杯的形状、色彩、图案装饰以及品茶需要用到的物品。

续表

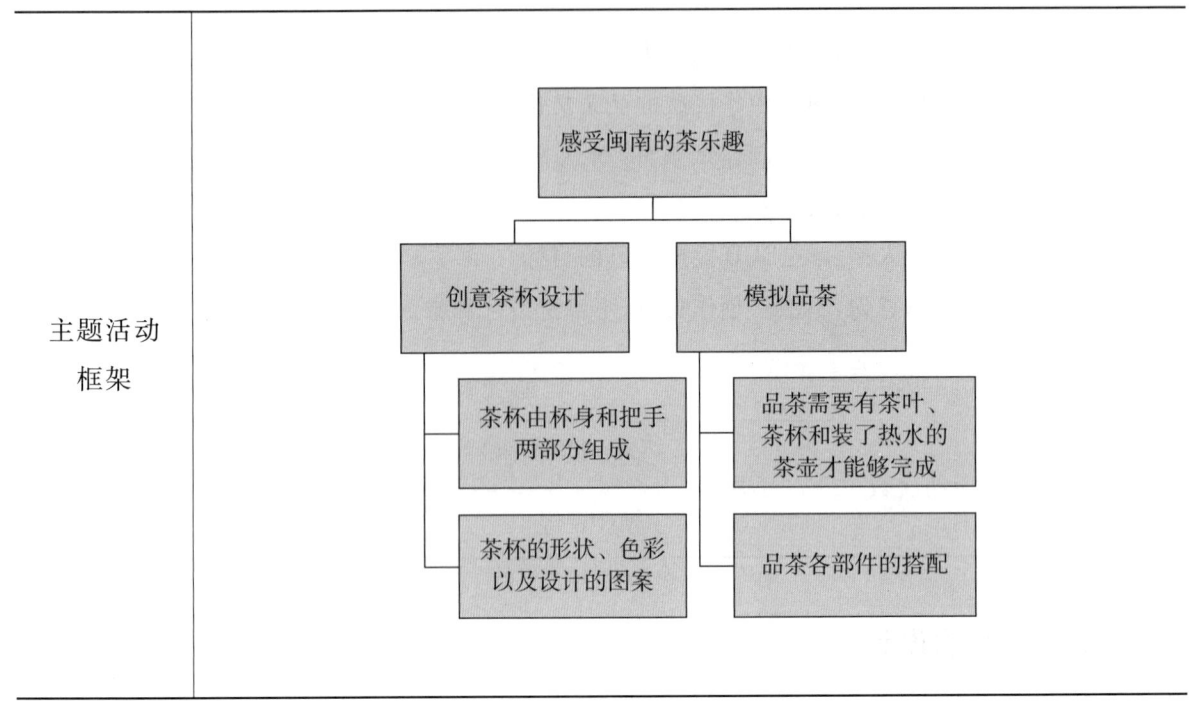

主题活动框架	感受闽南的茶乐趣
	├─ 创意茶杯设计
	│ ├─ 茶杯由杯身和把手两部分组成
	│ └─ 茶杯的形状、色彩以及设计的图案
	└─ 模拟品茶
	   ├─ 品茶需要有茶叶、茶杯和装了热水的茶壶才能够完成
	   └─ 品茶各部件的搭配

三、活动方案设计

表 1-2-7　活动 1"创意茶杯设计"方案设计

活动对象	幼儿园大班	活动领域	表现与创造
活动目标	1. 能知道：了解茶杯的构成元素和茶杯的形状、色彩以及图案装饰。 2. 能做到：通过动手实践，制作创意茶杯。 3. 能理解：通过创意茶杯的设计，感受创造的魅力。			
活动重难点	通过动手实践设计茶杯，感受创造的魅力。			
活动简介	幼儿学习茶杯的构成元素和茶杯的形状、色彩以及图案装饰，动手实践，制作创意茶杯。			
活动准备	材料准备：彩色卡纸、黑色勾线笔、橡皮、铅笔、水彩笔、胶水、剪刀等。 经验准备：知道茶杯由杯身和把手两部分组成，会使用剪刀剪裁彩色卡纸，会利用胶水进行拼贴。			
活动环节	活动内容		设计意图	
环节 1	教师讲解，幼儿学习茶杯的构成元素和茶杯的形状、色彩以及图案装饰。		简单的知识讲解。	

续表

环节 2	动手实践,制作创意茶杯。	亲身体验,感受创造的魅力。
环节 3	展示与评价。	评价是否进行了创造活动。
活动成果	创意茶杯。	
活动评价	幼儿能够积极进行茶杯设计,并在展示与评价环节合理表达自己的设计思路。	

表 1-2-8　活动 2 "模拟品茶" 方案设计

活动对象	幼儿园大班	活动领域	表现与创造
活动目标	1. 能知道:知道品茶需要有茶叶、茶杯和装了热水的茶壶才能够完成。 2. 能做到:通过教师讲解和小组讨论,模拟品茶的过程。 3. 能理解:模拟品茶,感受古人品茶时的心境。		
活动重难点	模拟品茶的过程,感受古人品茶时的心境。		
活动简介	幼儿学习品茶的组成要素,模拟品茶,感受古人品茶时的心境。		
活动准备	材料准备:上一活动做好的茶杯、纸质茶壶、纸质茶包。 经验准备:能够表达自己的感受。		
活动环节	活动内容		设计意图
环节 1	教师讲解,幼儿知道品茶需要有茶叶、茶杯和装了热水的茶壶才能够完成,学习品茶的过程。		简单的知识讲解。
环节 2	教师引导,幼儿模拟品茶的过程。		亲身体验,感受品茶的魅力。
环节 3	展示与评价,幼儿讲述自己品茶过程中的感受。		幼儿学习表达自己的感受。
活动成果	幼儿能够讲述自己的感受。		
活动评价	幼儿认真学习品茶的知识,并积极表达自己的感受,则为达到活动目标。		

第三章

"住"的中国智慧

第一节 "遇见有趣的土楼"美术主题活动与教学设计案例

（感受与欣赏）

一、主题规划建议

表 1-3-1　主题规划建议

研读指南	本单元为"学前儿童艺术领域"学习领域的教学内容。《3～6岁儿童学习与发展指南》中5～6岁阶段的目标是： 1. 积极参与艺术活动，有自己比较喜欢的活动形式。 2. 能用多种工具、材料或不同的表现手法表达自己的感受和想象。 3. 艺术活动中，能与他人相互配合，也能独立表现。
确定内容	学习领域　　　　　艺术领域 《3～6岁儿童学习与发展指南》中"5～6岁幼儿艺术领域"学习领域中"感受与欣赏"的目标包括： 1. 喜欢自然界与生活中美的事物。 2. 喜欢欣赏多种多样的艺术形式和作品。 本主题活动教材的学习内容基于以上两点进行设定。
课程目标	1. 能知道：能够知道土楼建筑堆砌的材料都是来源于生活、因地制宜，了解土楼集体生活的特点。 2. 能做到：能通过对图片或图书的观察探究，讲述对土楼造型和特点的理解。 3. 能理解：感受土楼中蕴含的中国智慧：因地制宜、分甘共苦、守望相助。
思政元素	☑ 家国情怀：了解土楼营造和装饰的智慧，理解分甘共苦、守望相助的集体生活。知道家乡的建筑样式，初步感悟家国情怀。 ☑ 生态意识：了解"人与自然和谐相处"的生态观念，感受土楼因地制宜的设计智慧。
规划主题	主题　　　　　遇见有趣的土楼 活动次数　　1次　　房子中的甜甜圈

二、主题活动设计

表 1-3-2　主题活动设计

学情分析	随着认知能力的发展,大班幼儿在美术欣赏感知和理解方面开始关注色彩,对绘画题材产生自由联想,并且常与自己的生活经验相联系。生活在闽南地区的幼儿其实对土楼并不陌生。以幼儿比较熟悉的实际生活经验展开教育活动,既能够让幼儿有话可说、有情可抒,又可以更新丰富幼儿的经验,使幼儿感受地方特色建筑不一样的美。
设计教学方法	教师主导:讲解土楼中蕴含的智慧,并引导幼儿通过绘本理解土楼的发展和造型特点。
	幼儿自主:阅读并探究,感受土楼的特点并口头讲述。
	师幼互动:交流与讨论土楼的建筑形状和材料来源,以及土楼里的集体生活给人们带来什么便利。
主题活动目标	1. 能知道:幼儿能够知道土楼建筑堆砌的材料都是来源于生活,了解土楼集体生活的特点。 2. 能做到:幼儿能够做到尝试运用多种方法表现土楼,乐意参与艺术活动。 3. 能理解:感受土楼因地制宜的中国智慧。
活动重难点	重点:了解土楼中蕴含的中国智慧——因地制宜。
	难点:理解土楼中不同造型的特点。
主题活动框架	遇见有趣的土楼 　└─ 房子中的甜甜圈 　　　├─ 知识:土楼营造的智慧与造型特点 　　　└─ 技能:观察、探究土楼的造型特点

三、活动方案设计

表 1-3-3　活动 1"房子中的甜甜圈"方案设计

活动对象	大班幼儿	活动领域	感受与欣赏
活动目标	1. 通过欣赏古代建筑图片,了解民居;通过观察土楼的摄影图片等,了解土楼的造型特征、营造方法,增进对家乡的热爱之情。 2. 借助图画书阅读,提高幼儿的阅读能力。		
活动重难点	重点:知道土楼的造型特点和因地制宜的营造智慧。 难点:理解土楼的营造智慧。		
活动简介	欣赏古代民居图片,观察土楼图片,阅读相关图画书,讨论土楼的造型特点,了解土楼建筑的营造智慧。拓展到阅读角,制作主题活动墙。		
活动准备	材料准备:民居图片,土楼照片,图画书《穿越时空的土楼》《建土楼》。 经验准备:幼儿曾经见过土楼(可由家长带领完成)或观看过相关视频。		
活动环节	活动内容		设计意图
导入环节	1. 出示图片,提问:鸟窝是谁的家?蜘蛛网是谁的家?狗窝是谁的家?厦门是谁的家? 2. 出示古代房屋图片,引导孩子了解居住的环境会影响建筑的变化。		1. 通过展示不同动物的家,帮助幼儿理解房屋的概念。 2. 通过梳理古代居所的变化,帮助幼儿体会环境对建筑的影响。
展开部分	1. 出示土楼摄影图片,请孩子们观察土楼造型,"圆形",像大大的甜甜圈。引出民居——土楼。 2. 自主阅读,感受乐趣:引导幼儿讲述对土楼造型的理解。 3. 细致读图,深入理解:引导幼儿理解土楼的发展和建筑特点。引导幼儿讲述土楼的由来与营造智慧。		扩展幼儿对社会生活环境的认识,激发爱家乡的情感。让孩子们在潜移默化中了解福建,了解土楼。
结束部分	教师总结: 我从哪里来:战乱发生,百姓为自保而建。 我的材料:就地取材,山里的泥土。 我的形状:不仅有圆形,还有半圆形、四角形、五角形等。 我的优点:住房、堡垒二合一,能够防御野兽和敌人。		引发幼儿对土楼的兴趣与喜爱。
延伸部分	将绘本摆放在阅读角,幼儿可以继续阅读。 教师可以制作有关土楼的主题活动墙。		鼓励幼儿继续了解土楼。
活动成果	加深幼儿对土楼的了解和对家乡、祖国的热爱。		
活动评价	注重过程性评价,关注以下几个方面:构思、主动性、兴趣性、独立性、创造性、习惯性、自我感觉等。		

第二节 "遇见有趣的土楼"美术主题活动与教学设计案例

（表现与创造）

一、主题规划建议

表 1-3-4　主题规划建议

研读指南	本单元为"学前儿童艺术领域"学习领域的教学内容。《3～6岁儿童学习与发展指南》中5～6岁阶段的目标是： 1. 积极参与艺术活动，有自己比较喜欢的活动形式。 2. 能用多种工具、材料或不同的表现手法表达自己的感受和想象。 3. 艺术活动中，能与他人相互配合，也能独立表现。	
确定内容	学习领域	艺术领域
	《3～6岁儿童学习与发展指南》中"5～6岁幼儿艺术领域"学习领域中"表现与创造"的目标包括： 1. 喜欢进行艺术活动并大胆表现。 2. 具有初步的艺术表现与创造能力。 本主题活动教材的学习内容基于以上两点进行设定。	
课程目标	1. 能知道：能够知道土楼建筑堆砌的材料以及土楼的形状特点。 2. 能做到：能独立完成土楼花盆的制作，并通过了解土楼的形状参与集体绘画，乐意参与艺术活动。 3. 能理解：感受土楼的悠久历史，并理解分甘共苦、守望相助的中国智慧。	
思政元素	☑ 家国情怀：了解土楼营造和装饰的智慧，理解分甘共苦、守望相助的集体生活。知道家乡的建筑样式，初步感悟家国情怀。 ☑ 生态意识：了解"人与自然和谐相处"的生态观念，感受土楼因地制宜的智慧。	
规划主题	主题	遇见有趣的土楼
	活动次数　2次	我的小小土楼
		土楼大家庭

二、主题活动设计

表 1-3-5　主题活动设计

学情分析	大班幼儿有意注意进一步发展,能比较集中地关注观察对象,开始有兴趣注意分辨某些前后关系,手眼协调能力明显提高,有了色调的意识,具备了一定的美术基础和技能,开始有意识地通过绘画表现自己周围的现实生活,能够较为完整地表现物象的重要特征。
设计 教学方法	教师主导:展示土楼局部图片,引导学生观察土楼与日常住所的不同。 幼儿自主:观察与探究土楼的外观,大胆猜测土楼的建筑材料。 师幼互动:交流与讨论土楼的建筑材料来自哪里,以及土楼里的集体生活。
主题 活动目标	1. 能知道:能够知道土楼建筑堆砌的材料都是来源于生活,了解土楼选用的材料。 2. 能做到:能够做到尝试运用多种方法表现土楼,乐意参与艺术活动。 3. 能理解:感受土楼中"因地制宜、分甘共苦、守望相助"的中国智慧。
活动 重难点	重点:了解土楼中蕴含的中国智慧——因地制宜、分甘共苦、守望相助。 难点:运用不同形式、不同材料表现土楼的美。
主题 活动框架	遇见有趣的土楼 ├─ 我的小小土楼 │　├─ 知识:土楼因地制宜的智慧 │　└─ 技能:运用多种材料制作土楼 └─ 土楼大家庭 　　├─ 知识:守望相助的集体生活智慧 　　└─ 技能:运用剪贴、添画等绘画技法制作土楼

三、活动方案设计

表 1-3-6　活动 1"我的小小土楼"方案设计

活动对象	大班幼儿	活动领域	表现与创造
活动目标	1. 根据土楼局部放大的图片,大胆猜想土楼的建筑材料。 2. 了解土楼建筑材料因地制宜的智慧,能够独立制作自己的小小土楼。 3. 乐意感受土楼的神奇智慧,大胆分享自己的想法。		
活动重难点	知道土楼因地制宜的智慧,能够独立完成土楼花盆的制作。		
活动简介	观察土楼局部的放大图片,猜想并讨论土楼的建筑材料。了解土楼建筑材料蕴含了因地制宜的智慧。		
活动准备	材料准备:土楼图片、土楼建筑视频、花盆、超轻黏土、沙、小石子、落叶等。 经验准备:和父母一起调研过土楼的地理位置,了解土楼的外貌和建筑环境。		

活动环节	活动内容	设计意图
导入环节	1. 展示土楼局部放大的图片。 (1)请幼儿观察图片,猜一猜是什么建筑。 (2)提问:怎么猜出来这个是土楼呢? (3)进行集体讨论,幼儿分享自己的观点,教师总结归纳。 2. 说一说土楼与平时居住的房屋的不同点。 (1)土楼和平时居住的房屋,建筑表面有什么不一样? (2)为什么会有这种不同呢?原因是什么? 小结:土楼表面粗糙,而平时居住的房屋表面平整,这是因为土楼运用的建筑材料是根据当地的环境就地取材的,平时居住的房屋是用水泥砌起来的。 (3)通过这些图片,猜猜土楼的建筑材料有哪些。 进行集体讨论,鼓励幼儿大胆表现,教师总结归纳。	1. 根据土楼局部放大的图片,让幼儿猜测是什么建筑,引起幼儿兴趣。 2. 感受土楼与我们平时居住的房屋在建筑材料方面有什么不同。
共同讨论	观看视频,寻找土楼建筑材料。 (1)提问幼儿:从视频中发现了土楼建造使用了哪些建筑材料?和猜想的一样吗? (2)再看一遍视频,这一次来找一找土楼选用这些材料的原因。 小结:原来土楼建筑选材因地制宜。当时的人们可真是太聪明了,就地取材节省了很多时间和体力,这可真是土楼建筑的智慧! (3)运用智慧。老师出示准备的材料,请孩子们因地制宜制作一个小小土楼花盆,让植物角变成土楼群吧!	了解土楼建筑因地制宜的智慧,敢于大胆表达自己的观点。

续表

创意工坊	1. 制作环节,教师可以进行个别语言引导。 2. 展示环节,邀请幼儿分享自己用了什么材料,以及选择材料的原因。 3. 排队将花盆放置到植物角,装饰班级。 小结:请幼儿分享自己的土楼,为班级装饰新的植物角。	1. 能够独立制作自己的作品。 2. 敢于大胆表达自己的想法。
活动成果	土楼小花盆,植物角装饰。	
活动评价	注重过程性评价,关注以下几个方面:构思、主动性、兴趣性、独立性、创造性、习惯性、自我感觉等。	

表 1-3-7　活动 2"土楼大家庭"方案设计

活动对象	大班幼儿	活动领域	表现与创造
活动目标	1. 了解土楼圆形建筑群集体生活的原因,知道分甘共苦、守望相助的智慧。 2. 能够集体画出新的土楼建筑群。 3. 敢于大胆表述自己的想法,喜欢参与集体艺术活动。		
活动重难点	知道分甘共苦、守望相助的集体生活智慧,能够集体画出新的土楼建筑群。		
活动简介	了解土楼建筑大家庭生活的原因,感受土楼居民分甘共苦、守望相助的智慧。		
活动准备	材料准备:土楼建筑群图片、土楼纪录片、大画纸、颜料、画笔、马克笔等。 经验准备:看过土楼建筑群的外观。		
活动环节	活动内容		设计意图
导入环节	引导幼儿回忆土楼的样貌。 (1)小朋友们还记得上次我们观察的土楼吗? 想一想土楼是只有一户人家居住吗? (2)你们猜一猜为什么土楼是这么多户家庭居住在一起呢? 小结:有这么多小朋友说出了自己的想法,那我们来看看在土楼居住的人们是怎么讲的吧!		1. 引导幼儿进入情境,回忆土楼建筑。 2. 引发幼儿兴趣,通过提问引导幼儿讨论土楼建筑群多户家庭居住在一起的原因。

续表

活动环节	活动内容	设计意图
共同讨论	观看纪录片,找一找原因。 (1)你们有从视频中找到原因吗?来和大家分享一下。 (2)你们都找到了原因,原来大家居住在一起是为了能更好地抵抗敌人、保护自己,这就是"分甘共苦、守望相助"的智慧呀!那有没有眼尖的小朋友观察到视频中的土楼是什么形状的?土楼中的居民们居住的房间又在哪里呢? 小结:原来视频中的土楼形状是圆形的,是我们认识的同心圆的形状,最外面的一圈儿住着人,整个土楼房间大小都相同,他们会使用共同的楼梯,家庭之间互相帮助,几乎没有秘密。这可真是像极了我们幼儿园这个小家庭,我们也根据土楼建筑群来绘画出属于我们幼儿园的小小土楼建筑群吧!	1. 通过视频,了解土楼集体生活的智慧。 2. 大胆表达自己在视频中观察到的内容。
集体绘画分享	1. 集体讨论,想一想自己家庭的土楼会是什么样的。 2. 共同绘画,引导幼儿自己划分区域,教师适当介入。 3. 分享交流,说一说最喜欢哪个土楼,并且表达原因。 小结:这就是幼儿园的土楼大家庭,把这张大家庭的画贴在主题墙上吧!	1. 敢于大胆表达自己的想法,并且喜欢参与集体艺术活动。 2. 能够参与集体绘画,理解分甘共苦、守望相助的集体生活。
活动成果	合作绘画作品。	
活动评价	注重过程性评价,关注以下几个方面:构思、主动性、兴趣性、独立性、创造性、习惯性、自我感觉等。	

第四章

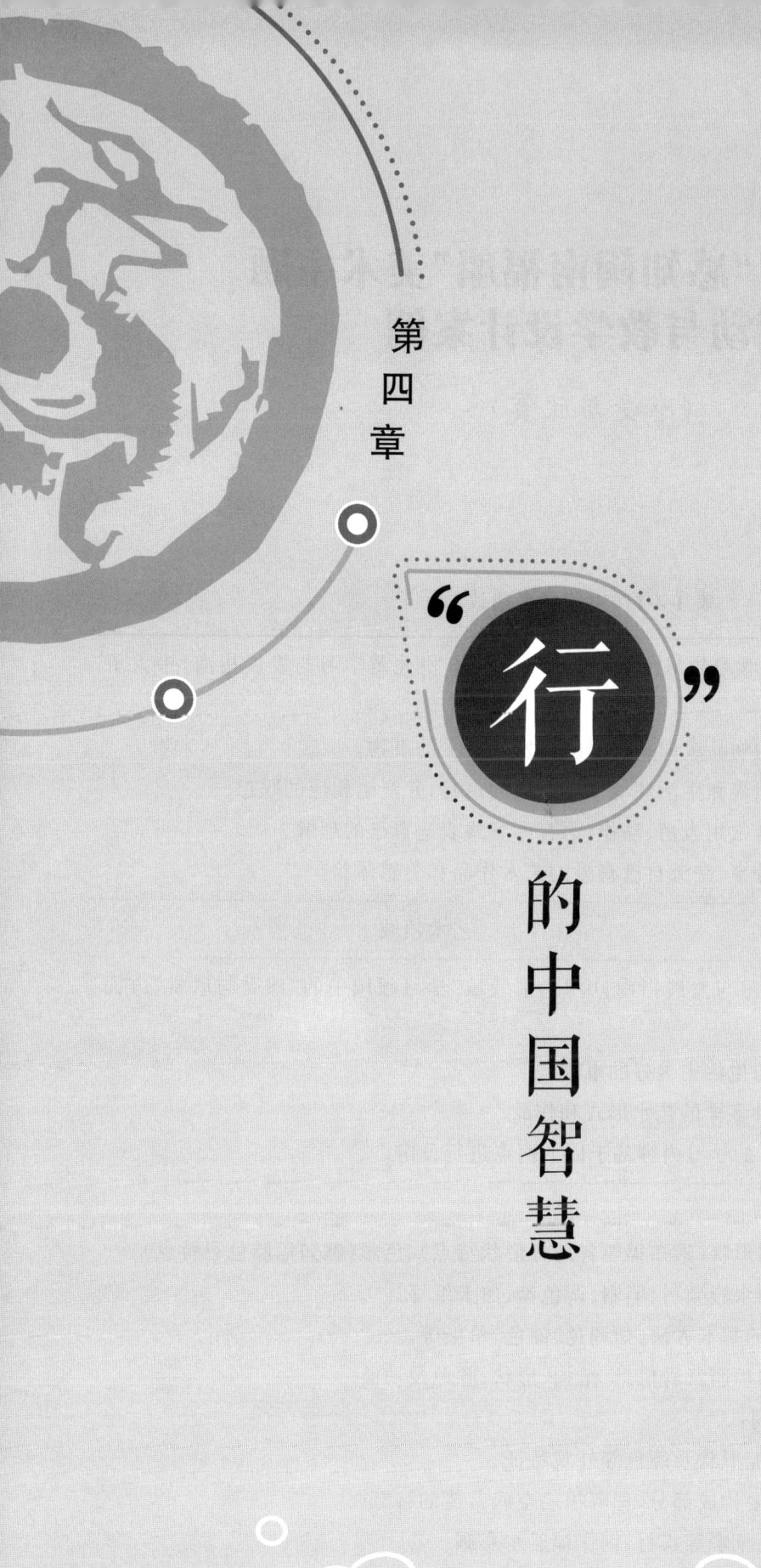

"行"的中国智慧

第一节 "感知闽南福船"美术主题活动与教学设计案例

（感受与欣赏）

一、主题规划建议

表 1-4-1　主题规划建议

研读指南	本单元为"艺术"学习领域的教学内容。《3～6岁儿童学习与发展指南》中大班阶段的目标是： 1. 乐于收集美的物品或向别人介绍所发现的美的事物。 2. 喜欢模仿自然界和生活环境中有特点的声音，并产生相应的联想。 3. 艺术欣赏时常常用表情、动作、语言等方式表达自己的理解。 4. 愿意和别人分享、交流自己喜爱的艺术作品和美感体验。
确定内容	学习领域　　　艺术领域
	《3～6岁儿童学习与发展指南》中"艺术领域"学习领域中的"感受与欣赏"方面的目标包括： 1. 喜欢自然界与生活中美好的事物。 2. 喜欢欣赏多种多样的艺术形式和作品。 本主题活动教材的学习内容基于以上两点进行设定。
课程目标	1. 幼儿能够知道： (1) 视觉元素，如形状（感知福船各部分形状特点）、色彩（感知福船色彩特点）。 (2) 绘画工具，如水彩颜料、笔刷、调色盘、白卡纸等。 (3) 水彩画绘制的基本方法，如调色、铺色、晕染等。 (4) 福船知识，如福船背景信息、结构、形状、颜色及功能。 2. 幼儿能够做到： (1) 简单描述福船形状及颜色等外观特征。 (2) 讲述福船主要构成部分，理解福船空间营造的智慧。 (3) 尝试用水彩、纸巾等媒材，创作福船水彩画。 (4) 与同学分享交流学习感受、创作构想与创作感受。

续表

思政元素	☑ 家国情怀：通过学习福船基础知识提升对祖国传统文化的学习兴趣，激发爱国情怀。 ☑ 文化自信：通过学习福船基础知识提升对福船文化的认同感。 ☑ 艺术精神：通过体会福船彩绘的美感，提升审美感知水平。 ☑ 健全人格：通过丰富多样的教学活动，在欣赏美的过程中进行自我认知与完善。 ☑ 生态意识：通过学习福船相关文化知识，了解人类在发展过程中如何取法自然，感知人类社会与自然的紧密联结。		
规划主题	主题	感知闽南福船	
	活动次数	5次	学知识
			找图形
			辨色彩
			火眼金睛
			思奥秘

二、主题活动设计

表 1-4-2　主题活动设计

学情分析	大班的学生好奇心强，对鲜艳的颜色很感兴趣，思维稳定性、情感表达能力较弱，需要教师进行细心引导；学生通过了解福船特征和背景故事，初步接触欣赏领域，为下一个学段的学习打下基础。
设计教学方法	教师主导：讲解福船背景信息、结构、形状、颜色及功能，引导学生认知福船特点。
	幼儿自主：观察与探究福船的形状、颜色等外观特征以及主要构成部分，运用质朴的语言进行描述。
	师幼互动：交流与讨论福船的历史文化背景、外观特征、功能。
主题活动目标	能够简单描述福船形状、颜色等外观特征及主要构成部分，并和同学交流分享。
活动重难点	重点：了解福船相关基础知识，感知福船的造型色彩之美。
	难点：体会福船的文化特点。

续表

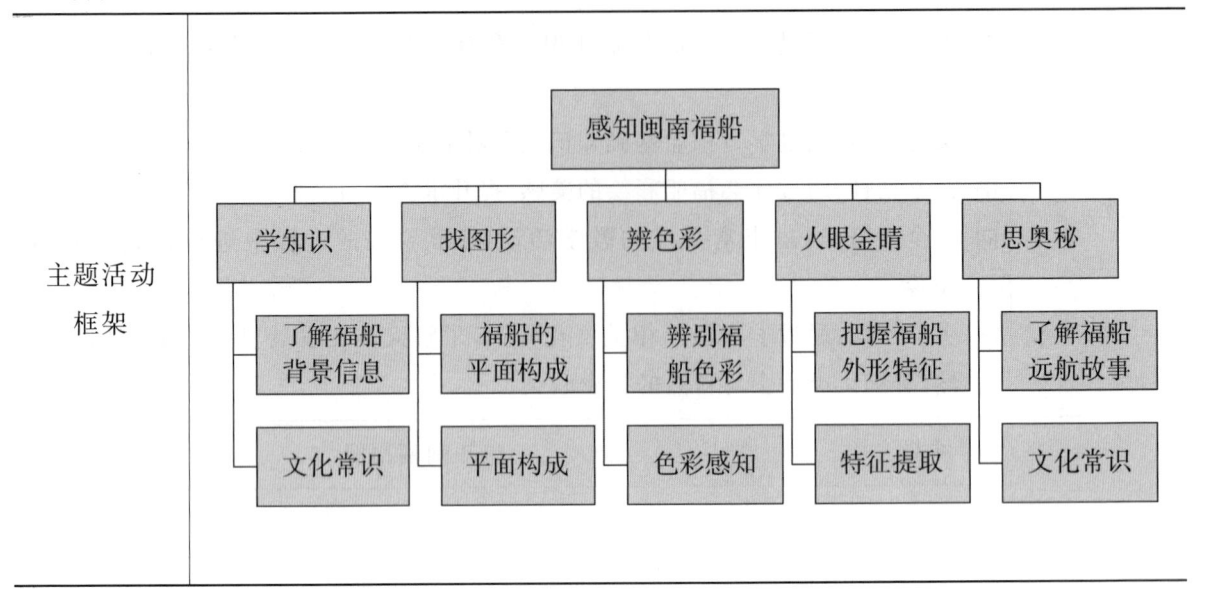

主题活动框架	感知闽南福船 ├─ 学知识 ─ 了解福船背景信息 ─ 文化常识 ├─ 找图形 ─ 福船的平面构成 ─ 平面构成 ├─ 辨色彩 ─ 辨别福船色彩 ─ 色彩感知 ├─ 火眼金睛 ─ 把握福船外形特征 ─ 特征提取 └─ 思奥秘 ─ 了解福船远航故事 ─ 文化常识

三、活动方案设计

表 1-4-3 活动 1"学知识"方案设计

活动对象	幼儿园大班	活动领域	感受与创造
活动目标	了解福船的背景信息，提升对福船文化学习的积极性。		
活动重难点	活动重点：了解福船背景信息及特色。 活动难点：理解福船蕴含的分甘共苦的文化内涵。		
活动简介	阅读福船相关知识，了解福船特色。		
活动准备	材料准备：美术学习材料。 经验准备：观察福船图片，对福船的外观特征有初步的印象。		
活动环节	活动内容		设计意图
学习福船背景知识	通过欣赏福船图片，阅读卡通人物的小对话，了解福船的外观特色和历史背景信息。		初步了解福船特点和背景信息。
活动成果	了解福船的背景信息及外观特征。		
活动评价	通过对福船背景信息的学习是否提升了对福船文化的学习积极性。		

表 1-4-4　活动 2 "找图形"方案设计

活动对象	幼儿园大班	活动领域	感受与欣赏
活动目标	感知福船的基本形状构成。		
活动重难点	活动重点:完成福船拼图。 活动难点:感知福船的平面构成。		
活动简介	贴一贴福船拼图。		
活动准备	材料准备:美术学材。 经验准备:对福船的外观特征有了初步的印象。		
活动环节	活动内容		设计意图
观察福船基本形状,并完成福船拼图	贴一贴福船拼图,观察感受福船的形状特点并进行联想。		感知福船的平面构成。
活动成果	完成福船拼图。		
活动评价	是否能感知图片中的基本形状。		

表 1-4-5　活动 3 "辨色彩"方案设计

活动对象	幼儿园大班	活动领域	感受与欣赏
活动目标	正确辨别福船中的色彩。		
活动重难点	活动重点:辨别福船中的颜色,并用线与右侧色块相连接。 活动难点:正确辨别福船中的主要颜色。		
活动简介	辨别福船中的颜色,并用线与右侧色块相连接。		
活动准备	材料准备:美术学习材料。 经验准备:对福船的外观特征有了初步的印象。		
活动环节	活动内容		设计意图
观察福船颜色,并完成色彩连线	观察并归纳福船上有哪些主要颜色,用线将福船上的颜色与右侧色块相连。		加深对福船的色彩感知,提升色彩辨别能力。
活动成果	福船色彩与色块连线图。		
活动评价	是否能正确辨别福船的色彩。		

表 1-4-6　活动 4"火眼金睛"方案设计

活动对象	幼儿园大班	活动领域	感受与欣赏
活动目标	把握福船的外形特征。		
活动重难点	活动重点：把握福船的外观特点。 活动难点：区分福船与其他船型。		
活动简介	从多种船型中辨别出福船。		
活动准备	材料准备：美术学习材料。 经验准备：把握福船的外观特点。		
活动环节	活动内容		设计意图
观察手绘船，并从中找到福船	观察六艘手绘船，比较不同船型的特点，对应之前所了解到的福船特点，从六艘船中找出福船。		加深对福船外形特征的印象。
活动成果	区分福船与其他船型。		
活动评价	能否把握福船的外形特征。		

表 1-4-7　活动 5"思奥秘"方案设计

活动对象	幼儿园大班	活动领域	感受与欣赏
活动目标	了解福船的远航故事、历史文化背景以及内部结构。		
活动重难点	活动重点：了解福船的远航故事以及历史文化背景。 活动难点：了解福船蕴含的分甘共苦的文化内涵，通过插图初步了解福船内部水密隔舱结构，理解空间营造智慧。		
活动简介	阅读福船的远航故事，了解福船的历史文化背景以及内部结构。		
活动准备	材料准备：美术学习材料。 经验准备：了解一定的福船相关基础知识。		
活动环节	活动内容		设计意图
阅读小福船的远航故事，学习福船相关知识	阅读手绘小福船的远航故事，了解福船结构特点，进一步了解福船的历史背景信息以及功能。		了解福船的远航故事以及内部水密隔舱结构。
活动成果	了解福船的历史文化背景以及内部结构，提升对福船文化的兴趣。		
活动评价	通过了解福船的远航故事是否加深对福船相关历史文化的了解。		

第二节 "感知闽南福船"美术主题活动与教学设计案例

(表现与创造)

一、主题规划建议

表 1-4-8　主题规划建议

研读指南	本单元为"艺术"学习领域的教学内容。《3~6岁儿童学习与发展指南》中大班阶段的目标： 1. 积极参与艺术活动，有自己比较喜欢的活动形式。 2. 能用多种工具、材料或不同的表现手法表达自己的感受和想象。 3. 艺术活动中能与别人相互配合，也能独立表现。 4. 能用基本准确的节奏和音调唱歌。 5. 能用律动或简单的舞蹈动作表现自己的情绪或自然界的情景。 6. 能自编自演故事，并为表演制作简单的服饰、道具或布景。 7. 能用自己制作的美术作品布置环境、美化生活。
确定内容	学习领域　　艺术领域 《3~6岁儿童学习与发展指南》中"5~6岁幼儿艺术领域"学习领域中"表现与创造"方面的目标包括： 1. 喜欢进行艺术活动并大胆表现。 2. 具有初步的艺术表现及创造能力。 本主题活动教材的学习内容基于以上两点进行设定。
课程目标	1. 幼儿能够知道： (1)视觉元素，如形状(感知福船各部分形状特点)、色彩(感知福船色彩特点)。 (2)福船知识，如福船背景信息、结构、形状、颜色等。 (3)水彩画绘制的基本方法，如调色、铺色、晕染等。 (4)水彩绘画工具，如颜料、笔刷、调色盘、白卡纸等。

续表

课程目标	2. 幼儿能够做到： (1)简单描述福船形状及颜色等外观特征。 (2)讲述福船主要构成部分。 (3)尝试用水彩颜料、纸巾等媒材创作福船水彩画。 (4)与同学分享交流学习感受、创作构想与创作感受。		
思政元素	☑ 家国情怀:通过对福船基础知识的学习提升对祖国传统文化的学习兴趣,激发爱国情怀。 ☑ 文化自信:通过对福船基础知识的学习提升对福船文化的认同感。 ☑ 艺术精神:通过体会福船彩绘的美感,提升审美感知水平。 ☑ 健全人格:通过富有趣味的创作活动,在愉快的课堂氛围中表达自我,促进自我完善。 ☑ 生态意识:通过学习福船相关文化知识,了解人类在发展过程中如何取法自然,感知人类社会与自然的紧密联结,理解福船蕴含的空间营造智慧。		
规划主题	主题	福船水彩画	
	活动次数	1次	画一画,运用水彩颜料等相关画具创作福船水彩画。

二、主题活动设计

表1-4-9　主题活动设计

学情分析	幼儿园大班的学生乐于创作表达,对新奇易操作的材料富有兴趣,关注创作过程,思维活跃但缺乏辨别方位的能力,易出现在纸的任意地方涂鸦、不断重复同一图像等问题,教师应耐心引导学生进行创意表现,帮助学生建立画面各部分间的联系,增强学生的审美意识。
设计教学方法	教师主导:介绍水彩绘制的基本工具,讲解水彩画绘制的基本方法,如调色、铺色、晕染等。
	幼儿自主:观察与探究水彩画的绘制技巧,并尝试运用水彩颜料、纸巾等媒材,进行福船水彩画创作。
	师幼互动:交流与讨论学习感受、创作构想与创作感受。
主题活动目标	感受水彩画的独特效果,并运用水彩颜料等相关画具创作福船水彩画。

续表

活动重难点	重点:在体验水彩相关画材特性的基础上,完成福船水彩画创作。难点:学生对画面布局的把握以及情感表达。
主题活动框架	感知闽南福船 → 福船水彩画 → 感受水彩的独特效果 → 水彩技法

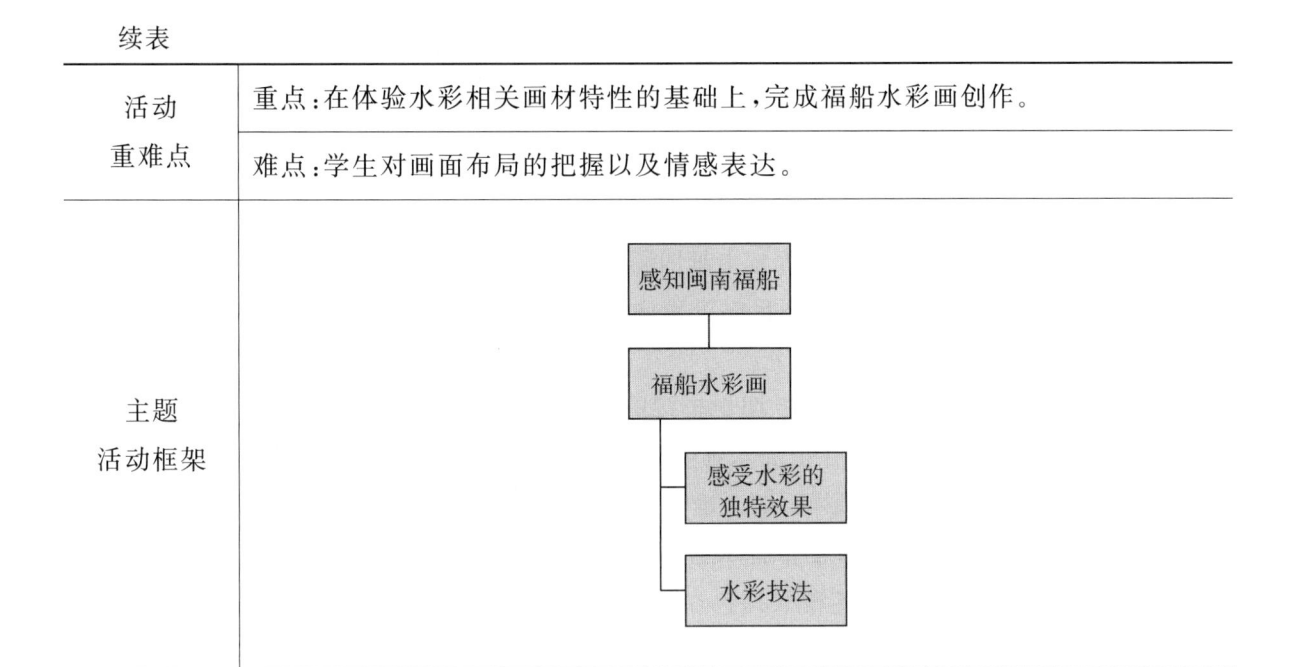

三、活动方案设计

表 1-4-10　活动"福船水彩画"方案设计

活动对象	幼儿园大班	活动领域	表现与创造
活动目标	感受水彩画的独特效果,并完成一幅福船水彩画创作。			
活动重难点	活动重点:在体验水彩相关画材特性的基础上,学习水彩画基本技法,并完成福船水彩画创作。 活动难点:学生对画面布局的把握以及情感表达。			
活动简介	感受水彩相关画材的特性,进行福船水彩画创作。			
活动准备	材料准备:水彩颜料、笔刷、调色盘、纸胶带、白卡纸、纸巾、胶水、喷壶、牙签。 经验准备:简单尝试使用水彩画材。			
活动环节	活动内容		设计意图	
福船水彩画创作	通过水彩画创作,感受水彩的独特效果,学习水彩画基本技法,独立创作一幅福船水彩画。主要步骤:寻找灵感、准备材料、涂背景、画船身、画船帆、做点缀。 1.寻找灵感:通过之前的小游戏,对福船的外观、色彩等特点有了基本了解,可以从上文的文字介绍和插图中寻找创作灵感。		帮助学生加深对福船结构、色彩等特点的印象与理解,同时掌握水彩画的基本表现技法。	

续表

活动环节	活动内容	设计意图
福船水彩画创作	2. 准备材料：准备水彩颜料、笔刷、调色盘、纸胶带、白卡纸等创作材料，初步感受材料特性，为之后的创作做准备。 3. 涂背景：用纸胶带固定卡纸四周，笔蘸取大量水，调出淡蓝色并刷在卡纸上（调色时可稍调入绿色或红色增加背景的色彩变化），等待晾干。 4. 画船身：在调色盘上调出较深的船身色，在调好的颜色中滴入适量胶水并稍加水搅拌均匀备用。用纸巾在白卡纸上贴出船身的形状，刷上准备好的颜色。同样的步骤重复若干次，增加小船数量，使作品构图饱满。 5. 画船帆：用牙签蘸取棕色在白纸上画出船的桅杆，再调出淡红色画出船帆。 6. 做点缀：用大量水调出淡白色并装入喷壶，喷洒在画面中做装饰点缀，使画面更丰富。	
活动成果	福船水彩画一张。	
活动评价	根据完成的作品进行多维度、多主体评价。	

第二部分

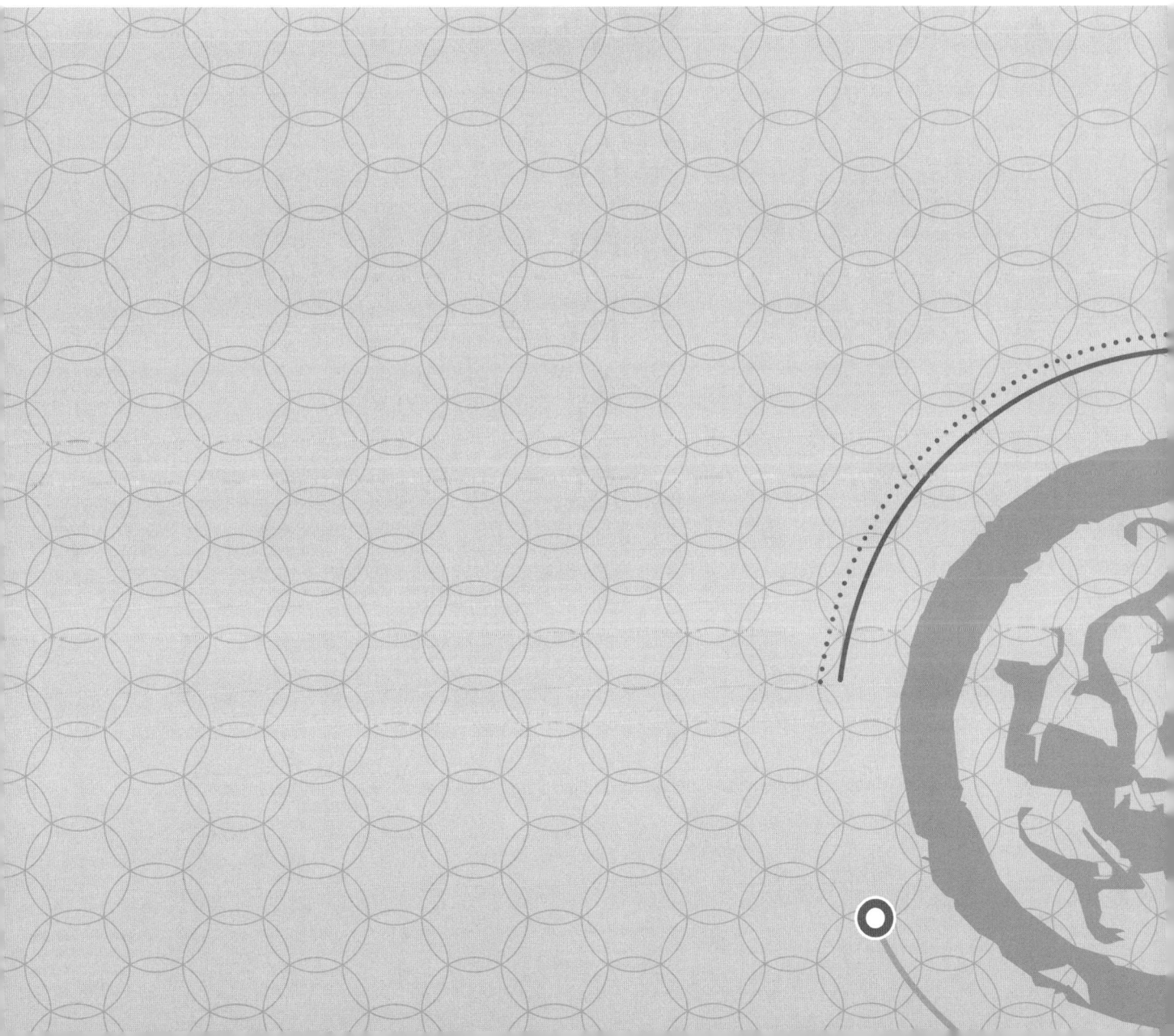

小 学

第一章

"衣"的中国智慧

第一节 "初识惠安女服饰"美术单元课程与教学设计案例

(欣赏·评述单元)

一、单元规划建议

表 2-1-1 单元规划建议

研读标准	本单元为 4 年级"欣赏·评述"学习领域的教学内容。《义务教育艺术课程标准（2022 年版）》美术学科课程中的目标是"欣赏符合学生认知水平的中外美术作品，用语言或文字等多种形式描述作品，表达感受与认识"。
确定内容	<table><tr><td>学习领域</td><td>欣赏·评述</td></tr></table>《义务教育艺术课程标准（2022 年版）》美术学科课程中"欣赏·评述"学习领域的课程分目标包括： 1. 感受自然美，了解美术作品题材、主题、形式、风格与流派，知道重要的美术家和美术作品，以及美术与生活、历史、文化的关系，初步形成审美判断能力。 2. 学会从多角度欣赏与认识美术作品，逐步提高视觉感受、理解与评述能力，初步掌握美术欣赏的基本方法，能够在文化情境中认识美术。 3. 提高对自然美、美术作品和美术现象的兴趣，形成健康的审美情趣，崇尚文明，珍视优秀的民族、民间美术与文化遗产，增强民族自豪感，养成尊重世界多元文化的态度。 本单元教材的学习内容基于以上 3 点进行设定。
课程目标	1. 学生能够知道： (1)欣赏方法，如对比法、对话法、费尔德曼四步鉴赏法等。 (2)视觉元素，如线条、形状、色彩、肌理、空间等。 (3)形式原理，如对称、均衡、节奏等。 (4)色彩知识，如原色、间色、复色、色调、对比色、邻近色等。 2. 学生能够做到： (1)用不同的欣赏方法，描绘自己对作品的想法与感受。 (2)用不同的欣赏方法欣赏惠安女文化，学会迁移。 (3)倾听别人的意见，尊重他人的建议。 3. 学生能够理解： (1)惠安女服饰里蕴含的师法自然、因材施艺、形意相生的中国智慧，增强民族自豪感。 (2)传统工艺中的文化传承和创新精神，形成文化认同感。

续表

规划单元	单元主题		初识惠安女服饰
	活动次数	2课时	海上生花——勤劳的惠安女
			润物无声——和谐的家园
艺术课程核心素养	☑审美感知		感受惠安女服饰的美,学会从多角度欣赏与认识惠安女服饰文化。结合课程标准中核心素养的要求,根据本课程的内容进行对标设置。
	☑艺术表现		选择表现形式,能够运用各种工具、美术媒材进行服饰创作。
	☑创意实践		激发创意,能够动手实践创造作品表达思想与情感。
	☑文化理解		知道惠安女服饰文化的产生与其历史文化和地域背景的联系,培养对传统文化的兴趣,珍视优秀的民族、民间美术与文化遗产,增强民族自豪感,养成尊重世界多元文化的态度。
思政元素	☑政治认同		惠安女服饰是巾帼服饰中的一朵奇葩。
	☑家国情怀		惠安女服饰是我国非物质文化遗产,应给予保护并传承。
	☑文化自信		我国传统的惠安女服饰,质高形美,具有高度的艺术价值。
	☑健全人格		能够感知生活中的美,表达自己对美的感受与理解。
	☑生态意识		保护自然保护环境,与大自然和谐共生。

二、单元教材教法分析

表 2-1-2　单元教材教法分析

整合内容结构	知识与技能	知识:认识勤劳的惠安女的具体生活体现,了解惠安女的历史背景以及歌谣文化。美术技能:欣赏惠安女题材的摄影作品,学会讲述惠安女的历史故事和描述惠安女的服饰造型,提取惠安女服饰色彩,并制作色卡。
	人文内涵	1. 惠安女服饰展示中国古代人民的智慧。 2. 惠安女服饰文化激励后人传承与创新。 3. 惠安女服饰是我国非物质文化遗产。
	审美导向	1. 惠安女服饰精致漂亮,美观大方。 2. 惠安女服饰造型款式奇特却不庸俗,色彩绚丽。 3. 惠安女服饰的色彩源于对天然的协调美的追求,源自惠安女对周围环境和色彩的感知,展示了丰厚的文化底蕴。

续表

学情分析	本单元课程旨在引导4年级学生运用对比法、对话法、费尔德曼四步鉴赏法欣赏惠安女服饰特色,运用语言或文字等多种形式表述惠安女服饰的历史背景与艺术特色等知识,表达自己对惠安女服饰文化的感受与认识。
设计教学方法	教师主导:教师示范和讲解。
	学生自主:引导学生欣赏、尝试、交流和实践。
	师生互动:教师引导学生思考和讨论,形成理解与感悟。
定位学科能力	关键能力: 1. 审美能力。 2. 感受与鉴赏能力。
	其他能力: 1. 自主思考与探索能力。 2. 共情能力。 3. 合作、表达与交流能力。

三、单元教学设计

表 2-1-3　单元教学设计

单元教学目标	知识与技能:了解勤劳的惠安女的生活以及历史背景、生活环境,了解惠安当地的旅游文化、海洋文化等;知道惠安女服饰的装束艺术价值,能够用对比法、对话法、费尔德曼四步鉴赏法欣赏惠安女服饰的艺术特色,运用美术语言评价惠安女的服饰美以及品德美。 过程与方法:通过教师讲解、图片观察等方式学习惠安女服饰的特点,通过教师欣赏示范、小组交流等方式欣赏惠安女服饰特色,尝试提取惠安女服饰的色彩并制作色卡;小组交流与讨论惠安女文化并总结成一段文字。 情感、态度和价值观:通过单元课程的学习,感受惠安女服饰的魅力,增强对非物质文化遗产的了解和热爱,增强生态环境保护意识,传承优秀文化并为其发展助力。
单元教学重难点	重点:欣赏惠安女服饰造型美与色彩美与生活环境的关系,并运用美术语言表达对它们的感受与认识。
	难点:惠安女服饰色彩提取卡制作,运用美术语言评价服饰的艺术特点。

续表

单元活动框架	单元课题:初识惠安女服饰。				
	单元基本问题(大观念):惠安女的品德与服饰文化需要我们的保护与传承。				
	单元小问题:1.惠安女服饰造型对于劳作有哪些便利?2.惠安女的勤劳体现在哪些方面?3.保护和传承惠安女服饰文化,我们可以怎么做?				
	第1课时:海上生花——勤劳的惠安女		第2课时:润物无声——和谐的家园		
	第1课时:海上生花——勤劳的惠安女 通过认识惠安女的历史文化背景和服饰艺术特色,对诗歌的理解以及惠安女故事的赏析,学习惠安女优秀品质;教师讲解对比法、对话法和费尔德曼四步鉴赏法的欣赏方法,引导学生使用这三种方法欣赏惠安女劳作的图片以及服饰造型特征、色彩搭配,提高审美趣味,最后完成惠安女服饰色彩提取卡;小组交流,推选代表,在班级内讨论、评价欣赏成果。				
	第2课时:润物无声——和谐的家园 通过对惠安女视频的导入学习,了解惠安地理环境以及当地风情园特色,学习海洋文化,了解关于渔猎工具、捕抓民间技艺、美食文化等,增强学生生态环境保护意识,感受当地风情与自然美景,传承惠安女文化并促进其发展,最后小组讨论并写出300字左右总结,评一评对惠安女的认识。				

单元评价量规	评价维度	表达评述		水平1	水平2	水平3	水平4
			倾听回应	随意插嘴打断别人;没有听清内容就匆忙回应。	耐心地听他人讲述;能用肢体、语言等方式回应他人。	耐心地、鼓励式地听完他人的讲述;适时给出回应性的思考。	在耐心倾听的同时,能积极与他人互动,营造良好的访谈氛围。
			交流讨论	讨论内容单一,访谈记录零散、不完整。	开展多次交流且完整地将流程及内容记录下来。	能从对话中提取关键信息,并将交流内容完整地记录下来。	能与不同群体交流,内容体现双方的深层思考与观点的博弈。
			欣赏报告	没有组织自己的观点,报告内容不连贯。	能体现自己的观点,在报告中流畅地进行表达。	能够富有逻辑地表达自己的观点,在报告中流畅地进行表达。	能够富有逻辑地表达自己的观点,通过流畅的语言进行表达;并有多项资料来充分论证自己的观点。

续表

			水平 1	水平 2	水平 3	水平 4
单元评价量规	美术学科核心素养维度	创意实践	能搜集到相关资料和信息，运用合适的材料进行创作与设计。	能运用多种方式搜集资料和信息，进行联想和想象，生成创作意图。	能根据搜集到的信息，运用发散性思维进行联想，将生成的创作意图用不同方式进行呈现。	能运用发散性思维进行联想和想象，借鉴艺术家的创意想法和创作手段，通过吸收和变通完善自己的创作意图。
		文化理解	能从初步的文化角度来分析和理解艺术作品和艺术现象。	能从文化角度来分析和理解作品，了解社会和文化是如何影响艺术的。	能从文化角度分析和理解不同地区、民族的传统艺术特点，了解艺术与文化的关系。	能从文化角度分析和研究不同地区、民族传统艺术的继承与创新之间的关系，尊重并理解不同地区的文化内涵。

四、课时教学设计

表 2-1-4　第 1 课时："海上生花——勤劳的惠安女"教学设计

教学对象	4 年级学生	课业类型	欣赏·评述
核心问题（大观念）	惠安女辛勤劳动有哪些值得我们学习的地方？	小问题	1. 惠安女的勤劳体现在哪里？ 2. 惠安女服饰的造型对于劳作有什么便利？ 3. 惠安女有哪些值得我们学习的优良品德？
教学目标	知识与技能：了解惠安女的历史故事背景，能够用对比法、对话法、费尔德曼四步鉴赏法欣赏惠安女服饰造型的艺术特色以及色彩搭配，对惠安女摄影作品能运用语言或文字等多种形式表述作品的特点。		
教学目标	过程与方法：通过对惠安女服饰色彩搭配的赏析，学会从服饰中提取颜色，并小组讨论制作一张小色卡。 情感、态度和价值观：通过欣赏惠安女劳作的摄影作品，感受惠安女吃苦耐劳的品德和师法自然的智慧，加深对惠安女服饰的热爱。		
教学重难点	重点：能够用对比法、对话法、费尔德曼四步鉴赏法欣赏惠安女服饰造型和色彩搭配，运用语言或文字等多种形式表述、评价惠安女服饰中师法自然、形意相生的智慧 难点：提取惠安女服饰色彩，并制作小色卡。		

续表

教学资源	教具：白纸、水彩画工具以及必要的课件等。 学具：白纸和水彩画工具。	
活动环节	活动内容	设计意图
环节 1	通过几篇诗歌导入惠安女的生活环境以及惠安女服饰文化特色，从诗歌中感悟惠安女的精神与优良品德。	认识惠安女。
环节 2	教师讲解惠安女生活的历史文化背景和勤劳的具体体现（渔业、修水利、织网、裁衣等），引导学生使用对比法对惠安女劳作的摄影作品进行赏析，联系生活中印象最深的勤劳的人并进行描述。	学习对比鉴赏方法。
环节 3	教师讲解对话法和费尔德曼四步鉴赏法的欣赏方法，引导学生使用对话法和费尔德曼四步鉴赏法欣赏惠安女服饰造型和色彩搭配，对服饰色彩进行提取做成小色卡记录欣赏过程和欣赏成果。小组交流，推选代表，在班级内讨论、评价、欣赏成果。	评价是否能够运用欣赏方法欣赏惠安女服饰。
学习成果	制作惠安女服饰色卡。	
评价方案	小组评价，选出小组的代表，随后班级内学生和教师共同评价小组代表的欣赏成果。学生自评是否使用恰当的词语、短句等表达自己对惠安女和惠安女服饰的感受与认识。	

表 2-1-5　第 2 课时："润物无声——和谐的家园"教学设计

教学对象	4 年级学生	课业类型	欣赏·评述
核心问题（大观念）	惠安文化值得我们保护和传承。	小问题	1. 惠安女服饰受当地哪些文化的影响？ 2. 你对我国非物质文化遗产持什么态度？ 3. 如何表达你对一种事物的看法？
教学目标	知识与技能：了解惠安地理环境以及当地风情园特色，学习海洋文化，了解关于渔猎工具、捕抓民间技艺、美食文化等对惠安女服饰文化形成的影响。 过程与方法：通过民歌学习和图片赏析，能够在小组内讨论并形成 300 字左右的欣赏评价。 情感、态度和价值观：通过交流讨论，强化学生对惠安女文化特点的记忆，增强学生生态环境保护意识和对非物质文化遗产的保护与传承意识。		

续表

教学重难点	重点:能够领悟对于我国非物质文化遗产传承与保护的重要性,体会惠安女服饰中蕴含的因材施艺的智慧。 难点:学会倾听同学关于自己的欣赏成果和创作成果的评价,锻炼自己使用合适的语言和方式评价同学欣赏成果的表达能力。
教学资源	教具:学习笔记本、必要的课件等。 学具:笔记本。

活动环节	活动内容	设计意图
环节1	惠安女民歌的导入、惠安当地的文化介绍。	进一步了解惠安文化特色。
环节2	通过学习欣赏惠安文化,写出300字左右自己对于惠安文化、惠安女服饰的认识及对其保护和传承的小建议。	提高学生的表达与写作能力。
环节3	小组交流讨论,学习使用合适的语言评价同学的欣赏成果和设计的茶具,并认真倾听他人对惠安文化的认识。	锻炼学生倾听和表达的能力。
学习成果	学习评价文字表达。	
评价方案	学生自评是否使用恰当的词语、短句等表达自己对惠安女服饰文化的感受与认识;对我国非物质文化遗产的保护与传承意识是否强烈。	

第二节 "初识惠安女服饰"美术单元课程与教学设计案例

（创意·表现单元）

一、单元规划建议

表 2-1-6　单元规划建议

研读标准	本单元为 4 年级"创意·表现"学习领域的教学内容。《义务教育艺术课程标准（2022 年版）》美术学科课程中的目标是"综合运用多学科知识，紧密联系现实生活，进行艺术创新和实际应用的能力。创意实践包括营造氛围，激发灵感，对创作的过程和方法进行探究与实验，生成独特的想法并转化为艺术成果。创意实践的培育，有助于学生形成创新意识，提高艺术实践能力和创造能力，增强团队精神"。
确定内容	<table><tr><td>学习领域</td><td>创意·表现</td></tr></table>《义务教育艺术课程标准（2022 年版）》美术学科课程中"创意·表现"学习领域的课程分目标包括：在体验传统工艺和制作工艺品时，了解材料的特点，如粗糙、柔滑、坚硬等。 1. 运用撕、剪、编织等方法制作工艺品，如剪纸、小挂饰等。 2. 知道手工制作工艺来自民间，是中华民族文化艺术的瑰宝。 3. 能寻找身边的各种工具和材料，利用不同材料的特点，设计并制作工艺品。 4. 在制作工艺品时，能与他人交流自己的构想或制作过程，学会倾听别人的意见。 5. 养成安全使用工具和材料的习惯。 本单元教材的学习内容基于以上内容进行设定。
课程目标	1. 学生能够知道： (1) 视觉元素，如线条、形状、色彩、肌理、空间等。 (2) 形式原理，如对称、均衡、节奏等。 (3) 色彩知识，如原色、间色、复色、色调、对比色、邻近色等。 2. 学生能够做到： (1) 运用美术表现手段，选择合适的美术媒材创作美术作品。 (2) 用不同的欣赏方法欣赏其他陶瓷，学会迁移。 (3) 倾听别人的建议，尊重他人的想法。

续表

课程目标	3. 学生能够理解： (1)惠安女服饰中蕴含的师法自然、因材施艺、形艺相生的中国智慧,增强民族自豪感。 (2)传统工艺中的文化传承和创新精神,形成文化认同感。		
规划单元	单元总课时数	2课时	初识惠女——美丽的花头巾
			印象惠女——独特的花衣裳
艺术课程核心素养	☑审美感知	感受惠安女服饰之美,学会从多角度欣赏与认识服装特点。	
	☑艺术表现	选择表现形式,能够运用各种工具、美术媒材进行创作。	
	☑创意实践	激发创意,能够动手实践创造作品表达情感与思想。	
	☑文化理解	知道惠安女服饰的产生与其历史文化和地域背景的联系,提高学习地方传统服饰的兴趣,珍视优秀的民族、民间美术与文化遗产,增强民族自豪感,养成尊重世界多元文化的态度。	
思政元素	☑政治认同	通过了解惠安女服饰,形成对闽南民间服饰的认同感。	
	☑家国情怀	认识并传承闽南惠安女服饰蕴含的师法自然、因材施艺、形艺相生的中国智慧,筑牢家国情怀。	
	☑文化自信	探索闽南惠安女服饰蕴含的中国智慧,坚定文化自信。	
	☑健全人格	在实践中形成谦逊乐观、共同协作的态度。	
	☑生态意识	理解"人与自然和谐相处"的生态观念,感受惠安女服饰因地制宜、因材施用、天人合一的智慧观念。	

二、单元教材教法分析

表 2-1-7　单元教材教法分析

整合内容结构	知识与技能	1. 头巾的设计依据头巾的用途来确定,同时要结合地方人文自然、地域文化、民俗民风。 2. 通过学习使学生学会运用身边的各种材料,采用组合的方式制作"新衣"。学会按预定的设计用彩色纸剪贴、加工制作头巾。 3. 初步感受服饰的美,让学生能够快乐、积极地参与学习活动,乐于与他人合作,具有探索意识和交流能力。

续表

整合内容结构	人文内涵	培养学生热爱优秀地方文化、尊重民间风俗的意识。继承并发扬中华优秀传统文化。
	审美导向	认识美术与生活的密切关系,学会用简单的材料美化生活,初步培养事先预想和计划行为的习惯,进一步发展创新意识和创造能力。
学情分析		本单元课程旨在引导4年级学生用彩色纸设计、加工制作惠安女头巾及服装,是十分适宜低、中年级学生的一项活动。在情景教学中,孩子们亲手制作的头巾和服装拼贴画会为学习惠安女服饰特点增光添彩。本课教学正是以此为出发点,既提高了学生的动手创造能力,又培养了他们对地方文化的认同,为惠安女服饰的继承与发展奠定基础。 通过对头巾和服装的设计,让学生感受各种材料的特性,感受闽南地方传统文化的深厚底蕴,树立"物以致用"的设计思想,养成良好的事前计划的学习习惯并树立对事物发展应具有的全局观。
设计教学方法		教师主导:教师示范和讲解。
		学生自主:引导学生欣赏、尝试、交流和实践。
		师生互动:教师引导学生思考和讨论,形成理解与感悟。
定位学科能力		关键能力: 1. 审美能力。 2. 感受与鉴赏能力。 3. 创造与表现能力。
		其他能力: 1. 自主思考与探索能力。 2. 共情能力。 3. 合作、表达与交流能力。

三、单元教学设计

表 2-1-8　单元教学设计

单元教学目标	知识与技能:通过学习使学生学会运用身边的各种材料,用综合材料制作"新衣"。学会按预定的设计用彩色纸剪贴、加工制作头巾。初步感受服饰的美,让学生快乐、积极地参与学习活动,乐于与他人合作,具有探索意识和交流能力。 过程与方法:通过实物观察、教师讲解等方式,认识惠安女服饰的线条、色彩、形状、肌理等造型元素;通过小组学习、视频观看和动手实践等方式体验创作的乐趣,感受不同媒材表现的特点。 情感、态度和价值观:感受惠安女服饰的线条、色彩、形状、肌理等造型元素的美感,提升对美的感知能力和审美能力;通过感受不同媒材的表现特点,体验创作的乐趣,增加学习美术的兴趣。
单元教学重难点	重点:认识惠安女服饰的线条、色彩、形状、肌理等造型元素,能够用美术语言表述,同时也能使用美术媒材和各种工具创作具有美感的作品。
	难点:通过感受不同媒材的表现特点,体验创作的乐趣,增加学习美术的兴趣。根据自己的喜好确定头巾和服饰的形状,并设计、制作、完成。学会巧妙地利用彩色纸、剪刀、双面胶、胶水等工具。
单元活动框架	单元课题:初识惠安女服饰
	单元基本问题(大观念):优秀传统工艺及其工艺技术需要我们的保护、继承和发扬。 单元小问题:1. 什么是优秀传统工艺？2. 优秀传统工艺有什么特点？3. 我们应该如何保护、继承和发扬优秀传统工艺及其工艺技术？
	第1课时:初识惠女——美丽的花头巾　　　　第2课时:印象惠女——独特的花衣裳
	第1课时:初识惠女——美丽的花头巾 教师讲解惠安女头巾的线条、色彩、形状、肌理等造型元素的特点,学生通过对头巾的实物观察和知识学习,欣赏头巾图案纹样,以绘制或剪贴的技法制作一条头巾,要注意头巾的地域特征。根据小组设定的主题,分小组完成头巾的设计、制作。
	第2课时:印象惠女——独特的花衣裳 了解惠安女服饰的组成及其造型元素,能够使用黏土、彩色笔和纸等工具、材料进行创作。尝试设计、制作"新衣"。 通过感受不同媒材的表现特点,设计制作出有创意的"新衣"。体验创作的乐趣,增加学习美术的兴趣。 学生自主选择表现材料(例如纸张、布料等)与合作伙伴。学生自由选择适合自己或感兴趣的表现形式与方法进行表现,并合理分工。 学生汇报制作方法与装饰方法,学生互评。教师根据学生的发言进行小结,表扬创作出有创意、有个性的作品的学生。

续表

			水平1	水平2	水平3	水平4
单元评价量规	评价维度	表达评述 — 倾听回应	随意插嘴打断别人；没有听清内容就匆忙回应。	耐心地听他人讲述；能用肢体、语言等方式回应他人。	耐心地、鼓励式地听完他人的讲述；适时给出回应性的思考。	在耐心倾听的同时，能积极与他人互动，营造良好的访谈氛围。
		表达评述 — 交流讨论	讨论内容单一，访谈记录零散、不完整。	开展多次交流且完整地将流程及内容记录下来。	能从对话中提取关键信息，并将交流内容完整地记录下来。	能与不同群体交流，内容体现双方的深层思考与观点的博弈。
		表达评述 — 美感报告	没有组织自己的观点，报告内容不连贯。	能体现自己的观点，在报告中流畅地进行表达。	能够富有逻辑地表达自己的观点，在报告中流畅地进行表达。	能够富有逻辑地表达自己的观点，通过流畅的语言进行表达；并有多项资料来充分论证自己的观点。
		美术学科核心素养 — 创意实践	能搜集到相关资料和信息，运用合适的材料进行创作与设计。	能运用多种方式搜集资料和信息，进行联想和想象，生成创作意图。	能根据搜集到的信息，运用发散性思维进行联想，将生成的创作意图用不同方式进行呈现。	能运用发散性思维进行联想和想象，借鉴艺术家的创意想法和创作手段，通过吸收和变通完善自己的创作意图。
		美术学科核心素养 — 文化理解	能从初步的文化角度来分析和理解艺术作品和艺术现象。	能从文化角度来分析和理解作品，了解社会和文化是如何影响艺术的。	能从文化角度分析和理解不同地区、民族的传统艺术特点，了解艺术与文化的关系。	能从文化角度分析和研究不同地区、民族传统艺术的继承与创新之间的关系，尊重并理解不同地区的文化内涵。

四、课时教学设计

表 2-1-9　第 1 课时:"初识惠女——美丽的花头巾"教学设计

教学对象	4年级学生	课业类型		创意·表现
核心问题（大观念）	惠安女头巾的美感体现。	小问题		1. 惠安女头巾由哪几部分组成？ 2. 惠安女头巾的美感体现在哪些方面？ 3. 你觉得惠安女头巾具有的美感还体现在哪里？
教学目标	知识与技能：认识惠安女头巾的线条、色彩、形状、肌理等造型元素，能够用美术语言表述其美感并记录下来。 过程与方法：通过实物观察、教师讲解等方式认识惠安女头巾的线条、色彩、形状、肌理等造型元素。通过分析、观察和提问的方式，总结惠安女头巾的美感。 情感、态度和价值观：感受惠安女头巾的美感，提升对美的感知能力和审美能力；感受其魅力，热爱并保护传统工艺品，形成保护并传承中华优秀传统文化的意识。通过学习头巾的设计，让学生感受各种材料的特性，感受闽南文化的深厚底蕴，理解惠安女服饰中因材施艺的智慧，树立"物以致用"的设计思想，养成事前计划的学习习惯。			
教学重难点	重点：引导学生欣赏惠安女头巾特色，学习了解以二方连续等重复构成方式设计制作头巾。 难点：巧妙地利用材料及创新方法来表现头巾，提升对美的感知能力和审美能力。			
教学资源	教具：惠安女头巾实物、白纸、彩色笔以及必要的课件等。 学具：彩色纸、颜料、剪刀、双面胶、胶水等工具。			
活动环节	活动内容			设计意图
环节1	情境导入，欣赏惠安女各式各样的头巾。教师依据课本上的图片对惠安女头巾的线条、色彩、形状、肌理等造型元素进行讲解，学生通过对图片和头巾实物的观察和知识的学习，学习欣赏惠安女的头巾。			产生兴趣，开启创意思维。
环节2	教师将惠安女的头巾和其他民族的头巾进行对比，分析有何不同；教师从惠安女头巾的线条、色彩、形状、肌理等角度出发，欣赏其具备的美感并引导学生学习了解二方连续；教师示范头巾的制作过程，学生从线条、色彩、形状、肌理等角度入手设计惠安女头巾，以手账或思维导图的形式记录。			学会观察，拥有发现美的眼睛。

续表

活动环节	活动内容	设计意图
环节3	学生实践,将自己设计的花纹绘制到花头巾上,教师指导小组交流,启发学生设计、创作,教师巡视指导,发现问题、解决问题。推选代表,在班级内讨论、评价、欣赏成果。	评价学生是否善于发现美。
学习成果	根据小组设定的主题,分小组完成头巾的设计制作。	
评价方案	小组评价,选出小组的代表,随后班级内学生和教师共同评价小组代表美感记录的特点与优缺点。(课件出示:秀一秀自己的头巾作品)学生戴头巾展示,并说说自己的创作思路。	

表2-1-10 第2课时:"印象惠女——独特的花衣裳"教学设计

教学对象	4年级学生	课业类型	创意·表现
核心问题(大观念)	优秀民间服饰需要我们的保护、继承和发扬。	小问题	1. 惠安女服饰是由哪几部分构成的? 2. 组成部分的造型元素如何? 3. 如何运用拼贴制作惠安女服饰?
教学目标	知识与技能:认识惠安女服饰的线条、色彩、形状、肌理等造型元素,能够用美术语言表述其美感并记录下来。 过程与方法:通过学习使学生学会运用身边的各种材料,采用组合的方式制作"新衣"。 情感、态度和价值观:初步感受服饰的美,让学生快乐、积极地参与学习活动,乐于与他人合作,具有探索意识和交流能力。 体验创作的乐趣,提高学习美术的兴趣;感受惠安女服饰中形艺相生、师法自然的智慧,热爱并保护传统工艺品,形成保护并传承中华优秀传统文化的意识。		
教学重难点	重点:了解惠安女服饰的组成及其造型元素,能够使用贴纸、彩色笔和纸等的工具材料进行创作。尝试设计、制作"新衣"。 难点:通过感受不同媒材的表现特点,设计制作出有创意的"新衣"。体验创作的乐趣,增加学习美术的兴趣。		
教学资源	教具:范作、彩色卡纸、皱纹纸、绳子、固体胶、彩色笔等。 学具:彩色卡纸、皱纹纸、绳子、固体胶、彩色笔等。		

续表

活动环节	活动内容	设计意图
环节1	教师引导学生欣赏课本中惠安女服饰的图片,观看视频激发创作兴趣。回顾赏析课程,了解惠安女服饰的组成。	观看视频,增强课堂教学的生动性。
环节2	以小组为单位讨论材料,学生分析惠安女服饰的颜色搭配、造型、功能、材质,讨论后个别发言。教师引导学生交流和运用基本的装饰方法,使用贴纸拼贴的方法,进行惠安女服饰创作。学生亦可自由选择适合自己或感兴趣的表现形式与方法进行表现,并合理分工。	提升学生的思考能力、问题解决能力和表达交流能力。
环节3	小组合作,分工明确,动手实践创作惠安女的"新衣",完成后进行作品展示,教师答疑和辅助。	实践创作,体验创作的乐趣。
学习成果	学生以学习小组为单位展示作品,可以将做好的衣服用绳子挂起来,还可以是立体作品的服装组合搭配展示等。	
评价方案	学生汇报制作方法与装饰方法,学生互评。教师根据学生的发言进行小结,表扬创作出有创意、有个性的作品的学生。 交流与反馈:自由欣赏,提出意见,师生互动、学生互动。学生根据评价反思制作方法与装饰方法,并做出调整。	

第二章 "食"的中国智慧

第一节 "寻踪闽南茶味故里"美术单元课程与教学设计案例

（欣赏·评述单元）

一、单元规划建议

表 2-2-1　单元规划建议

研读标准	本单元为 4 年级"欣赏·评述"学习领域的教学内容。《义务教育艺术课程标准（2022 年版）》美术学科课程中的目标是"欣赏符合学生认知水平的中外美术作品，用语言或文字等多种形式描述作品，表达感受与认识"。
确定内容	学习领域　　　　　　　　　　欣赏·评述 《义务教育艺术课程标准（2022 年版）》美术学科课程中"欣赏·评述"学习领域的课程分目标包括： 1. 感受自然美，了解美术作品题材、主题、形式、风格与流派，知道重要的美术家和美术作品，以及美术与生活、历史、文化的关系，初步形成审美判断能力。 2. 学会从多角度欣赏与认识美术作品，逐步提高视觉感受、理解与评述能力，初步掌握美术欣赏的基本方法，能够在文化情境中认识美术。3. 提高对自然美、美术作品和美术现象的兴趣，形成健康的审美情趣，崇尚文明，珍视优秀的民族、民间美术与文化遗产，增强民族自豪感，养成尊重世界多元文化的态度。 本单元教材的学习内容基于以上 3 点进行设定。
课程目标	1. 学生能够知道： (1)欣赏方法，如对比法、对话法、费尔德曼四步鉴赏法等。 (2)视觉元素，如线条、形状、色彩、肌理、空间等。 (3)形式原理，如对称、均衡、节奏等。 (4)色彩知识，如原色、间色、复色、色调、对比色、邻近色等。 2. 学生能够做到： (1)用不同的欣赏方法，描绘自己对作品的想法与感受。 (2)用不同的欣赏方法欣赏其他陶瓷，学会迁移。 (3)倾听别人的意见，尊重他人的建议。 3. 学生能够理解： (1)德化陶瓷背后物以载道、因材施艺的中国智慧，增强民族自豪感。 (2)传统工艺蕴含的文化传承和创新精神，形成文化认同感。

续表

规划单元	单元主题	寻踪闽南茶味故里	
	单元总课时数	2课时	千年窑火——寻踪德化白瓷茶具
			茶意传情——创作立体茶杯贺卡
艺术课程核心素养	☑审美感知	感受陶瓷美,学会从多角度欣赏与认识德化白瓷。	
	☑艺术表现	选择表现形式,能够运用各种工具、美术媒材进行茶具创作。	
	☑创意实践	激发创意,能够动手实践创造作品表达情感与思想。	
	☑文化理解	知道德化白瓷的产生与其历史文化和地域背景的联系,提高学习传统工艺的兴趣,珍视优秀的民族、民间美术与文化遗产,增强民族自豪感,养成尊重世界多元文化的态度。	
思政元素	☑政治认同	陶瓷是我国的一种工艺美术品。	
	☑家国情怀	德化瓷烧技术是我国非物质文化遗产,应给予保护并传承。	
	☑文化自信	我国传统的陶瓷工艺美术品,质高形美,具有高度的艺术价值,闻名于世界。	
	☑健全人格	能够感知生活中的美,表达自己对美的感受与理解。	
	☑生态意识	保护自然,保护环境。	

二、单元教材教法分析

表2-2-2 单元教材教学分析

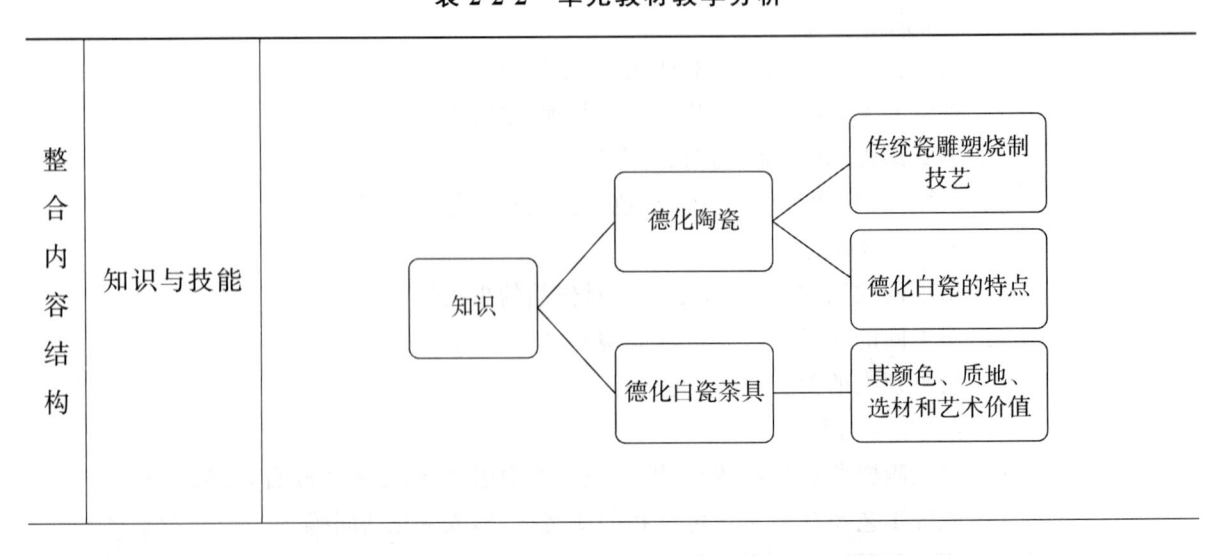

整合内容结构	知识与技能	知识 — 德化陶瓷 — 传统瓷雕塑烧制技艺
		德化陶瓷 — 德化白瓷的特点
		德化白瓷茶具 — 其颜色、质地、选材和艺术价值

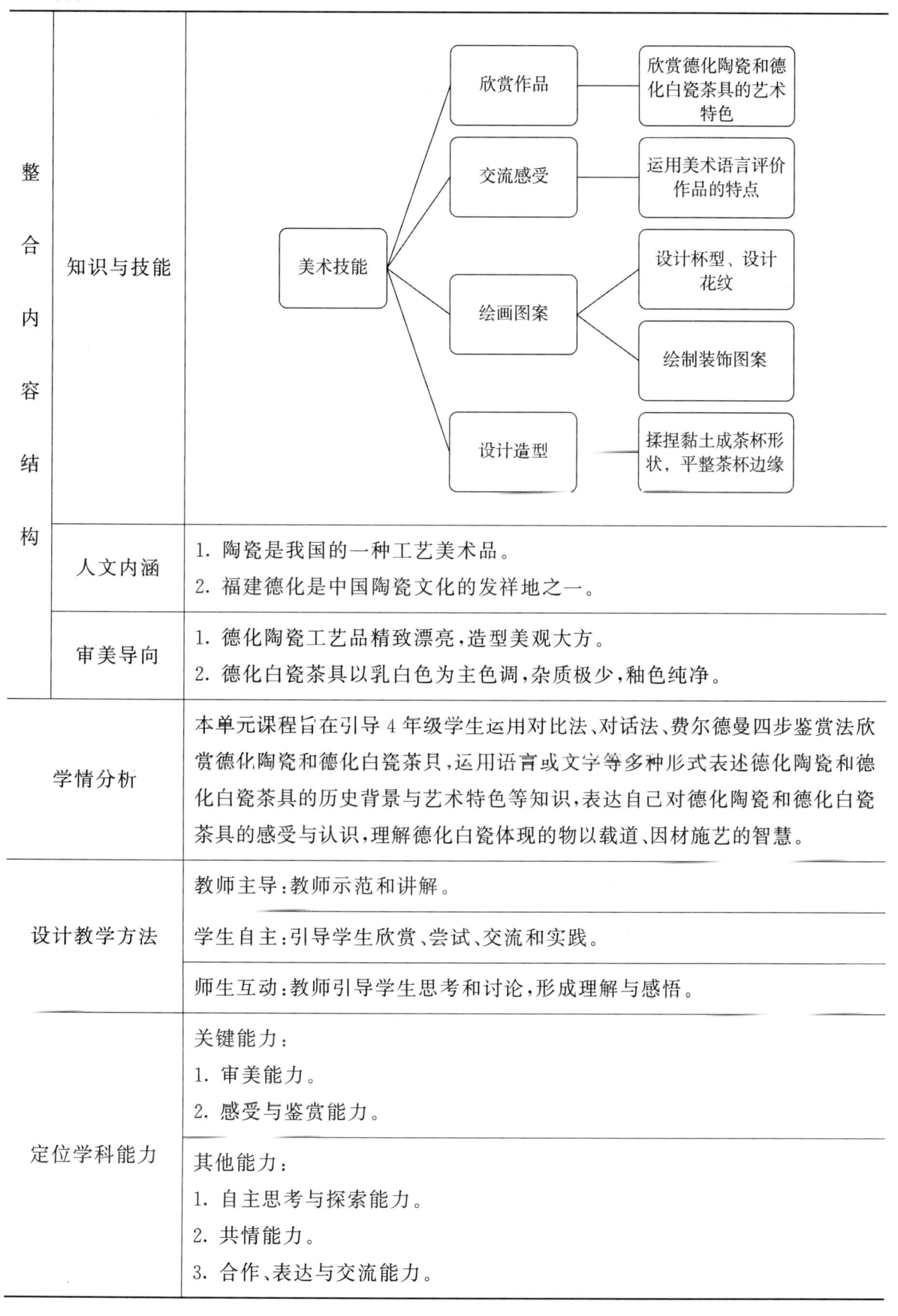

续表

整合内容结构	知识与技能	美术技能： - 欣赏作品 → 欣赏德化陶瓷和德化白瓷茶具的艺术特色 - 交流感受 → 运用美术语言评价作品的特点 - 绘画图案 → 设计杯型、设计花纹；绘制装饰图案 - 设计造型 → 揉捏黏土成茶杯形状，平整茶杯边缘
	人文内涵	1. 陶瓷是我国的一种工艺美术品。 2. 福建德化是中国陶瓷文化的发祥地之一。
	审美导向	1. 德化陶瓷工艺品精致漂亮，造型美观大方。 2. 德化白瓷茶具以乳白色为主色调，杂质极少，釉色纯净。
学情分析		本单元课程旨在引导4年级学生运用对比法、对话法、费尔德曼四步鉴赏法欣赏德化陶瓷和德化白瓷茶具，运用语言或文字等多种形式表述德化陶瓷和德化白瓷茶具的历史背景与艺术特色等知识，表达自己对德化陶瓷和德化白瓷茶具的感受与认识，理解德化白瓷体现的物以载道、因材施艺的智慧。
设计教学方法		教师主导：教师示范和讲解。 学生自主：引导学生欣赏、尝试、交流和实践。 师生互动：教师引导学生思考和讨论，形成理解与感悟。
定位学科能力		关键能力： 1. 审美能力。 2. 感受与鉴赏能力。 其他能力： 1. 自主思考与探索能力。 2. 共情能力。 3. 合作、表达与交流能力。

三、单元教学设计

表 2-2-3　单元教学设计

单元教学目标	知识与技能：了解德化传统瓷雕塑烧制技艺和德化白瓷的特点，知道德化白瓷茶具的颜色、质地、选材和艺术价值，能够用对比法、对话法、费尔德曼四步鉴赏法欣赏德化陶瓷和德化白瓷茶具的艺术特色，运用美术语言评价作品的特点。 过程与方法：通过教师讲解、实物观察和动手实践等方式学习德化传统瓷雕塑烧制技艺和德化白瓷的特点，通过教师欣赏示范、小组交流等方式欣赏德化陶瓷和德化白瓷茶具，尝试创作德化白瓷茶具。 情感、态度和价值观：通过单元课程的学习，感受德化陶瓷和德化白瓷茶具的魅力，体悟德化白瓷物艺载道、因材施艺的智慧。热爱并保护传统工艺品，保护并传承传统工艺技术，坚定文化自信，形成保护并传承中华优秀传统文化的意识。
单元教学重难点	重点：欣赏德化陶瓷和德化白瓷，并运用美术语言表达对它们的感受与认识。 难点：能够用对比法、对话法、费尔德曼四步鉴赏法欣赏德化陶瓷和德化白瓷茶具，运用美术语言评价作品的艺术特点。
单元活动框架	单元课题：寻踪闽南茶味故里 单元基本问题（大观念）：优秀传统工艺及其工艺技术需要我们的保护和传承。 单元小问题： 1. 什么是优秀传统工艺？ 2. 在保护和传承优秀传统工艺及其工艺技术上，现在面临什么难题？ 3. 我们应该怎么做？
单元活动框架	第 1 课时：千年窑火——寻踪德化白瓷茶具　　　第 2 课时：茶意传情——创作立体茶杯贺卡 第 1 课时：千年窑火——寻踪德化白瓷茶具 教师讲解德化白瓷的历史文化背景和艺术特色，学生通过德化白瓷茶具的实物观察和知识学习，欣赏德化白瓷茶具；教师讲解对比法、对话法和费尔德曼四步鉴赏法的欣赏方法，引导学生使用这三种方法欣赏德化陶瓷和德化白瓷茶具，以手账或思维导图的形式记录欣赏过程和欣赏成果；小组交流，推选代表，在班级内讨论、评价欣赏成果。 第 2 课时：茶意传情——创作立体茶杯贺卡 首先，学生观看茶具制作过程的视频；其次，教师讲解茶具制作过程中的要点和注意事项，小组进行讨论，归纳总结茶具制作过程中的要点和注意事项；最后，学生动手创作立体茶杯贺卡。

续表

			水平1	水平2	水平3	水平4
单元评价量规	评价维度	表达评述	倾听回应	随意插嘴打断别人；没有听清内容就匆忙回应。	耐心地听他人讲述；能用肢体、语言等方式回应他人。	耐心地、鼓励式地听完他人的讲述；适时给出回应性的思考。	在耐心倾听的同时，能积极与他人互动，营造良好的访谈氛围。
			交流讨论	讨论内容单一，访谈记录零散、不完整。	开展多次交流且完整地将流程及内容记录下来。	能从对话中提取关键信息，并将交流内容完整地记录下来。	能与不同群体交流，内容体现双方的深层思考与观点的博弈。
			欣赏报告	没有组织自己的观点，报告内容不连贯。	能体现自己的观点，在报告中流畅地进行表达。	能够富有逻辑地表达自己的观点，在报告中流畅地进行表达。	能够富有逻辑地表达自己的观点，通过流畅的语言进行表达；并有多项资料来充分论证自己的观点。
		美术学科核心素养	创意实践	能搜集到相关资料和信息，运用合适的材料进行创作与设计。	能运用多种方式搜集资料和信息，进行联想和想象，生成创作意图。	能根据搜集到的信息，运用发散性思维进行联想，将生成的创作意图用不同方式进行呈现。	能运用发散性思维进行联想和想象，借鉴艺术家的创意想法和创作手段，通过吸收和变通完善自己的创作意图。
			文化理解	能从初步的文化角度来分析和理解艺术作品和艺术现象。	能从文化角度来分析和理解作品，了解社会和文化是如何影响艺术的。	能从文化角度分析和理解不同地区、民族的传统艺术特点，了解艺术与文化的关系。	能从义化角度分析和研究不同地区、民族传统艺术的继承与创新之间的关系，尊重并理解不同地区的文化内涵。

四、课时教学设计

表 2-2-4　第 1 课时:"千年窑火——寻踪德化白瓷茶具"教学设计

教学对象	4 年级学生	课业类型	欣赏·评述
核心问题 (大观念)	德化陶瓷和德化传统瓷雕塑烧制技艺需要我们的保护和传承。	小问题	1. 德化陶瓷是什么?有何特点? 2. 德化传统瓷雕塑烧制技艺有什么特点和价值? 3. 我们应该如何保护和传承?
教学目标	知识与技能:了解德化传统瓷雕塑烧制技艺和德化白瓷的特点,能够用对比法、对话法、费尔德曼四步鉴赏法欣赏德化陶瓷和德化白瓷茶具的艺术特色,运用语言或文字等多种形式表述作品的特点。 过程与方法:通过教师讲解、实物观察和动手实践等方式学习德化传统瓷雕塑烧制技艺和德化白瓷的特点,以教师欣赏示范、小组交流等方式欣赏德化陶瓷和德化白瓷茶具。 情感、态度和价值观:通过欣赏德化传统瓷雕塑烧制技艺和德化白瓷的特点,感受德化陶瓷和德化白瓷茶具的魅力,热爱并保护传统工艺品,保护并传承传统工艺技术,坚定文化自信,形成保护并传承中华优秀传统文化的意识。			
教学重难点	重点:欣赏德化陶瓷和德化白瓷,能够用对比法、对话法、费尔德曼四步鉴赏法欣赏德化陶瓷和德化白瓷茶具,运用语言或文字等多种形式评价作品的艺术特点。 难点:通过欣赏德化传统瓷雕塑烧制技艺和德化白瓷的特点,感受德化陶瓷和德化白瓷茶具蕴含的物以载道、因材施艺的智慧,热爱并保护传统工艺品,保护并传承传统工艺技术,坚定文化自信,形成保护并传承中华优秀传统文化的意识。			
教学资源	教具:德化陶瓷实物、德化白瓷茶具实物、白纸、彩色笔以及必要的课件等。 学具:白纸和彩色笔。			
活动环节	活动内容		设计意图
环节 1	教师讲解德化白瓷的历史文化背景和艺术特色,学生通过德化白瓷茶具的实物观察和知识学习,欣赏德化白瓷茶具。		学习德化陶瓷和德化白瓷茶具的知识。
环节 2	教师讲解对比法、对话法和费尔德曼四步鉴赏法,引导学生使用这三种方法欣赏德化陶瓷和德化白瓷茶具,以手账或思维导图的形式记录欣赏过程和欣赏成果。		学习欣赏方法,欣赏德化陶瓷和德化白瓷茶具。

续表

环节 3	小组交流，推选代表，在班级内讨论、评价欣赏成果。	评价是否能够运用欣赏方法欣赏陶瓷
学习成果	手账或思维导图形式的对德化陶瓷和德化白瓷茶具的欣赏成果。	
评价方案	小组评价，选出小组的代表，随后班级内学生和教师共同评价小组代表的欣赏成果的特点与优缺点。学生自评是否使用了恰当的词语、短句等表达自己对德化白瓷的感受与认识。	

表 2-2-5　第 2 课时："茶意传情——创作立体茶杯贺卡"教学设计

教学对象	4 年级学生	课业类型	欣赏·评述
核心问题（大观念）	德化白瓷茶具有很高的艺术价值。	小问题	1. 德化白瓷茶具是怎么制作的？ 2. 德化白瓷茶具有哪些特点？ 3. 我们如何创作德化白瓷茶杯贺卡？
教学目标	知识与技能：知道德化白瓷茶具的颜色、质地、选材和艺术价值，知道德化白瓷茶具的制作流程，能够动手制作德化白瓷茶杯贺卡。 过程与方法：通过观看视频、教师讲解和动手实践等方式学习德化白瓷茶具的制作流程；通过小组学习和探究学习等学习方式了解德化白瓷茶具的颜色、质地、选材和艺术价值。 情感、态度和价值观：通过制作德化白瓷茶杯贺卡，感受德化白瓷茶具蕴含的物以载道、因材施艺的智慧，热爱并保护传统工艺品，形成保护并传承中华优秀传统文化的意识。			
教学重难点	重点：能够动手制作德化白瓷茶杯贺卡。 难点：通过制作德化白瓷茶杯贺卡，感受德化白瓷茶具的魅力，热爱并保护传统工艺品，形成保护并传承中华优秀传统文化的意识。			
教学资源	教具：马克笔、橡皮、铅笔、茶具制作过程的视频、必要的课件等。 学具：马克笔、橡皮和铅笔等。			
活动环节	活动内容			设计意图
环节 1	学生观看茶具制作过程的视频，熟悉茶具的制作流程。			观看视频，增强课堂教学的生动性。

续表

环节 2	教师讲解茶具制作过程中的要点和注意事项,学生学习,小组讨论交流茶杯贺卡制作过程中的要点和注意事项。	提升学生的表达交流能力。
环节 3	学生动手实践创作茶杯贺卡。	实践创作,体验创作的乐趣。
学习成果	创作的茶杯贺卡。	
评价方案	学生自我评价茶杯贺卡是否具备了茶具的各部件。学生自评对造型表现活动是否有比较浓厚的兴趣,作品中是否表现出自己所观察到的事物的特征及其带给自己的感受。	

第二节 "寻踪闽南茶味故里"美术单元课程与教学设计案例

（创意·表现单元）

一、单元规划建议

表 2-2-6 单元规划建议

研读标准	本单元为 4 年级"创意·表现"学习领域的教学内容。《义务教育艺术课程标准（2022 年版）》美术学科课程中的目标是"初步认识线条、形状、色彩与肌理等造型元素，学习使用各种工具，体验不同媒材的效果，通过观察、绘画、制作等方法表现所见所闻、所感所想，激发丰富的想象，唤起创造的欲望"。
确定内容	学习领域：创意·表现 《义务教育艺术课程标准（2022 年版）》美术学科课程中"创意·表现"学习领域的课程目标包括： 1. 观察、认识与理解线条、形状、色彩、空间、明暗、肌理等基本造型元素，运用对称、均衡、重复、节奏、对比、变化、统一等形式原理进行造型活动，提升想象力和创新意识。 2. 通过对各种美术媒材、技巧和制作过程的探索及实验，发展艺术感知能力和造型表现能力。 3. 体验造型活动的乐趣，敢于创新与表现，产生对美术学习的持久兴趣。 本单元教材的学习内容基于以上 3 点进行设定。
课程目标	1. 学生能够知道： (1)视觉元素，如线条、形状、色彩、肌理、空间等。 (2)形式原理，如对称、均衡、节奏等。 (3)色彩知识，如原色、间色、复色、色调、对比色、邻近色等。 2. 学生能够做到： (1)运用美术表现手段，选择合适的美术媒材创作美术作品。 (2)用不同的欣赏方法欣赏其他陶瓷，学会迁移。 (3)倾听别人的意见，尊重他人的建议。 3. 学生能够理解： (1)德化白瓷蕴含的物以载道、因材施艺的中国智慧，增强民族自豪感。 (2)传统工艺蕴含的文化传承和创新精神，形成文化认同感。

续表

规划单元	单元主题	寻踪闽南茶味故里	
	单元总课时数	2课时	初识白瓷——设计套装茶具
			印象茶席——制作茶席立体纸花
艺术课程核心素养	☑审美感知	感受陶瓷美,学会从多角度欣赏与认识德化白瓷。	
	☑艺术表现	选择表现形式,能够运用各种工具、美术媒材进行茶具创作。	
	☑创意实践	激发创意,能够动手实践创造作品表达情感与思想。	
	☑文化理解	知道德化白瓷的产生与其历史文化和地域背景的联系,提高学习传统工艺的兴趣,珍视优秀的民族、民间美术与文化遗产,增强民族自豪感,养成尊重世界多元文化的态度。	
思政元素	☑政治认同	陶瓷是我国的一种工艺美术品。	
	☑家国情怀	德化瓷烧技术是我国非物质文化遗产,应该保护并传承。	
	☑文化自信	我国传统的陶瓷工艺美术品,质高形美,具有高度的艺术价值,闻名于世界。	
	☑健全人格	能够感知生活中的美,表达自己对美的感受与理解。	
	☑生态意识	保护自然,保护环境。	

二、单元教材教法分析

表 2-2-7　单元教材教法分析

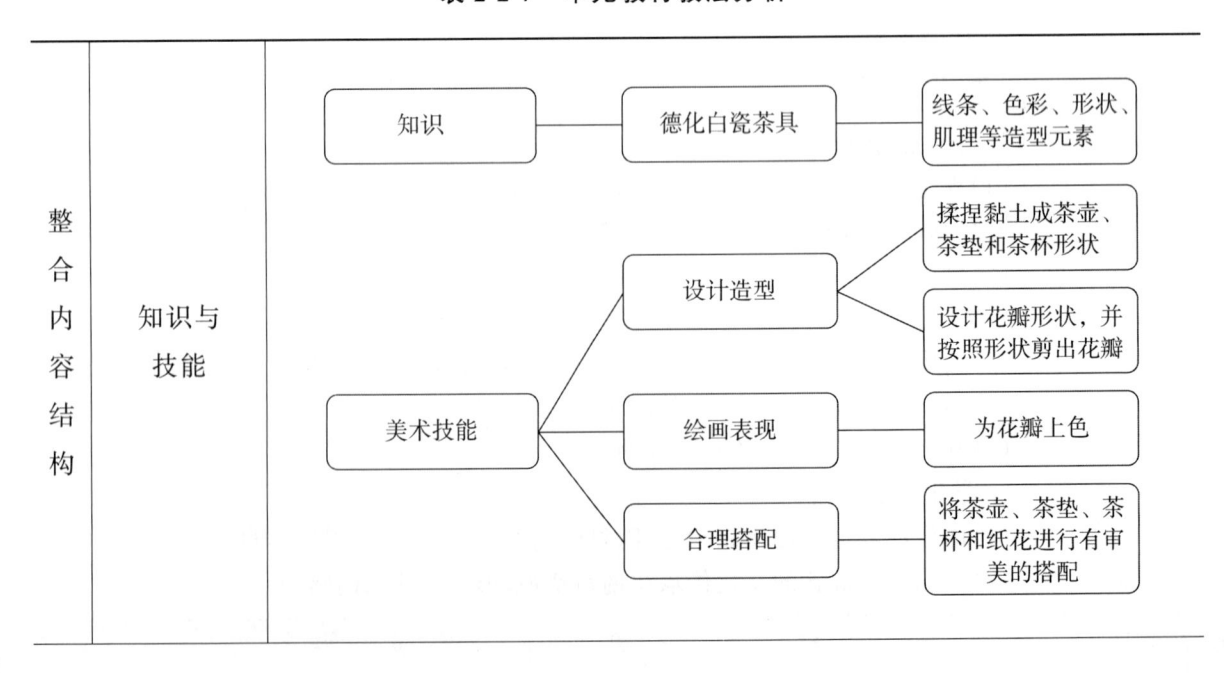

整合内容结构	知识与技能	知识 → 德化白瓷茶具 → 线条、色彩、形状、肌理等造型元素
		美术技能 → 设计造型 → 揉捏黏土成茶壶、茶垫和茶杯形状
		→ 设计花瓣形状,并按照形状剪出花瓣
		→ 绘画表现 → 为花瓣上色
		→ 合理搭配 → 将茶壶、茶垫、茶杯和纸花进行有审美的搭配

续表

整合内容结构	人文内涵	1. 福建德化瓷烧技术是我国非物质文化遗产。 2. 德化白瓷历史悠久，始于新石器时代，兴于唐宋，盛于明清，传承未断。
	审美导向	1. 德化白瓷茶具形状多样且坚实牢固。 2. 德化白瓷茶具通过艺术加工，其整体的艺术特色在动与静之间形成，具有极强的艺术价值。
学情分析		本单元课程旨在引导4年级学生认识德化陶瓷和德化白瓷的线条、色彩、形状、肌理等造型元素，学习使用黏土、彩色笔和纸等不同的工具材料，并体验不同媒材表现的特点，通过绘画和制作等方法表达自己的想法，同时唤起学生创造的欲望。
设计教学方法		教师主导：教师示范和讲解。
		学生自主：引导学生欣赏、尝试、交流和实践。
		师生互动：教师引导学生思考和讨论，形成理解与感悟。
定位学科能力		关键能力： 1. 审美能力。 2. 感受与鉴赏能力。 3. 创造与表现能力。
定位学科能力		其他能力： 1. 自主思考与探索能力。 2. 共情能力。 3. 合作、表达与交流能力。

三、单元教学设计

表2-2-8　单元教学设计

单元教学目标	知识与技能：认识德化陶瓷和德化白瓷茶具的线条、色彩、形状、肌理等造型元素，能够用美术语言表述；能够使用黏土、彩色笔和纸等不同的工具材料，通过绘画和制作等方法表达自己的想法，同时唤起自身对创造的欲望。 过程与方法：通过实物观察、教师讲解等方式认识德化陶瓷和德化白瓷茶具的线条、色彩、形状、肌理等造型元素；通过小组学习、视频观看和动手实践等方式体验创作的乐趣，感受不同媒材表现的特点。 情感、态度和价值观：感受德化白瓷茶具的线条、色彩、形状、肌理等造型元素的美感，提升对美的感知能力和审美能力；通过感受不同媒材的表现特点，体验创作的乐趣，提升美术学习的兴趣。

续表

单元教学重难点	重点:认识德化陶瓷和德化白瓷茶具的线条、色彩、形状、肌理等造型元素,体悟德化白瓷物以载道、因材施艺的智慧,能够用美术语言表述,同时也能使用美术媒材和各种工具创作具有美感的作品。
	难点:感受德化白瓷茶具的线条、色彩、形状、肌理等造型元素的美感,提升对美的感知能力和审美能力;通过感受不同媒材的表现特点,体验创作的乐趣,提高美术学习的兴趣。
单元活动框架	单元课题:寻踪闽南茶味故里
	单元基本问题(大观念): 传统手工艺及其技术需要我们的保护、继承和发扬。 单元小问题: 1. 什么是优秀传统工艺? 2. 优秀传统工艺有什么特点? 3. 我们应该如何保护、继承和发扬传统手工艺及其技术?
单元活动框架	第1课时: 初识白瓷——设计套装茶具 | 第2课时: 印象茶席——制作茶席立体纸花
	第1课时:初识白瓷——设计套装茶具 首先,学生观看套装茶具制作过程的视频;其次,教师讲解套装茶具制作过程中的要点和注意事项,小组讨论,归纳总结套装茶具制作过程中的要点和注意事项;最后,学生动手实践创作黏土套装茶具。
	第2课时:印象茶席——制作茶席立体纸花 首先,教师示范,学生观看教师是如何制作茶席立体纸花的;其次,教师讲解茶席立体纸花制作过程中的要点和注意事项,小组进行讨论,归纳总结茶席立体纸花制作过程中的要点和注意事项;最后,学生动手实践创作茶席立体纸花。

单元评价量规	评价维度		水平1	水平2	水平3	水平4
	表达评述	倾听回应	随意插嘴打断别人;没有听清内容就匆忙回应。	耐心地听他人讲述;能用肢体、语言等方式回应他人。	耐心地、鼓励式地听完他人的讲述;适时给出回应性的思考。	在耐心倾听的同时,能积极与他人互动,共同思考,营造良好的访谈氛围。
		交流讨论	讨论内容单一,访谈记录零散、不完整。	开展多次交流且完整地将流程及内容记录下来。	能从对话中提取关键信息,并将交流内容完整地记录下来。	能与不同群体交流,内容体现双方的深层思考与观点的博弈。

续表

			水平1	水平2	水平3	水平4
单元评价量规	评价维度	表达评述 美感报告	没有组织自己的观点，报告内容不连贯。	能体现自己的观点，在报告中流畅地进行表达。	能够富有逻辑地表达自己的观点，在报告中流畅地进行表达。	能够富有逻辑地表达自己的观点，通过流畅的语言进行表达；并有多项资料来充分论证自己的观点。
		美术学科核心素养 创意实践	能搜集到相关资料和信息，运用合适的材料进行创作与设计。	能运用多种方式搜集资料和信息，进行联想和想象，生成创作意图。	能根据搜集到的信息，运用发散性思维进行联想，将生成的创作意图用不同方式进行呈现。	能运用发散性思维进行联想和想象，借鉴艺术家的创意想法和创作手段，通过吸收和变通完善自己的创作意图。
		文化理解	能从初步的文化角度来分析和理解艺术作品和艺术现象。	能从文化角度来分析和理解作品，了解社会和文化是如何影响艺术的。	能从文化角度分析和理解不同地区、民族的传统艺术特点，了解艺术与文化的关系。	能从文化角度分析和研究不同地区、民族传统艺术的继承与创新之间的关系，尊重并理解不同地区的文化内涵。

四、课时教学设计

表2-29 第1课时："初识白瓷——设计套装茶具"教学设计

教学对象	4年级学生	课业类型		创意·表现
核心问题（大观念）	优秀传统工艺品需要我们的保护、继承和发扬。	小问题		1. 德化白瓷套装茶具由哪几部分构成？ 2. 组成部分的造型元素如何？ 3. 如何创作精美的德化白瓷套装茶具？
教学目标	知识与技能：了解茶具的组成及其造型元素，能够使用黏土、彩色笔和纸等不同的工具材料，通过绘画和制作等方法表达自己的想法，同时唤起自身对创造的欲望。 过程与方法：通过小组学习、视频观看和动手实践等方式体验创作的乐趣，感受不同媒材表现的特点。			

续表

教学目标	情感、态度和价值观：感受德化白瓷套装茶具的魅力，体悟德化白瓷物以载道、因材施艺的智慧，提升对美的感知能力和审美能力；通过感受不同媒材的表现特点，体验创作的乐趣，增加美术学习的兴趣；热爱并保护传统工艺品，形成保护并传承中华优秀传统文化的意识。
教学重难点	重点：了解茶具的组成及其造型元素，能够使用黏土、彩色笔和纸等不同的工具材料进行创作。 难点：通过感受不同媒材的表现特点，体验创作的乐趣，提升美术学习的兴趣。
教学资源	教具：轻黏土、水粉工具、橡皮、铅笔和必要的课件等。 学具：轻黏土、水粉工具、橡皮、铅笔等。

活动环节	活动内容	设计意图
环节1	学生观看介绍套装茶具组成部分及其造型元素特点的视频，知道套装茶具是由哪几部分组成的。	观看视频，增强课堂教学的生动性。
环节2	教师抛出问题："套装茶具的组成部分有哪些？""为何套装茶具由这几部分组成？""作用分别是什么？"小组讨论交流，在班级内发表观点，教师评价并总结问题答案。	提升学生的思考能力、问题解决能力和表达交流能力。
环节3	小组合作，动手实践创作套装茶具，教师答疑和辅助。	实践创作，体验创作的乐趣。
学习成果	创作的套装茶具。	
评价方案	班级内学生和教师共同评价每个小组代表创作成果的特点与优缺点。学生自评对造型表现活动是否有比较浓厚的兴趣，在作品中是否表现了自己所观察到的事物的特征及其带给自己的感受。	

表2-2-10 第2课时："印象茶席——制作茶席立体纸花"教学设计

教学对象	4年级学生	课业类型	创意·表现
核心问题 （大观念）	优秀传统工艺品需要我们的保护、继承和发扬。	小问题	1. 德化白瓷套装茶具和什么搭配可以更有美感？ 2. 茶席立体纸花的造型元素有哪些？ 3. 如何创作精美的茶席立体纸花来搭配德化白瓷套装茶具？
教学目标	知识与技能：了解茶具的组成和茶席立体纸花搭配的美感，能够用美术语言表述；能够使用彩色笔和糯米纸等不同的工具材料，通过绘画和制作等方法表达自己的想法，同时唤起自身对创造的欲望。		

续表

教学目标	过程与方法：通过教师示范、小组学习、视频观看和动手实践等方式体验创作的乐趣，感受不同媒材表现的特点。 情感、态度和价值观：体悟德化白瓷物以载道、因材施艺的智慧，感受德化白瓷套装茶具和茶席立体纸花搭配营造的和谐氛围，提升对美的感知能力和审美能力；通过感受不同媒材的表现特点，体验创作的乐趣，提升美术学习的兴趣。
教学重难点	重点：通过感受不同媒材的表现特点，体验创作的乐趣，提升美术学习的兴趣。 难点：通过感受不同媒材的表现特点，体验创作的乐趣，提升美术学习的兴趣。
教学资源	教具：糯米纸、钢丝、黏土、色粉笔和必要的课件等。 学具：糯米纸、钢丝、黏土、色粉笔等。

活动环节	活动内容	设计意图
环节1	教师示范茶席立体纸花的制作过程，并在制作过程中与学生进行互动，如提出问题让学生回答，或选择学生上台合作制作茶席立体纸花。	增强课堂教学的互动性。
环节2	教师讲解茶席立体纸花制作过程中的要点和注意事项，学生学习后小组讨论交流茶席立体纸花制作过程中的要点和注意事项。	提升学生的表达交流能力。
环节3	学生动手实践创作茶席立体纸花，教师答疑和辅助。	实践创作，体验创作的乐趣。
学习成果	创作的茶席立体纸花。	
评价方案	小组评价，选出小组的代表，随后班级内学生和教师共同评价小组代表创作成果的特点与优缺点。学生自评对造型表现活动是否有比较浓厚的兴趣，在作品中是否表现了自己所观察到的事物的特征及其带给自己的感受。	

第三章

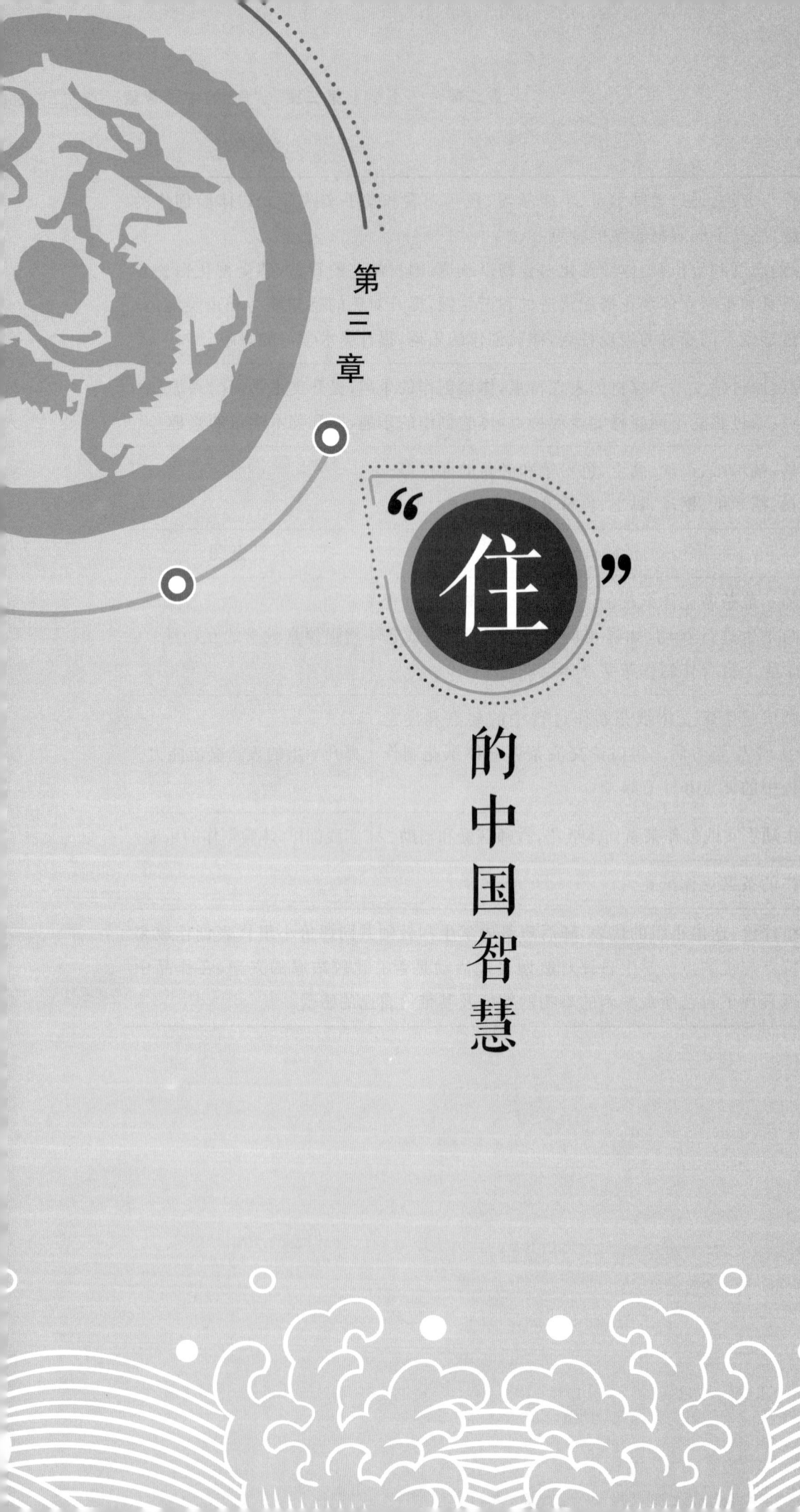

"住"的中国智慧

第一节 "邂逅沧江古镇"美术单元课程与教学设计案例

（欣赏·评述单元）

一、单元规划建议

表 2-3-1　单元规划建议

研读标准	本单元为 5 年级"欣赏·评述"学习领域的教学内容。在《义务教育艺术课程标准（2022 年版）》美术学科课程中，3~5 年级"融入跨学科学习"这一学习任务中提出选择"美术与自然""美术与文化""美术与科技"等 1~2 个主题开展教学活动；采用体验化教学、具身化教学、信息化教学等多种教学方法，引导学生以小组合作的方式，结合地域特色，探究美术与身边的自然环境、传统文化，以及美术与编程相结合的问题；注重引导学生理解"美术与其他学科相融合可以富有创意地解决问题"。
确定内容	<table><tr><td>学习领域</td><td>欣赏·评述</td></tr></table>《义务教育艺术课程标准（2022 年版）》美术学科课程中，3~5 年级"融入跨学科学习"这一学习任务的内容要求包括： 1. 感受自然美，了解美术作品题材、主题、形式、风格与流派，知道重要的美术家和美术作品，以及美术与生活、历史、文化的关系，初步形成审美判断能力。 2. 学会从多角度欣赏与认识美术作品，逐步提高视觉感受、理解与评述能力，初步掌握美术欣赏的基本方法，能够在文化情境中认识美术。 3. 提高对自然美、美术作品和美术现象的兴趣，形成健康的审美情趣，崇尚文明，珍视优秀的民族、民间美术与文化遗产，增强民族自豪感，养成尊重世界多元文化的态度。 本单元教材的学习内容基于以上 3 点进行设定。
课程目标	1. 学生能够知道： （1）欣赏方法：分析法、费尔德曼四步鉴赏法、情境法。（审美感知） （2）造型元素：如线条、形体、色彩、空间、材质、肌理等。（审美感知） （3）形式原理：如对称、均衡、节奏、对比、变化等。（审美感知） （4）色彩知识：如原色、间色、复色、色调等。（审美感知） （5）装饰题材：如人物、动物、植物、风景等。（审美感知） （6）装饰类型：如石雕、砖雕、木雕、灰塑等。（审美感知） （7）创作方法：考察报告、衍纸、泥塑、彩绘、模型制作。（艺术表现）

续表

课程目标	2. 学生能够做到： (1) 用不同的欣赏方法，分析红砖古厝的建筑和装饰的特点，描述自己的想法与感受。（审美感知） (2) 能运用不同学科的知识、技能和思维方式对古镇的整体规划和建筑营造进行调研。（审美感知、艺术表现） (3) 能运用感悟、讨论和比较的方法，描述、分析作品的主要内容和特点。（审美感知、文化理解） (4) 能运用剪、刻、折、叠、卷曲、捏塑、插接等方法，制作至少两件工艺品（如衍纸、泥塑等）。（艺术表现、创意实践） (5) 能根据自己的所见所闻、所感所想，创作 1 件富有创意的立体美术作品（如建筑纸模型等）。（艺术表现、创意实践） 3. 学生能够理解： (1) 在参与综合探索活动中，能主动学习和探究；在交流、合作时，能尊重、理解他人的看法。（文化理解） (2) 能口头或书面表述对闽南古建筑蕴含的"中国智慧"的认识与理解。（文化理解） (3) 能口头或书面表达对"守正创新"的内涵与意义的感受和理解。（文化理解） (4) 能运用跨学科的方法，多角度、辩证地分析问题，具有一定的综合探索和学习迁移的能力。（文化理解）

规划单元	单元主题	邂逅沧江古镇	
	单元总课时数	2 课时	精雕细琢——遇见风情莲塘
			云游逸品——重启沧江古镇

艺术课程核心素养	☑审美感知	通过多种鉴赏方式，感知沧江古镇自然环境和人文环境的形状美、色彩美和肌理美，体会美存在于我们周围的环境之中，培养学生发现美、感知美的能力，提升审美情趣。
	☑艺术表现	通过了解沧江古镇中的色彩、空间、装饰、雕刻等，认识艺术与自然、人文之间的联系，运用传统或现代的工具、材料和媒介，创作平面、立体或动态等表现形式的美术作品，表达自己的所见所闻、所感所想，学会以视觉形象的方式与他人交流。
	☑创意实践	综合运用多学科知识，紧密联系现实生活和考察结果，结合沧江古镇中蕴含的中国智慧和现代科技智慧，完成创意艺术作品。在艺术创新和实际应用中提高学生的艺术实践能力和创造能力，增强团队精神。
	☑文化理解	在沧江古镇的文化情境中，体会其中包含的中国智慧，在艺术活动中形成正确的历史观和文化观，尊重文化多样性，增强文化自信。

续表

思政元素	☑政治认同	通过欣赏沧江古镇的建筑和文化,形成对我国传统建筑和文化的认同感。
	☑家国情怀	认识并传承创新沧江古镇泥塑彩绘和营造布局的智慧,感悟古镇丰厚的人文历史和文化底蕴,增强民族自豪感,激发家国情怀。
	☑文化自信	通过欣赏沧江古镇中蕴含的生存智慧、工程技术、审美理念和社会理念,认识和理解沧江古镇建筑、布局等方面蕴含的理念、智慧、气度和神韵,坚定文化自信。
	☑健全人格	通过结合艺术活动,在欣赏和探索沧江古镇的多重特色魅力中使学生养成健康的审美观念和能力,帮助其陶冶情操、健全人格。
	☑生态意识	理解沧江古镇在规划与营造中所遵循的诗意和谐的人居环境理念,理解"人与自然和谐相处"的生态观念,感受沧江古镇因地制宜、因材施用的智慧观念。

二、单元教材教法分析

表 2-3-2　单元教材教法分析

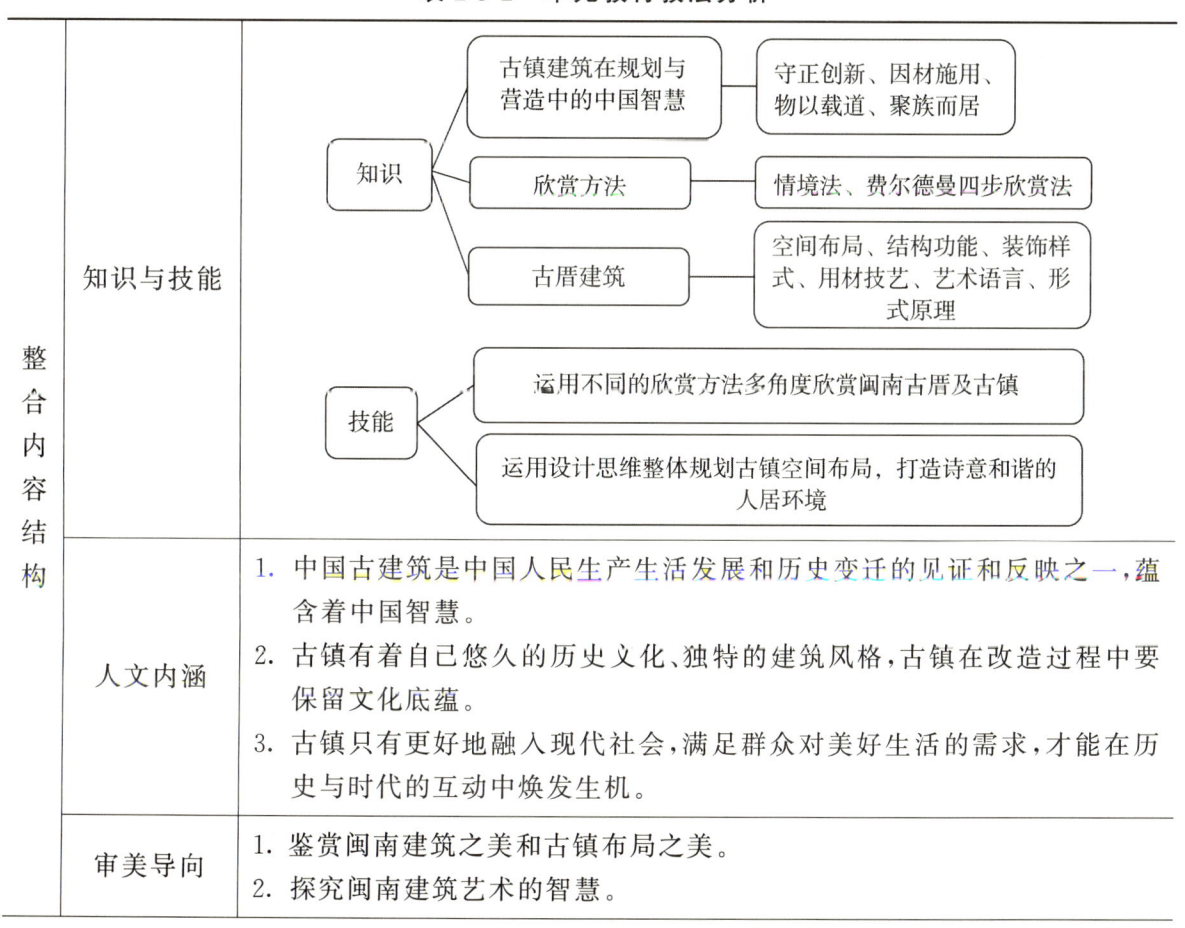

整合内容结构	知识与技能	知识	古镇建筑在规划与营造中的中国智慧	守正创新、因材施用、物以载道、聚族而居
			欣赏方法	情境法、费尔德曼四步欣赏法
			古厝建筑	空间布局、结构功能、装饰样式、用材技艺、艺术语言、形式原理
		技能	运用不同的欣赏方法多角度欣赏闽南古厝及古镇	
			运用设计思维整体规划古镇空间布局,打造诗意和谐的人居环境	
	人文内涵	1. 中国古建筑是中国人民生产生活发展和历史变迁的见证和反映之一,蕴含着中国智慧。 2. 古镇有着自己悠久的历史文化、独特的建筑风格,古镇在改造过程中要保留文化底蕴。 3. 古镇只有更好地融入现代社会,满足群众对美好生活的需求,才能在历史与时代的互动中焕发生机。		
	审美导向	1. 鉴赏闽南建筑之美和古镇布局之美。 2. 探究闽南建筑艺术的智慧。		

续表

学情分析	5年级的学生已经掌握了一定的美术基础知识和基本技能,对欣赏方法也有一些了解,具备了进行建筑欣赏的自主探究性学习的基础和能力;6年级学生能够较好地表现平面形象、立体造像,有一定想象力,具备了能将想法与想象力统一,运用所学知识和实践经验进行考察、分析、创作的基础和能力,对问题的探究意识和学习迁移能力使5年级学生可以更好地理解中国智慧,培养文化认同、树立文化自信。
设计教学方法	教师主导:教师进行示范和讲解。 学生自主:引导学生进行欣赏、考察、交流和实践。 师生互动:引导学生进行思考和讨论,形成理解与感悟。
定位学科能力	关键能力: 1. 审美能力。 2. 感受与鉴赏能力。
	其他能力: 1. 自主思考与探索的能力。 2. 实践能力。 3. 合作、表达与交流的能力。

三、单元教学设计

表 2-3-3 单元教学设计

单元教学目标	知识与技能:知道泥塑彩绘中不同图案的寓意以及泥塑彩绘的材料技法,了解不同特性的材料在古镇建造中的运用,理解古镇营造中所使用的因地制宜、聚族而居和守正创新的智慧。 过程与方法:掌握运用多种欣赏方法,在观察、对比分析与探究中欣赏沧江古镇的泥塑彩绘作品、建筑、空间布局和色彩蕴含的中国智慧。 情感、态度和价值观:感受沧江古镇的泥塑彩绘作品、建筑、空间布局和色彩的多重魅力,形成审美感受,理解泥塑彩绘作品中的智慧,理解沧江古镇建造中蕴含的中国智慧,领略古镇、古建筑中厚重的文化历史及丰富的人文景观,激发家国情怀和文化自信。
单元教学重难点	重点:运用不同的欣赏方法欣赏沧江古镇的特色建筑、空间布局和环境等。 难点:如何通过欣赏和综合实践理解沧江古镇蕴含的中国智慧。

续表

邂逅沧江古镇
（欣赏·评述单元）

单元基本问题：如何运用鉴赏方法赏析并理解闽西南建筑的智慧？

单元小问题：1. 如何欣赏厦门传统古建筑中的彩绘泥塑？

2. 沧江古镇"一轴两心四线"的群落布局随着历史变迁、社会商贸和人居文化现状，在布局中体现了怎样的智慧？

3. 如何在保留历史文化的基础上，对沧江古厝进行开发和改造？

单元活动框架

第1课时：
精雕细琢——遇见风情莲塘

- 活动一：了解泥塑彩绘的材料技艺和图案寓意
- 活动二：鉴赏泥塑彩绘作品及其蕴含的智慧

第2课时：
云游逸品——重启沧江古镇

- 活动一：了解沧江古镇整体因地制宜的空间布局智慧
- 活动二：理解沧江古镇布局中的特色文化智慧
- 活动三：探索沧江古镇商贸环境和人居文化现状并设计草图

续表

评价项目	评价标准	等级(权重)(评价为1~5分)		
		自评	小组评	师评
知识与技能	了解莲塘别墅建筑中的装饰特点与技法。			
	发现传统古镇装饰中古人所表达的形意相生的智慧。			
	运用费尔德曼四步鉴赏法对泥塑彩绘作品进行欣赏。			
	认识沧江古镇的传统环境布局中的空间结构。			
	发现传统空间布局形式存在的局限。			
	基于古今空间布局的调研,从历史变迁、社会商贸以及人居文化等方面设计古镇规划草图。			
	探索古镇传统的环境色与空间布局,了解不同特性的材料在古镇营造中的运用。发现古人在布局上的因地制宜的智慧。			
	利用综合材料,完成立体纸模型的制作,并能够分享自己的规划和创意。			
过程与方法	能熟练查阅资料,并展开调查。			
	能与同学一起合作、交流与讨论。			
情感、态度和价值观	课上积极参与,勇于发言。			
	对课堂与身边的建筑装饰感兴趣。			
	欣赏能力有所提升。			
	形成发展古镇的人居文化与商贸环境的意识。			
	对传统古镇的建筑空间与环境布局有所认识。			
	理解传统古镇建造蕴含的中国智慧,坚定文化自信。			
	培养对不同文化尊重包容的态度。			

单元评价量规

我这样评价我自己

伙伴眼里的我

老师的话

课堂反馈(建议、收获)

四、课时教学设计

表 2-3-4　第 1 课时:"精雕细琢——遇见风情莲塘"教学设计

教学对象	5 年级	课业类型	欣赏·评述
核心问题 （大观念）	如何欣赏厦门传统古建筑中的泥塑彩绘？	小问题	1. 泥塑彩绘的不同图案表达什么寓意？ 2. 如何运用费尔德曼四步鉴赏法赏析泥塑彩绘？ 3. 通过欣赏泥塑彩绘可以体悟到厦门传统古建筑装饰中的哪些智慧？
教学目标	知道泥塑彩绘中不同图案的寓意以及泥塑彩绘的材料技法。 掌握运用费尔德曼四步鉴赏法欣赏泥塑彩绘作品。 可以描述泥塑彩绘作品中建筑主人的精神追求。 理解泥塑彩绘作品中形意相生、物以载道的智慧。		
学习任务 与目标	任务：在鉴赏古厝装饰艺术文化的过程中，探究泥塑彩雕的各类技法，感受不同的图案及题材寓意。 目标：欣赏莲塘别墅的外部造型与设计巧思，探寻泥塑彩绘的装饰位置和材料技法。 感悟别墅装饰制造中所包含的形意相生、物以载道的智慧。 探寻别墅内在的文化底蕴与文化传承，体会闽南祖辈的情感态度以及对美好生活的向往。		
教学重难点	重点：能够通过了解泥塑彩绘的材料技艺与图案寓意，运用费尔德曼四步鉴赏法欣赏泥塑彩绘作品。 难点：能够通过对泥塑彩绘作品的欣赏，准确描述建筑主人的精神追求，理解泥塑彩绘作品中形意相生、物以载道的智慧。		
教学资源	教具：多媒体课件、不同图案的泥塑彩绘作品、厦门数字文化馆联合网视频《莲塘红厝》第四章《塑彩人生》。 学具：学材、课程学习单、课程预习单、学习评价表。		
教学环节	学习内容		设计意图
课前导入	由文旅公司带领学生参与沧江古镇的规划与建筑营造的调研工作，使学生了解沧江古镇的发展现状。		创设情境，以身边真实的地区发展现状为切入点，引导学生进入主题问题的探究。

续表

知识新授	1. 初识莲塘别墅。 思考： 莲塘别墅位于哪里？ 莲塘别墅中有哪些建筑装饰？ 观看厦门数字文化馆联合网视频《莲塘红厝》第四章《塑彩人生》，对莲塘别墅的泥塑彩绘有一个基本的了解。（视频网址：http://www.xmwhg.com.cn/mas/front/video/main.do?method=qwzxDetail&id=2684） 2. 探秘泥塑彩绘。 思考： (1)泥塑彩绘主要装饰于建筑的什么部位？ (2)泥塑彩绘运用了哪些材料？ (3)如何制作泥塑彩绘？ (4)泥塑彩绘的不同图案表达什么寓意？ (5)如何全面深入地欣赏一件泥塑彩绘作品？ 学生根据考察学习单总结的传统建筑中泥塑彩绘的装饰位置，了解泥塑彩绘的材料与技艺。 结合文学作品选段理解泥塑彩绘图案所表达的寓意。 了解费尔德曼四步鉴赏法的基本步骤与内容，学会用四步鉴赏法赏析泥塑彩绘作品。 第一步"描述"：用语言陈述画面上可以直接看到的事物； 第二步"分析"：结合造型、色彩、构图等方面描述画面； 第三步"解释"：推测作品的含义，或探讨建筑主人想表达的观念； 第四步"评价"：从美术角度评价这一作品的优劣。 3. 小组讨论莲塘别墅建筑装饰的作用与智慧。	1. 初识莲塘别墅 以播放多媒体影像的方式引导学生进入主题学习。 2. 探秘泥塑彩绘 借助文学作品选段引导学生完成由意象到物象的思维转变，以更好地理解形意相生的智慧。 以莲塘别墅中的泥塑彩绘作品为例，向学生演示费尔德曼四步鉴赏法。学生掌握基本的欣赏方法。 引导学生从泥塑彩绘中了解闽南传统建筑装饰的作用与寓意，提升学生审美能力。

续表

实践探索	1. 在莲塘别墅中选择一幅最喜欢的泥塑彩绘作品，运用费尔德曼四步鉴赏法进行欣赏，完成作品介绍卡。 2. 学生进行小组讨论，各小组围绕"莲塘别墅建筑装饰具有什么作用与智慧?"展开讨论，最后由组长或组员以思维导图的形式汇总讨论结果，综合各小组的讨论结果后，对闽南传统建筑装饰形成较为全面深刻的认识和理解。	1. 检验学生课堂的学习成效。 2. 培养学生思考探究、沟通汇总的能力，养成自主学习、发现问题的能力。
总结拓展	1. 泥塑彩绘是莲塘别墅中的装饰形式之一，课后选择一种建筑中的装饰形式（如石雕、砖雕、木雕等），运用费尔德曼四步鉴赏法进行欣赏。 2. 莲塘别墅作为沧江古镇的奇葩，结合情境，由点及面引出下节课的内容：为古镇进行布局设计。	1. 学以致用，培养学生举一反三的能力。 2. 起到承上启下的作用，保证单元情境的连续性，提前做好下节课的预习工作。
学习成果	1. 学生能通过费尔德曼四步鉴赏法有条理地欣赏建筑装饰，完成作品介绍卡，对建筑装饰有一定了解，且拥有一定的欣赏评述能力。 2. 学生以思维导图的形式，了解莲塘别墅建筑装饰的作用与智慧。	
评价方案	自评与互评： 1. 是否知道沧江古镇的发展现状？ 2. 是否了解泥塑彩绘不同图案的寓意？ 3. 是否能够运用费尔德曼四步鉴赏法欣赏泥塑彩绘作品？ 4. 是否能够运用所学，描述出莲塘别墅这一闽南传统建筑中的装饰具有什么作用，蕴含什么智慧？	

表 2-3-5　第 2 课时："云游逸品——重启沧江古镇"教学设计

教学对象	5 年级	课业类型	欣赏·评述
核心问题（大观念）	沧江古镇"一轴两心四线"的群落布局随着社会历史的演变而变化，在布局中体现了怎样的智慧？	小问题	1. 沧江古镇"一轴两心四线"是什么？ 2. 沧江古镇在历史的变迁中发生了怎样的变化？ 3. 沧江古镇如何在保留原有特色的基础上再进行创新和发展？

续表

教学目标	知道沧江古镇"一轴两心四线"的群落布局随着社会历史的演变而变化。 理解在沧江古镇布局中体现了因地制宜、聚族而居的智慧。 在保留古镇原有特色的基础上,进行创新和发展。	
学习任务与目标	任务:在探索古镇群落分布的现状上,结合历史人文环境的特点创新设计沧江古镇布局。 目标:探究沧江古镇群落分布现状,考察古镇的随社会历史演变而发展变化。 感受古镇布局中所蕴含的聚族而居、文化交融的智慧。 体会古镇群落分布、布局中浓厚的家国情怀以及独特的人居文化,体会民族精神与地域文化。	
教学重难点	重点:通过了解沧江古镇群落布局的历史变迁和人居文化现状,理解沧江古镇布局中体现出的因地制宜、聚族而居的智慧。 难点:学会运用鸟瞰视觉草稿图的形式,在保留原有的沧江古镇特色的基础上,发现古镇社会商贸和人居文化布局现状的问题,在古镇的社会商贸和人居文化方面进行创新和改造,从而进一步绽放古镇魅力。	
教学资源	教具:绘图纸、图片、视频、标尺。 学具:学材、学习单、评价单。	
教学环节	学习内容	设计意图
课前导入	回顾上一节课对莲塘别墅的了解,我们进行对沧江古镇整体的游览,发现其独特的魅力和现存的问题。	首先通过回顾上节课内容,引出沧江古镇整体布局,激发学生的学习兴趣。
知识新授	沧江古镇是福建四大商港之一,月港的港尾部分完整体现了民国初期的历史风貌,是海上丝绸之路文化核心区的重要历史见证。经过不同文化的交融,形成了多元融合、百花齐放的形态。 1. 沧江古镇的整体空间布局。 思考: (1)沧江古镇的整体空间布局呈现什么特征? (2)"一轴两心四线"分别指什么? (3)"一轴两心四线"作为沧江古镇现有的空间布局,其中的商贸环境和人居文化又有哪些不足之处? 学生通过组队考察任意一个方面,进行调查研究挖掘过去和现在的古镇特色,学生带入考察者角色进一步学习沧江古镇布局蕴含的智慧。	1. 从大到小,从沧江古镇空间布局整体去探索,定下整个框架,以"一轴两心四线"的背景来开展,能够让学生更好地从整体出发了解沧江古镇,为之后的学习打下基础。

续表

知识新授	2. 古镇布局中的特色文化。 思考： (1)沧江古镇中有哪些独特的文化？ (2)这些独特的文化又是如何产生和发展的？ (3)如何通过这些独特的文化推动沧江古镇文化旅游的发展？ 学生思考问题，进行实地考察和网上资料查询，教师进行总结。闽南的滨海地理环境，催生了山行水处、饭稻羹鱼的海洋文化。沧江古镇的滨海地理环境和闽越文化的融入，以及闽南人经商异域的历史传统，使其拥有迥异于中原的海洋色彩和海洋精神。 3. 沧江古镇商贸环境和人居文化现状。 思考： (1)沧江古镇商贸环境和人居文化现状是怎样的？ (2)它们对于沧江古镇的发展有着怎样的作用？ (3)如何才能通过改善和创新推动沧江古镇文化旅游的发展？ 学生围绕这几个问题进行思考并设计初步方案，教师进行指导和完善。	2. 在了解整个布局过后，让学生进一步了解古镇的特色文化，为后续设计草图提供更好的素材。 3. 通过了解沧江古镇的整体布局和特色文化，学生开始深入挖掘，从商贸环境和人居文化两方面进行进一步的探索和调研。
实践探索	以小组为单位，通过调研、参观以及网上搜寻资料进一步了解沧江古镇群落的历史变迁和人居文化现状，理解沧江古镇布局中体现出的因地制宜、聚族而居的智慧，选择社会商贸和人居文化中的一方面，进行古镇布局规划的改造，尝试在保留原有的沧江古镇特色的基础上，设计出解决或者完善古镇社会商贸和人居文化布局问题的草图方案。	通过调研能够初步对沧江古镇的规划布局有一定的了解，同时发现它的不足之处，设计出初步的草图和方案。
总结拓展	总结：沧江古镇作为闽南地区历史悠久的传统古镇之一，其本身具有独特的文化魅力和艺术内涵，同学们通过自主探究的形式去发现古镇存在的问题，运用绘制鸟瞰图的形式来与文旅工作人员共同对古镇的旅游发展出谋划策。	记录古镇，提出具有诗意的人居生活空间的方案。

续表

总结拓展	拓展：在沧江古镇中处处蕴含着有待同学们去发现的古老神秘的空间，发挥古镇空间的独特美感和艺术价值，空间设计与历史文化相结合，展现古人的智慧生活和未来的无限智慧生活。总结沧江古镇过去、现在、未来的空间布局，课后可以查阅相关的资料，也可实地走访。	通过情境的创设让学生在做中学，培养学生的自主性和创新思维。 引导学生在课后积极探索，探寻生活中的智慧。
学习成果	设计草图过程。 设计方案介绍。	
评价方案	自评与互评： 1. 是否知道沧江古镇的整体空间布局。 2. 是否了解沧江古镇的商贸环境和人居文化。 3. 是否能够从过去、现在、未来多角度分析沧江古镇的历史文化背景。 4. 是否能够运用所调研的信息，从沧江古镇的商贸环境与人居文化方面进行创新，设计规划草图。	

第二节 "邂逅沧江古镇"美术单元课程与教学设计案例

（创意·表现单元）

一、单元规划建议

表 2-3-6　单元规划建议

研读标准	本单元为 5 年级"创意·表现"学习领域的教学内容。在《义务教育艺术课程标准(2022 年版)》美术学科课程中,3～5 年级"融入跨学科学习"这一学习任务中提出选择"美术与自然""美术与文化""美术与科技"等 1～2 个主题开展教学活动;采用体验化教学、具身化教学、信息化教学等多种教学方法,引导学生以小组合作的方式,结合地域特色,探究美术与身边的自然环境、传统文化,以及美术与编程相结合的问题;注重引导学生理解"美术与其他学科相融合可以富有创意地解决问题"。
确定内容	<table><tr><td>学习领域</td><td>创意·表现</td></tr></table> 《义务教育艺术课程标准(2022 年版)》美术学科课程中,3～5 年级"融入跨学科学习"这一学习任务的内容要求包括: 1. 探究身边环境中存在的问题,综合运用不同学科的知识、技能和思维方式,创作图画书、摄影作品、动画、微电影或戏剧小品等,提出解决环境问题的思路与方案,并进行展示与交流。 2. 结合生活中常见的或具有地域特色的中华优秀传统文化内容,综合运用不同学科的知识、技能和思维方式,绘制民俗文化图谱或视觉笔记;创作画册、摄影集、动画或微电影等;设计与制作文创产品,策划传播方案,并进行展示与交流。 3. 尝试通过图形化工具,运用简单的程序语言,设计日常物品与居室环境,体验编程与设计的关系。 本单元教材的学习内容基于以上 3 点进行设定。
课程目标	1. 学生能够知道: (1)欣赏方法:分析法、费尔德曼四步鉴赏法、情境法。（审美感知） (2)造型元素:如线条、形体、色彩、空间、材质、肌理等。（审美感知） (3)形式原理:如对称、均衡、节奏、对比、变化等。（审美感知） (4)色彩知识:如原色、间色、复色、色调等。（审美感知） (5)装饰题材:如人物、动物、植物、风景等。（审美感知） (6)装饰类型:如石雕、砖雕、木雕、灰塑等。（审美感知）

续表

课程目标	(7)创作方法:考察报告,衍纸、泥塑、彩绘、模型制作。(艺术表现) 2. 学生能够做到: (1)能运用剪、刻、折、叠、卷曲、捏塑、插接等方法,制作至少两件工艺品(如衍纸、泥塑等)。(艺术表现、创意实践) (2)能根据自己的所见所闻、所感所想,创作1件富有创意的立体美术作品。(如建筑纸模型等)(艺术表现、创意实践) 3. 学生能够理解: (1)在参与综合探索活动时,能主动学习和探究;在交流、合作时,能尊重、理解他人的看法。(文化理解) (2)能口头或书面表述对闽南古建筑蕴含的"中国智慧"的认识与理解。(文化理解) (3)能口头或书面表达对"守正创新"的内涵与意义的感受和理解。(文化理解) (4)能运用跨学科的方法,多角度、辩证地分析问题,具有一定的综合探索和学习迁移的能力。(文化理解)	
规划单元	单元主题	邂逅沧江古镇
	单元总课时	1课时　　　妙手匠心——构建纸艺古厝
艺术课程核心素养	☑审美感知	通过多种鉴赏方式,感知沧江古镇自然环境和人文环境的形状美、色彩美和肌理美,体会美存在于我们周围的环境之中,培养学生发现美、感知美的能力,提升学生的审美情趣。
	☑艺术表现	通过了解沧江古镇中的色彩、空间、装饰、雕刻等,认识艺术与自然、人文之间的联系,运用传统或现代的工具、材料和媒介,创作平面、立体或动态等表现形式的美术作品,表达自己的所见所闻、所感所想,学会以视觉形象的方式与他人交流。
	☑创意实践	综合运用多学科知识,紧密联系现实生活和考察结果,结合沧江古镇中蕴含的中国智慧和现代科技智慧,完成创意艺术作品。在艺术创新和实际应用中帮助学生形成创新意识,提高艺术实践能力和创造能力,增强团队精神。
	☑文化理解	在沧江古镇的文化情境中,体会其中包含的中国智慧,在艺术活动中形成正确的历史观和文化观,尊重文化多样性,坚定文化自信。

续表

思政元素	☑政治认同	通过欣赏沧江古镇的建筑,形成对于我国传统建筑和文化的认同感。
	☑家国情怀	认识并传承创新沧江古镇泥塑彩绘和营造布局的智慧,感悟古镇丰厚的人文历史和文化底蕴,增强民族自豪感,激发家国情怀。
	☑文化自信	通过欣赏沧江古镇中蕴含的生存智慧、工程技术、审美理念和社会伦理,认识和理解沧江古镇建筑、布局等方面蕴含的理念、智慧、气度和神韵,坚定文化自信。
	☑健全人格	结合艺术活动,在欣赏和探索沧江古镇的多重魅力中培养学生健康的审美观念和审美能力,陶冶情操,健全人格。
	☑生态意识	理解沧江古镇在规划与营造中所遵循的诗意和谐的人居环境理念,理解"人与自然和谐相处"的生态观念,感受沧江古镇因地制宜、因材施用的智慧观念。

二、单元教材教法分析

表 2-3-7　单元教材教法分析

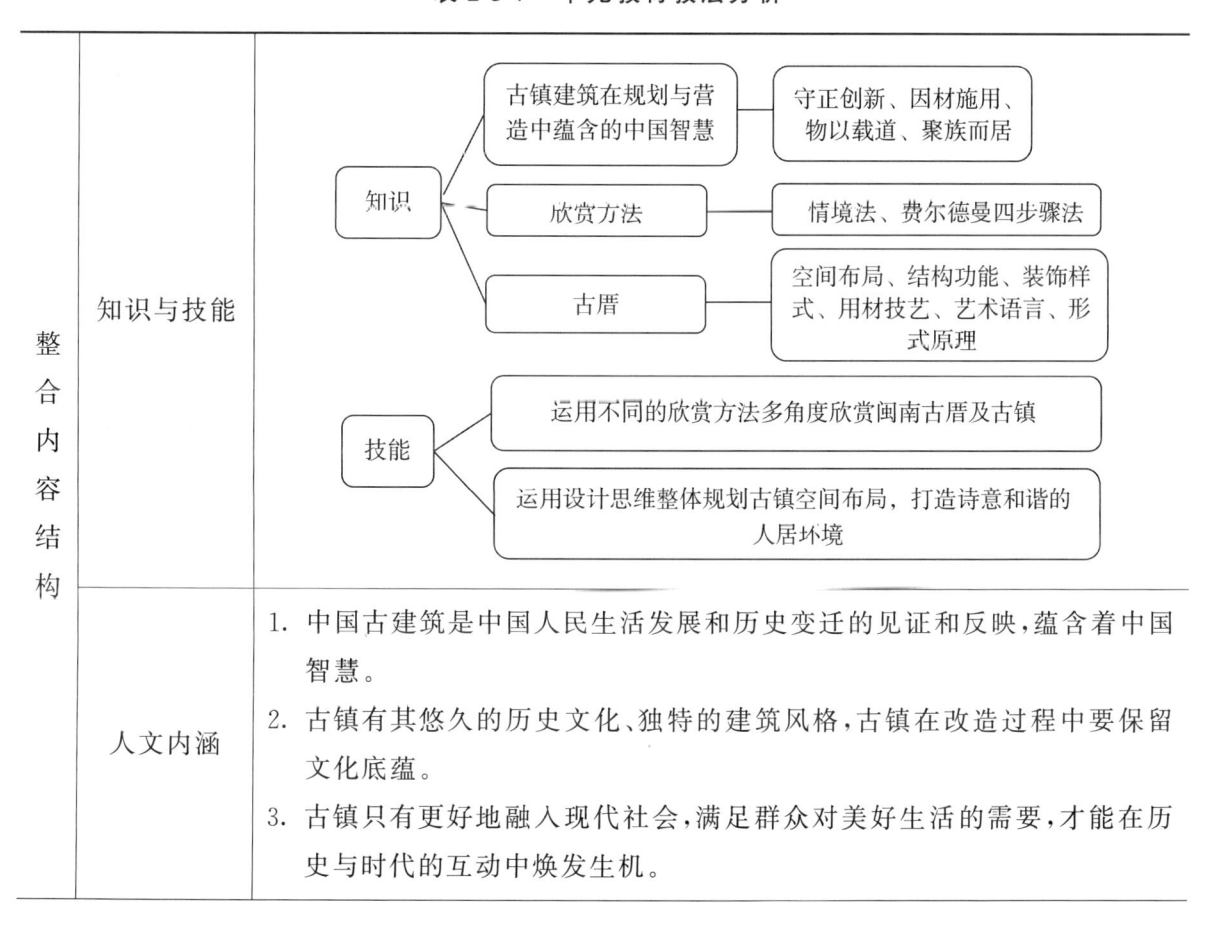

整合内容结构	知识与技能	知识	古镇建筑在规划与营造中蕴含的中国智慧	守正创新、因材施用、物以载道、聚族而居
			欣赏方法	情境法、费尔德曼四步骤法
			古厝	空间布局、结构功能、装饰样式、用材技艺、艺术语言、形式原理
		技能	运用不同的欣赏方法多角度欣赏闽南古厝及古镇	
			运用设计思维整体规划古镇空间布局,打造诗意和谐的人居环境	
	人文内涵	1. 中国古建筑是中国人民生活发展和历史变迁的见证和反映,蕴含着中国智慧。 2. 古镇有其悠久的历史文化、独特的建筑风格,古镇在改造过程中要保留文化底蕴。 3. 古镇只有更好地融入现代社会,满足群众对美好生活的需要,才能在历史与时代的互动中焕发生机。		

续表

整合内容结构	审美导向	1. 鉴赏闽南建筑之美和古镇布局之美。 2. 探究闽南建筑艺术的智慧。
	学情分析	5年级的学生对美术基础知识和基本技能有一定掌握，了解部分欣赏方法，具备了进行建筑欣赏的自主探究性学习的基础和能力；6年级学生能够较好地表现平面形象、立体造像，有一定想象力，具备了能将想法与想象力统一，运用所学知识和实践经验进行考察、分析、创作的基础和能力，对问题的探究意识和学习迁移能力使5年级学生可以更好地理解中国智慧，培养文化认同、树立文化自信。
	设计教学方法	教师主导：教师进行示范和讲解。 学生自主：引导学生进行欣赏、考察、交流和实践。 师生互动：引导学生进行思考和讨论，形成理解与感悟。
	定位学科能力	关键能力： 1. 审美能力。 2. 感受与鉴赏能力。 其他能力： 1. 自主思考与探索的能力。 2. 实践能力。 3. 合作、表达与交流的能力。

三、单元教学设计

表 2-3-8　单元教学设计

单元教学目标	知识与技能：知道沧江古镇"一轴两心四线"的群落布局随着社会历史的演变和古镇的环境色彩与空间布局的改造，理解古镇建造中所使用的因地制宜、聚族而居和守正创新的智慧，学会用语言描述和用模型制作。 过程与方法：通过主动学习和探究，在交流、合作时运用跨学科的方法，多角度、辩证地分析、梳理；在考察与调研、讨论与交流中传承沧江古镇建造蕴含的智慧。 情感、态度和价值观：理解沧江古镇营造中蕴含的中国智慧，领略古镇、古建筑中厚重的文化历史及丰富的人文景观，厚植家国情怀，坚定文化自信。

续表	
单元教学重难点	重点：运用不同的欣赏方法欣赏沧江古镇的特色建筑、空间布局和环境等。 难点：如何通过欣赏和综合探索理解沧江古镇建造蕴含的中国智慧。
单元活动框架	**邂逅沧江古镇**（创意·表现单元） **单元基本问题**：如何运用鉴赏方法赏析闽西南建筑的智慧？ **单元小问题**：1. 如何欣赏厦门传统古建筑中的彩绘泥塑？ 2. 沧江古镇"一轴两心四线"的群落布局随着社会历史演变而变化，在布局中体现了怎样的智慧？ 3. 如何在保留沧江文化底蕴的基础上，对沧江古厝进行开发和改造？ **第1课时：妙手匠心——构建纸艺古厝** 活动一：赏析沧江古镇中的环境色彩美和智慧 活动二：了解沧江古镇活化更新空间布局的智慧 活动三：了解综合材料的不同特性和制作沧江古镇纸模型

续表

评价项目		评价标准	等级（权重）（评价为1~5分）		
			自评	小组评	师评
单元评价量规	知识与技能	了解莲塘别墅的建筑装饰特点与技法。			
		发现传统古镇装饰中古人所表达的形意相生的智慧。			
		运用费尔德曼四步鉴赏法对泥塑彩绘作品进行欣赏。			
		认识沧江古镇的传统环境布局中的空间结构。			
		发现传统空间布局形式中所存在的局限。			
		基于古今空间布局的调研，从历史变迁、社会商贸以及人居文化等方面设计古镇规划草图。			
		探索古镇传统的环境色与空间布局，了解不同特性的材料在古镇建造中的运用。发现古人在古镇布局因地制宜的智慧。			
		利用综合材料，完成立体纸模型的制作，并能够分享自己的规划创意。			
	过程与方法	能熟练查阅资料，并展开调查研究法。			
		能与同学一起合作、交流与讨论。			
	情感、态度与价值观	课上积极参与，勇于发言。			
		对课堂与身边的建筑装饰感兴趣。			
		欣赏能力有所提升。			
		形成发展古镇的人居文化与商贸环境的意识。			
		对传统古镇的建筑空间与环境布局有所认识。			
		理解传统古镇建造蕴含的中国智慧，坚定文化自信。			
		培养对不同文化尊重包容的态度。			
我这样评价我自己					
伙伴眼里的我					
老师的话					
课堂反馈（建议、收获）					

四、单元课时设计

表 2-3-9　第 1 课时:"妙手匠心——构建纸艺古厝"教学设计

教学对象	5 年级	课业类型		创意·表现
核心问题 （大观念）	如何在保留文化历史的基础上，对沧江古厝进行开发和改造？	小问题	1. 沧江古镇体现出怎样的环境色彩美？ 2. 如何因地制宜，重新对沧江古镇进行布局？ 3. 如何利用综合材料的不同特性制作古镇模型？	
教学目标	知道沧江古镇的环境色彩与空间布局，了解不同特性的材料在古镇建造中的运用。 理解古镇建造因地制宜、守正创新的智慧。 领略古镇、古建筑中厚重的历史文化及丰富的人文景观，领略中华民族智慧。			
学习任务 与目标	任务:在保留文化底蕴的基础上，合理运用不同特性的材料制作沧江古镇纸模型。 目标:知道沧江古镇的环境色彩与空间布局，了解不同特性的材料在古镇建造中的运用。 理解古镇建造因地制宜、守正创新的智慧。 领略古镇、古建筑中厚重的历史文化及丰富的人文景观，领略中华民族智慧。			
教学重难点	沧江古镇的开发改造。			
教学资源	教具:图片、视频、模型。 学具:学材、学习单、评价单。			
教学环节	学习内容		设计意图	
课前导入	同学们，回顾上一课时对古镇的重新规划，我们该如何完成古镇规划从平面到立体的转变？古镇即将进入翻新改造阶段，我们将一起探索沧江古镇的环境色彩与空间布局，合理运用不同特性的材料建造沧江古镇。		通过讲述沧江古镇由繁荣到没落的发展历史，激发学生对古镇开发的兴趣，使学生能够更加深入地了解本堂课所学习的内容。	
知识新授	1. 沧江古镇有古色古香的韵味，感受其中的环境色彩，思考： (1)沧江古镇的哪些建筑体现了环境色彩美？ (2)莲塘别墅的墙面色彩有什么装饰效果？ 沧江古镇有纯粹的景色和安逸的生活。古镇通过不同建筑和绿化的形态、材质、色彩的对比与协调，组成了和谐的色彩乐章，散发出古色古香的韵味。例如，古镇的莲塘别墅，张允贡故居的燕尾脊和墙面砖条拼贴图案形成的红白相间的色彩美，都不禁让人沉醉。		1. 通过沧江古镇建筑、桥梁和绿化等图片及文字的讲解，让学生感受沧江古镇的环境色彩美，使学生加深对古镇的了解程度，为接下来具体分析古镇的空间布局和制作古镇纸模型做铺垫。	

续表

知识新授	学生进行赏析和讨论,了解沧江古镇的环境色彩。教师总结沧江古镇的色彩美和深厚底蕴。 2. 在了解沧江古镇空间布局和绘制过古镇设计草图的基础上,进一步思考: (1)沧江古镇现在的空间布局有哪些优缺点? (2)如何因地制宜,重新对沧江古镇进行布局? (3)如何利用现代科技对沧江古镇进行智慧改造,提高居民生活质量? 沧江古镇的活化更新可以从生产、生态、生活三个层面着手,融入传统智慧,实现古人智慧与今人智慧的交互。进一步促进古代海丝文化和现代海丝文化融合,为古镇带来复兴活力。结合古人智慧和当下的创新,因地制宜,在保护生态环境的基础上顺应新生活对古镇环境的需求。 教师引导学生在了解沧江古镇空间布局的基础上,思考如何进一步合理设计沧江古镇的空间布局,学生进行探究学习。教师总结我们应该如何树立文化自信并在古人智慧的基础上结合现代科技手段创新设计,使古镇焕发新活力。 3. 制作纸模型,需要巧用综合材料,思考: (1)身边有哪些综合材料可以利用? (2)不同的综合材料有不同的特性,我们应该如何发挥它们的专业特性更好地制作模型? (3)纸模型还可以运用哪些综合材料进行制作? 教师向学生介绍不同的综合材料,带领学生体验、了解不同综合材料的特性。学生通过欣赏综合材料作品和体验综合材料特性,进行思考和总结。	2. 通过分析现在沧江古镇内外部空间现状和布局的优缺点,认识古镇中的特色古街,进一步思考如何结合古人和现代智慧合理创新古镇空间布局设计,进行古镇草图设计,为后续的模型制作作铺垫。 3. 教师通过带领学生体验各式各样的材料展开模型创作,开动自己的大脑思考如何合理利用材料,提高学生对绘画的兴趣和美术思维能力。通过赏析综合材料作品,学生可以更好学习和借鉴各种综合材料创作的方式,实现创新能力的提升。
实践探索	1. 创作:关注环境色彩和空间布局,巧用身边的综合材料,制作古镇规划模型。 2. 展示交流:对自己的古镇规划模型进行展示交流。	学生通过创作能够进一步巩固课堂知识,并在创作中灵活运用色彩搭配、空间营构的方法和原则。

续表

总结拓展	随着城市发展而逐渐没落的古镇、古建筑亟待被开发和改造,但小小的古镇承载着厚重的历史文化及丰富的人文景观,我们应该挖掘和传承中华优秀传统文化,在现代化改造中提取传统文化中有益的部分,更好地修复和开发古镇,使古镇焕发新生。	引导学生在课后积极探索古镇开发保护中守正创新的智慧,鼓励学生进行创新设计。
学习成果	1. 收集身边的综合材料。 2. 完成古镇规划模型。	
评价方案	自评与互评: 1. 是否知道沧江古镇的历史沿革。 2. 是否了解沧江古镇的环境色彩与空间布局。 3. 是否了解不同特性的材料在古镇建造中的运用。 4. 是否能够发掘身边可用的综合材料,将绘制的古镇设计草图制作成立体纸模型,并能分享古镇规划设想。	

第四章

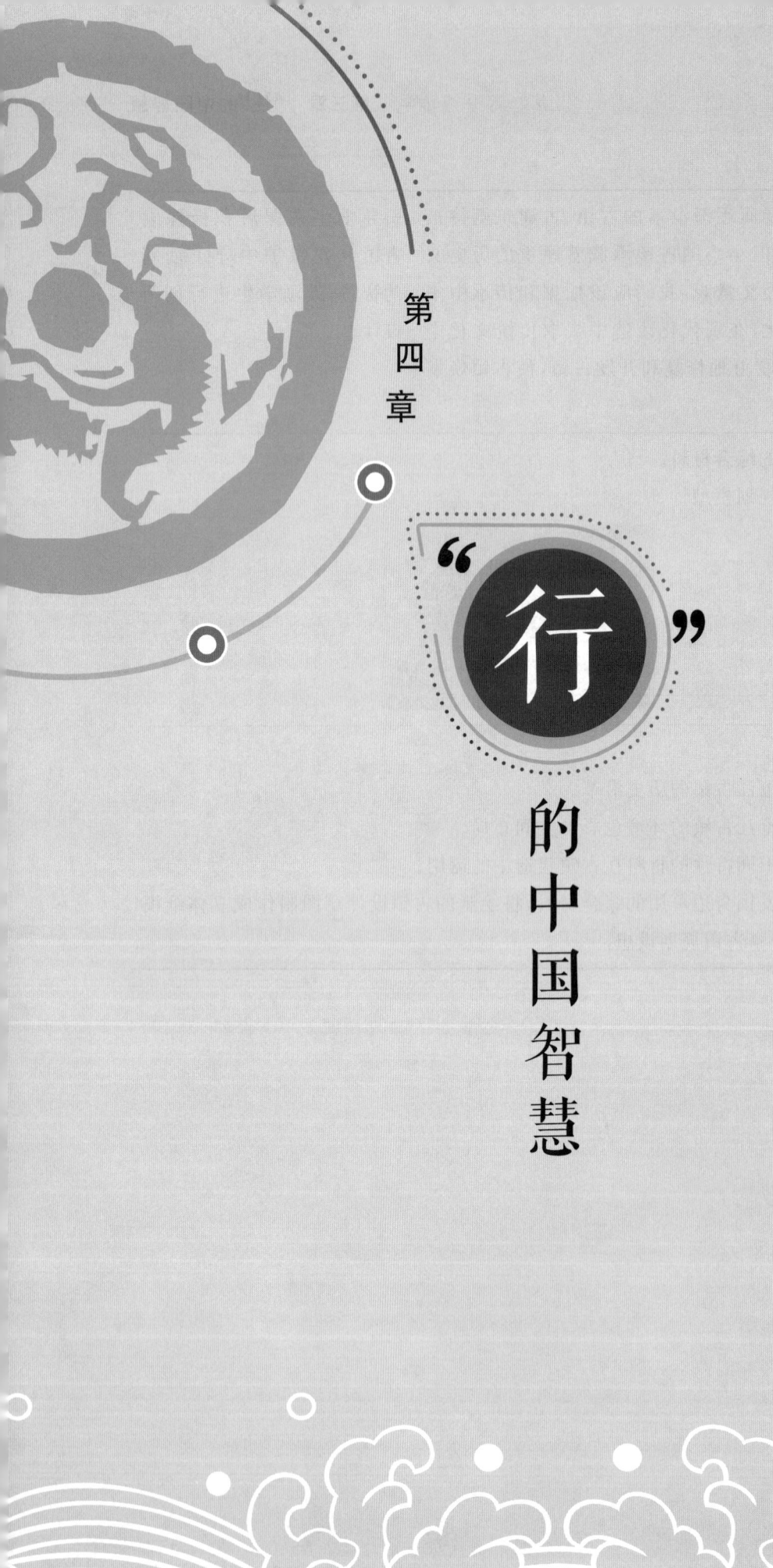

"行"的中国智慧

第一节 "'行'之奥秘——古船新生"美术单元课程与教学设计案例

(欣赏·评述单元)

一、单元规划建议

表 2-4-1　单元规划建议

研读标准	本单元为1~6年级"欣赏·评述"学习领域的教学内容。《义务教育艺术课程标准(2022年版)》美术学科课程中的目标是"1~2年级:观赏周边自然环境中的山水、树木、花草、动物等,感知其形状美、色彩美和肌理美,体会美存在于我们周围的环境之中;3~5年级:欣赏中外著名艺术家的美术作品,如绘画、雕塑、书法、篆刻、摄影、设计、建筑、媒体艺术等,了解不同美术门类的艺术特点,欣赏、评述中外美术作品;6年级:欣赏世界各国古代与现代艺术家的绘画、雕塑、书法、篆刻、摄影、设计、建筑、媒体艺术作品,学会运用感悟、讨论、分析和比较等方法欣赏、评述美术作品,感受世界美术的多样性"。
确定内容	<table><tr><td>学习领域</td><td>欣赏·评述</td></tr></table> 《义务教育艺术课程标准(2022年版)》美术学科课程中"欣赏·评述"学习领域的课程分目标包括: 1. 感受自然美,了解美术作品的题材、主题、形式、风格与流派,知道重要的美术家和美术作品,以及美术与生活、历史、文化的关系,初步形成审美判断能力。 2. 学会从多角度欣赏与认识美术作品,逐步提高视觉感受、理解与评述能力,初步掌握美术欣赏的基本方法,能够在文化情境中认识美术。 3. 提高对自然美、美术作品和美术现象的兴趣,形成健康的审美情趣,崇尚文明,珍视优秀的民族、民间美术与文化遗产,增强民族自豪感,养成尊重世界多元文化的态度。 本单元教材的学习内容基于以上3点进行设定。
课程目标	1. 学生能够知道: (1) 视觉元素,如福船的形状、色彩、功能等。 (2) 形式原理,如对称、均衡等。 (3) 文化知识,如郑和下西洋过程中的船队编排、文化交流、携带的物资等。

续表

	2. 学生能够做到 (1)从不同的角度了解福船文化。 (2)表达对船文化的理解与感知。 (3)积极参与课堂交流与讨论。 3. 学生能够理解 (1)福船工艺蕴含的因材施艺、和谐共生、互帮互助的智慧,增强民族自豪感。 (2)福船在各民族文化交流中的关键作用,形成文化认同感。		
规划单元	单元主题	"行"之奥秘——古船新生	
	单元总课时数	2课时	古船探秘——神奇的福船之谜
			古船新生——穿越时空的工艺
艺术课程 核心素养	☑审美感知	对福船的造型与相关历史故事的初步感知与欣赏。	
	☑艺术表现	能够用简短的语言大胆表达对福船的感受与认识。	
	☑创意实践	能够围绕福船展开有地域特色的美术实践活动。	
	☑文化理解	理解福船展现的中国智慧与促进中外文化交流的作用。	
思政元素	☑政治认同	对中外文化持和平交流的态度。	
	☑家国情怀	热爱中国文化,传承中国智慧。	
	☑文化自信	尊重外国文化,积极弘扬优秀传统文化。	
	☑健全人格	培养多元素养与能力。	
	☑生态意识	保护环境,与大自然和谐共生。	

二、单元教材教法分析

表 2-4-2　单元教材教法分析

整合内容结构	知识与技能	知识 ─┬─ 历史 ─┬─ 外部造型 　　　│　　　└─ 内部结构 　　　└─ 工艺 ──── 功能

续表

整合内容结构	知识与技能	技能 { 运用简单的语言描述福船外观 / 表达对中华优秀传统文化的热爱
	人文内涵	1. 福船体现早期中外交流的纽带。 2. 福船展现中国古代人民的智慧。 3. 福船文化激励后人在传承中创新。
	审美导向	1. 感受福船的造型美。 2. 认识福船的内部功能和外交作用。 3. 发现周围的船文化。
学情分析		本学段的学生兴趣广泛、乐于表达,但观察能力、交流能力、理解能力以及知识迁移能力尚在发展中。需要教师细心引导,帮助学生理解福船在郑和下西洋中对当时人们的生活、中外交流以及当代造船技术的影响。
设计教学方法		教师主导:教师示范和讲解。 学生自主:引导学生欣赏、尝试、交流和实践。 师生互动:引导学生思考和讨论,形成理解与感悟。
定位学科能力		关键能力: 1. 审美能力。 2. 感受与鉴赏能力。 其他能力: 1. 自主思考与探索能力。 2. 共情能力。 3. 合作、表达与交流能力。

三、单元教学设计

表 2-4-3　单元教学设计

单元教学目标	知识与技能:了解福船的造型、功能、工艺、历史地位,敢于用简单的语言表达对福船的认识与对传统船文化的热爱。 过程与方法:教师讲授、引导,学生交流探索。 情感、态度和价值观:拥有认识、热爱、保护、传承、创新传统文化的精神与态度,感受福船工艺体现的因材施艺、和谐共生、互帮互助的智慧。

续表

单元教学重难点	重点：认识福船的造型、功能、历史地位与历史意义并表达内心情感。 难点：理解福船对古代中国发展的作用及对后世的深远影响。
单元活动框架	"行"之奥秘——古船新生（欣赏·评述单元） 单元基本问题（大观念）：福船文化在郑和下西洋历史事件中的体现。 单元小问题：1. 郑和宝船的功能与意义。 　　　　　　2. 福船工艺的传承与创新。 第1课时：古船探秘——神奇的福船之谜 　活动/任务1：认识宝船承载的物资 　活动/任务2：探索福船的大型编队 　活动/任务3：发现宝船的航行秘密 第2课时：古船新生——穿越时空的工艺 　活动/任务1：认识福船的制造工艺 　活动/任务2：福船的过去与现在 　活动/任务3：设计一艘喜欢的船
单元评价量规	1. 评价学生的学习兴趣与参与度。 2. 评价学生对福船文化的掌握程度。 3. 对于传统文化理解与尊重的态度。 4. 拥有保护文化、传承创新的理念。

四、课时教学设计

表2-4-4　第1课时："古船探秘——神奇的福船之谜"教学设计

教学对象	小学生	课业类型	欣赏·评述
核心问题（大观念）	福船文化在郑和下西洋历史事件中的体现。	小问题	1. 宝船的造型。 2. 宝船的功能与作用。 3. 宝船对中外交流的推动作用。

续表

教学目标	知识与技能：能够认识宝船的造型、功能、意义，运用简单的语言表达情感。 过程与方法：教师讲授、引导，学生交流探索。 情感、态度和价值观：热爱祖国传统文化，积极探索当地的船文化，体会福船建造技艺中因材施艺的智慧。	
教学重难点	教学重点：引导学生认识福船的造型、功能，以及在郑和下西洋时的作用与意义。 教学难点：帮助学生用简单的语言表达对福船的感受与见解。	
教学资源	教具：课件、视频。 学具：纸、笔。	
活动环节	活动内容	设计意图
环节一 导入	播放郑和下西洋相关视频。	利用视频让学生初步感知历史，激发学习兴趣。
环节二 新授	1. 展示宝船图片，学生欣赏并描述宝船外观。 2. 郑和和随从是如何在船上长期生活的。（携带物资、大型船只的分类储藏、核心造船技术） 3. 福船对于郑和数次远赴西洋有何意义。	从福船外观到福船内部功能，以下西洋的历程穿插，最后升华至民族间的交流发展。知识层层递进，帮助学生扩充知识，丰富体验。
环节三 活动	学生交流讨论，表达认识与感受。	促进欣赏能力、表达能力和交流能力的提升。
环节四 小结	总结福船的造型、功能、历史意义。	突出学习重点，加深学习印象。
学习成果	1. 学生能够深入了解郑和下西洋的历程。 2. 学生能够表述对福船的理解与认识。	
评价方案	知识与技能：1. 认识郑和宝船；2. 理解郑和宝船的功能与意义；3. 表达对福船文化的见解。 过程与方法：1. 认真听教师讲解；2. 积极参与课堂互动；3. 能与同学合作交流。 情感、态度和价值观：1. 热爱传统文化；2. 尊重各民族文化；3. 拥有探索意识（可围绕以上维度进行分数评价或等级评价）	

表 2-4-5　第 2 课时："古船新生——穿越时空的工艺"教学设计

教学对象	小学生	课业类型	欣赏·评述
核心问题（大观念）	福船工艺的传承与创新	小问题	1. 福船的制造工艺。 2. 福船的过去与当代的创新发展。 3. 船的设计。
教学目标	知识与技能：能够认识福船的工艺，深化对上一课时的理解。 过程与方法：教师讲授、引导，学生交流探索。 情感、态度和价值观：热爱祖国传统文化，拥有传承文化与活化利用的意识，体会福船建造技艺中因材施艺、互帮互助的智慧。		
教学重难点	重点：认识福船工艺的历史影响。 难点：拥有传承文化与活化利用的意识。		
教学资源	教具：课件、视频。 学具：纸、绘图用具。		

活动环节	活动内容	设计意图
环节一 导入	复习第 1 课时知识。	回顾上节课内容，引出新授知识。
环节二 新授	1. 福船是如何建造的？（可通过相关视频、图片资料让学生用文字表述，教师再补充引导） 2. 福船制造工艺的开端与发展。 3. 福船对中外文化交流的意义。	上节课是对福船知识的横向学习，这节课则是从工艺角度对福船进行纵向学习（历史发展）。呼应深化第一课时中福船在中外文化交流中的纽带作用。
环节三 活动	尝试设计一艘船。	欣赏与表现结合，增加课堂趣味。
环节四 小结	展示学生作品，师生欣赏评价。	通过展评促进学生表达能力的提升，增加学习兴趣。
学习成果	1. 认识福船工艺。 2. 理解福船深层价值。 3. 设计作品。	
评价方案	知识与技能：1. 了解福船工艺；2. 体验福船工艺的发展；3. 绘制船的设计图。 过程与方法：1. 认真听教师讲解；2. 积极参与课堂互动；3. 能与同学合作交流。 情感、态度和价值观：1. 保护传统文化；2. 拥有创新意识；3. 拥有民族自豪感。	

第二节 "'行'之奥秘——古船新生"美术单元课程与教学设计案例

（创意·表现单元）

一、单元规划建议

表 2-4-6　单元规划建议

研读标准	本单元为小学4年级"创意·表现"学习领域的教学内容。《义务教育艺术课程标准(2022年版)》美术学科课程中的目标是"美术课程总目标按'知识与技能''过程与方法''情感、态度和价值观'三个维度设定。学生以个人或集体合作的方式参与美术活动，激发创意，了解美术语言及其表达方式和方法；运用各种工具、媒材进行创作，表达情感与思想，改善环境与生活；学习美术欣赏和评述的方法，提高审美能力，了解美术对文化生活和社会发展的独特作用。学生在美术学习过程中，丰富视觉、触觉和审美经验，获得对美术学习的持久兴趣，形成基本的美术素养"。
确定内容	<table><tr><td>学习领域</td><td>创意·表现</td></tr></table>《义务教育艺术课程标准(2022年版)》美术学科课程中"创意·表现"学习领域的课程分目标包括： 1. 观察、认识与理解线条、形状、色彩、空间、明暗、肌理等基本造型元素，运用对称、均衡、重复、节奏、对比、变化、统一等形式原理进行造型活动，增强想象力和创新意识。 2. 通过对各种美术媒材、技巧和制作过程的探索及实验，发展艺术感知能力和造型表现能力。 3. 体验造型活动的乐趣，敢于创新与表现，产生对美术学习的持久兴趣。 本单元教材的学习内容基于以上3点进行设定。
课程目标	1. 学生能够知道： (1)视觉元素，如船的形状、色彩，材料的肌理、质感、空间关系等。 (2)形式原理，如船只的对称、均衡等。 (3)色彩知识，如船体的原色、色调、对比色、邻近色等。 (4)拼贴表现手法，如解构、重组、错位、变形等。 (5)立体造型手法，如剪刻、压折、装饰等。 2. 学生能够做到： (1)尝试运用不同质感的材料丰富画面，大胆创新。

续表

课程目标	(2)能运用简化、夸张、变形等手法表现自己的情感。 (3)在美术实践中融入美术与生活、文化等的联系。 3. 学生能够理解： (1)闽西南独特的造船工艺及其蕴含的因材施艺、和谐共生、互帮互助的智慧。 (2)理解传统文化与艺术互相融合的价值。 (3)理解不同媒介带来的不同视觉效果。		
规划单元	单元主题	"行"之奥秘——古船新生	
	单元总课时数	2课时	"船"承记忆——福船拼贴画制作
			"船"流不息——立体福船制作
艺术课程核心素养	☑审美感知	通过认识福船的色彩、造型等，感知传统工艺的技巧，欣赏作品的艺术形式。	
	☑艺术表现	通过一定的物质材料，运用造型手段创造视觉形象。	
	☑创意实践	体验不同的物质材料，尝试不同的创作手法。	
	☑文化理解	通过对福船的认识和审美创造，提高对海洋文化的文化认同感。	
思政元素	☑政治认同	通过对福船文化的学习，树立正确的价值观，提高政治认同感。	
	☑家国情怀	通过对福建海洋文明的了解，增强归属感和爱国情怀。	
	☑文化自信	通过对福船工艺的认识和艺术创作，提高文化认同感，坚定文化自信。	
	☑健全人格	通过艺术欣赏和创作活动，培养健康的人格。	
	☑生态意识	通过学习先人匠心造船的智慧，树立生态文明观。	

二、单元教材教法分析

表 2-4-7　单元教材教法分析

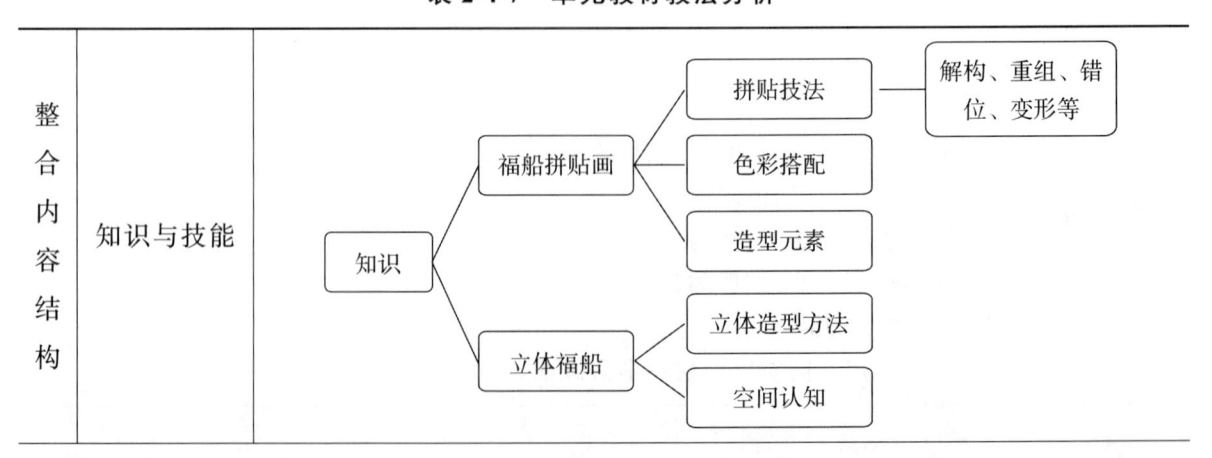

整合内容结构	知识与技能	知识 → 福船拼贴画 → 拼贴技法 → 解构、重组、错位、变形等 　　　　　　　　　　　　色彩搭配 　　　　　　　　　　　　造型元素 　　　　　立体福船 → 立体造型方法 　　　　　　　　　　空间认知

续表

整合内容结构	知识与技能	技能 ── 福船拼贴画 ── 材料实验；撕剪、排列、粘贴；装饰设计 技能 ── 立体福船 ── 纸工技法（刻、剪切、折曲、盘卷、叠加）；装饰设计
	人文内涵	1. 增强本土文化认同感和文化自信，促进文化传承与发扬。 2. 增进对家乡和国家的热爱之情。 3. 体会人与自然和谐共生的精神。
	审美导向	1. 认识美术表现的多样性及美术与生活的联系。 2. 注重情感体验，积累审美经验。 3. 增强审美欣赏能力和动手创造能力。
学情分析		从整体上看，小学学段的学生思维活跃、想象力丰富、观察力敏锐、上课积极性较高。低学段的学生已经掌握一定的美术材料特性，但在表现情感的过程中需要一定的引导，因此需要在艺术实践的过程中引导学生表达情感，表现自我。
设计教学方法		教师主导：教师进行拼贴方法和立体船模型的示范和讲解；引导学生进行审美体验和情感表达。 学生自主：引导学生发现海洋文化背景下匠心造船的智慧，感知工艺，并进行艺术欣赏、体验，尝试艺术创作和交流。
设计教学方法		师生互动：引导学生对"行"文化的智慧进行思考和讨论，形成文化认知与感悟。
定位学科能力		关键能力： 1. 审美能力。 2. 感受与鉴赏能力。 3. 艺术创作能力。 其他能力： 1. 自主思考与探索能力。 2. 共情能力。 3. 合作、表达与交流能力。

三、单元教学设计

表 2-4-8　单元教学设计

单元教学目标	知识与技能：掌握福船相关知识，了解拼贴和立体船模型的制作过程，能联系生活，利用综合材料进行福船的拼贴创作。 过程与方法：通过探索综合材料拼贴和立体船模型的制作过程，体验不同材料与媒介的特性，感受艺术表现形式的多样性。 情感、态度和价值观：感知人与自然和谐共生的智慧，树立本土文化认同感和文化自信，体会福船建造工艺中因材施艺、互帮互助、和谐共生的智慧。
单元教学重难点	重点：通过感官体验不同的媒介和表现手法，尝试平面和立体的艺术创作。 难点：如何举一反三，灵活地将艺术与生活相联系，从创作中体会人与自然共生的智慧。
单元活动框架	"行"之奥秘——古船新生 （创意·表现单元） 单元基本问题（大观念）：福船文化的继承与艺术表现的创新。 单元小问题：1. 福船的平面艺术表现形式。 　　　　　　2. 福船的立体造型的可能性。 第1课时："船"承记忆——福船拼贴画制作 　活动/任务1：分析福船，寻找灵感 　活动/任务2：用不同材料进行尝试 　活动/任务3：画一画、贴一贴 第2课时："船"流不息——立体福船制作 　活动/任务1：分析福船艺术特征 　活动/任务2：探索不同材料的特性 　活动/任务3：画、剪、裁、贴
单元评价量规	作品表现： 1. 构图丰富完整。 2. 色彩运用合宜，具有独特的审美观。 3. 能熟练运用材料表现主题。 4. 作品具有创造性。

续表

单元评价量规	学习态度： 1. 积极收集资料、准备工具。 2. 创作中敢于表达情感，乐于交流和评价。

四、课时教学设计

表 2-4-9　第 1 课时："'船'承记忆——福船拼贴画制作"教学设计

教学对象	小学生	课业类型		创意·表现
核心问题 （大观念）	如何将艺术与生活联系起来，用独特的艺术形式表现福船文化？	小问题	1. 综合材料的探索与尝试。 2. 结合时代环境丰富作品的内涵。 3. 利用合适的材料制作拼贴作品。	
教学目标	尝试运用综合材料对福船进行拼贴的创作，感受福船文化的魅力。			
教学重难点	重点：通过感官体验不同的媒介和表现手法，尝试拼贴艺术创作。 难点：如何在活动中灵活地将艺术与生活相联系，从创作中体会人与自然共生、因材施艺的智慧。			
教学资源	福船文化馆、博物馆、书籍、杂志、影像资料、教具。			
活动环节	活动内容			设计意图
环节一 导入	利用影像等资源创设情境，引导学生认识和感受福船的艺术特征，了解福船所承载的历史记忆和文化内涵。			在情境中激发学生的兴趣和探索欲，促进学生对福船的认识，引出新授知识。
环节二 新授	1. 通过对福船的感知，明确创作的主题。 2. 根据创作主题，寻找身边可利用的综合材料（木块、金属、废旧物品等）。 3. 学生根据主题探索材料的形、色、质等特性，进行材料实验。			引导学生挖掘艺术与生活的联系。
环节三 创作	1. 学习拼贴手法和简单的形式原理（如点、线、面等装饰方法）。 2. 进行画、剪、贴、装饰，充分发挥学生的个性，将材料、实验、实践、制作融为一体。			引导学生用艺术语言表现作品，加深学生对课堂所学内容的理解与运用。

续表

环节四 小结	展示学生作品,师生进行交流与评价,教师总结,升华主题。	鼓励学生互相交流学习;提升学生的表达能力、审美能力和判断能力。
学习成果	使用综合材料制作一幅福船拼贴画。	
评价方案	知识与技能: 1. 能说出福船的造型、色彩特征。 2. 概括基本的拼贴手法并进行实验。 3. 利用综合材料设计福船拼贴画(作品可从色彩、肌理、空间、造型、思想、文化、创新性等角度评价)。 过程与方法: 1. 以积极的态度参与活动。 2. 乐于与老师和同学进行交流。 3. 灵活运用材料和创作手法。 情感、态度和价值观: 1. 重视和热爱本土文化。 2. 树立人与自然和谐共处的意识。 3. 有较强的民族自豪感。	

表 2-4-10　第 2 课时:"'船'流不息——立体福船制作"教学设计

教学对象	小学生		课业类型	创意·表现
核心问题(大观念)	如何将艺术与生活联系起来,用立体造型的艺术形式表现福船文化?	小问题	1. 综合材料的探索与尝试。 2. 结合时代环境丰富作品的内涵。 3. 利用合适的材料制作立体的福船。	
教学目标	尝试运用综合材料对福船进行立体纸模型创作,感受福船文化的魅力。			
教学重难点	重点:通过感官体验不同的媒介和表现手法,尝试立体福船的艺术创作。 难点:在运用材料进行创作时学会举一反三,灵活地将艺术与生活相联系,从创作中体会人与自然共生、因材施艺的智慧。			
教学资源	福船文化馆、博物馆、书籍、杂志、影像资料、教具。			
活动环节	活动内容			设计意图
环节一 导入	利用影像资料、杂志、福船模型,从视觉、触觉、听觉等方面铺设情境。			从平面的视觉图形向立体船模型递进,增进学生对福船立体空间的认识。

续表

环节二 新授	1. 通过欣赏引导学生分析立体福船的特点（如福船造型、色彩、空间等方面）。 2. 合作探究，感受各种材料的特性，探索不同材料所带来的立体效果。 3. 学习立体造型的基本原理、造型方法及装饰方法（如刻、剪切、折曲、盘卷、叠加等纸加工方法；点、线、面等装饰方法）。	层层递进，在探索的过程中，引导学生挖掘立体的造型方法，鼓励学生进行艺术探索。
环节三 创作	1. 根据主题选择媒材，准备材料。 2. 根据设计意图画出草图。 3. 涂颜色，局部进行装饰。 4. 裁剪粘贴，将局部组合成立体的福船模型。	促进学生动手动脑能力的发展。
环节四 小结	展示学生作品，师生进行交流与评价，教师总结，升华主题。	鼓励学生互相交流学习；提升学生的表达能力、审美能力和判断能力。
学习成果	制作一件立体福船模型。	
评价方案	知识与技能： 1. 能说出福船的造型、色彩特征。 2. 概括纸模型的基本构成原理、方法和装饰方法。 3. 体验创造的乐趣，用合适的材料创作立体福船（作品可从色彩、空间、造型、思想、文化、创新性等角度评价）。 过程与方法： 1. 运用已学的基本方法和经验进行创作。 2. 乐于与老师和同学进行交流。 3. 积极探索立体福船的表现形式。 情感、态度和价值观： 1. 重视和热爱本土文化，关注生活。 2. 感受福船的社会价值，树立人与自然和谐共处、因材施艺的理念。 3. 有较强的民族自豪感。	

第三部分

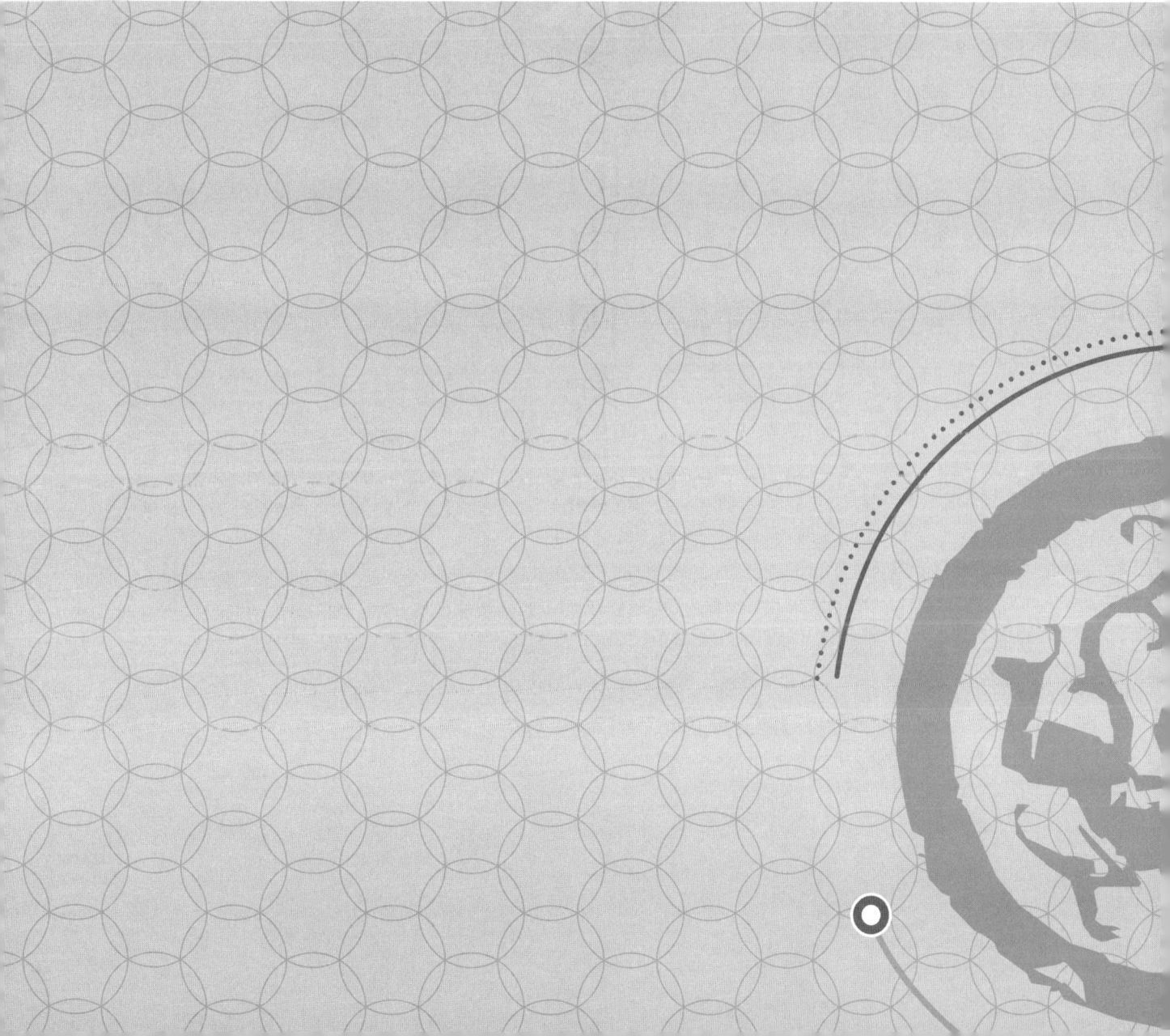

初 中

第一章 "衣"的中国智慧

第一节 "寻秘惠安女服饰"美术单元课程与教学设计案例

(欣赏·评述单元)

一、美术课程标准研读

(一)研读标准

本单元设定为8年级"欣赏·评述"学习领域的教学内容。《义务教育艺术课程标准(2022年版)》中第四学段8~9年级阶段的目标是"欣赏世界不同地区、不同时期的美术作品,了解世界各国美术发展的历史,体会世界美术的多样性,领悟文明因交流而多彩,文明因互鉴而丰富"。

(二)明确类型

本单元属于"欣赏·评述"学习领域。课时规划:2课时。

(三)确定内容

《义务教育艺术课程标准(2022年版)》(以下简称"课程标准")中"欣赏·评述"学习领域的课程分目标包括:(1)感受惠安女服饰的造型美,了解惠安女服饰造型的历史变化,据此展开小组学习,探究惠安女服饰变化的成因,感受惠安女服饰中蕴含的生活智慧,初步形成审美判断与探究能力。(2)学会从多角度欣赏与认识惠安女服饰,逐步提高视觉感受、理解与评述能力,初步掌握美术欣赏的基本方法,能够在文化情境中认识美术。(3)提高对自然美、美术作品和美术现象的兴趣,形成健康的审美情趣,崇尚文明,珍视优秀的民族、民间美术与文化遗产,增强民族自豪感,养成尊重世界多元文化的态度。

本单元教材的学习内容基于以上3点进行设定。

二、单元课程目标设计

(一)课程目标

1. 学生能够知道

(1)欣赏方法,如费尔德曼四步鉴赏法、发现法、比较法、思维导图法、对话法、情境法等。

(2)视觉元素,如线条、形状、色彩、肌理等。

(3)形式原理,如对称、均衡、节奏等。

(4)色彩知识,如原色、间色、复色、冷色调、暖色调、对比色、近色等。

2. 学生能够做到

(1)从惠安女服饰造型、服饰细节等角度出发欣赏与认识惠安女服饰,并能倾听别人的想法和不同的解读。

(2)运用恰当的欣赏方法(如描述、分析、解释、评价等)认识并能解读惠安女服饰的造型特色。

(3)综合运用发现法和情境法来探究惠安女服饰造型的变化,用比较法从多角度分析不同时期惠安女造型的区别。

(4)综合运用情境法和对话法从文化角度解读惠安女服饰的设计及其独特价值。

(5)对自己创作或制作的作品能进行反思,虚心倾听、理解别人的意见或建议,并加以改进。

3. 学生能够理解

(1)惠安女服饰中的文化传承和创新精神,提高保护惠安女服饰文化的意识和自觉性。

(2)惠安女服饰中吃苦耐劳、因地制宜、师法自然的智慧和造型细节,体会惠安女服饰的独特性。

(3)提高对自然美、人文美、文化美的兴趣,形成高雅的情趣,从而养成自觉珍视优秀的民族、民间美术与文化遗产,增强民族自豪感,尊重世界多元文化的态度。

(4)在参与班级或小组的各种表达交流中,能尊重和理解别人不同的看法或想法。

(二)核心素养和思政元素

(1)艺术课程核心素养见表 3-1-1。

表 3-1-1 核心素养

☑审美感知	感受惠安女服饰文化,学会欣赏不同时期惠安女服饰的特点,和不同区域的惠安女服饰图案、造型特征。
☑艺术表现	选择合适的媒材和工具,讨论并制作视觉笔记。
☑创意实践	体验造型活动的乐趣,敢于创新与表现。
☑文化理解	尊重惠安女服饰文化及其发展,尊重非物质文化遗产,对惠安女服饰的内涵进行简短评述,表达感受和见解。

(2)思政元素见表 3-1-2。

表 3-1-2 思政元素

☑政治认同	惠安女服饰文化是中国文化中的一块瑰宝。
☑家国情怀	惠安是闽南地区的鱼米之乡,形成了独特的海洋文化。
☑文化自信	惠安女服饰文化反映出中华民族悠久的文明和礼仪。
☑健全人格	通过惠安女服饰文化的学习,感受惠安女的家庭观念与勤劳朴素的品格。

三、单元教材教法分析

(一)分析单元定位

1. 细化"课程目标"

根据"课程目标",8年级美术在"欣赏·评述"学习领域的学习活动建议包括:对不同时期惠安女服饰的外观特点、历史变迁,尝试运用描述、分析、解释、评价等美术欣赏方法进行学习和研究。通过查阅或搜集资料的方式,了解惠安女服饰文化的内涵。通过讨论,分析惠安女服饰的实用性与审美性。通过观摩录像或邀请惠安女服饰制作艺人进校讲解,了解惠安女服饰制作方式与特点。

2. 以往学习基础

学生经过小学阶段的学习,已经了解了惠安女服饰的大致特征,能通过描述、分析与讨论的方式,用简单的美术术语对惠安女勤劳善良的品格和惠安女服饰的明显特征进行分析,表达自己的感受与理解。

3. 未来学习要求

本单元要求学生能够通过描述、分析、比较与讨论等学习方式,通过欣赏惠安女服饰的艺术特色,了解惠安女服饰的艺术,尊重人类非物质文化遗产,对惠安女服饰文化中与美术相关的现象进行简短评述,表达感受和见解。

4. 单元定位

本单元是初中学段美术中"寻秘惠安女服饰"主题学习单元,学生将学习不同时期惠安女服饰款式的特点,拓展学习现代惠安女服饰的特色;学习惠安女服饰设计中的构成元素;欣赏惠安女服饰中的造型巧思,了解其作用。

(二)整合内容结构

1. 梳理教材内容

(1)寻根溯源——惠安女服饰的造型美。

介绍惠安女服饰的款式和基本构成元素,感受惠安女服饰不同细节的搭配、设计上的巧思,完成视觉笔记的记录。

(2)浮光掠影——惠安女服饰的生活美。

介绍不同时期的惠安女服饰,学生观察其特点,查阅资料理解造型变化的原因,感受惠安女服饰中蕴含的生活智慧。

2. 单元教学内容结构

(1)学科知识与技能。

本单元学科知识与技能的核心是学习使用欣赏方法欣赏惠安女服饰文化,即运用各种欣赏方法对比不同时期惠安女服饰特点,结合小组合作讨论探究惠安女服饰的搭配及其各种要素的特点,表达自己的感受与见解。

(2)人文内涵。

①当下常见的惠安女服饰款式特点与惠安女的劳作、气候环境条件密切相关体现了惠安女服饰师法自然、因地制宜的智慧;

②惠安女服饰是惠女精神的载体之一;

③惠安女服饰是中华民族传统工艺之一。

(3)审美导向。
①不同的惠女服饰有不同的美,理解美的多样性和多元化;
②惠女服饰色彩艳丽却又和谐统一;
③惠女服饰设计需要遵循科学、创新、宜人的原则。

(三)分析教法依据

1. 教学内容特点

本单元有关惠安女服饰的知识主要包括对惠安女服饰的欣赏、感知以及惠安女服饰纹样的提炼等。以惠安女服饰的欣赏、感知以及惠安地域元素为核心,理解惠安女服饰元素来源,并领略民族服饰的多样性与差异性。

2. 学段学情特点

初中阶段的学生,虽智力水平、身心发展以及审美认知都已经有了一定的积累,可以进行自主的探究式学习,但在惠安女服饰设计教学过程中,存在学生审美倾向各异,对不同的设计搭配有不同的见解,教师需要留意,引导学生学会倾听不同的声音,学会包容,接受他人有与自己不同的观点。

3. 教学资源选取

本单元选取的与教学内容直接关联的素材资源主要是不同时期的惠安女服饰实物和马克笔、铅笔、彩纸等。

本单元设计的技术资源主要有:
(1)信息技术资源:PPT、网络图片和视频等。
(2)实践技术资源:惠安女服饰实物。

(四)设计教学方法

综合分析,预设本单元的主要教学方法:
(1)教师主导——教师示范、教师讲解、教师答疑。
(2)学生自主——欣赏图片、讨论交流、合作探究、展示评价。
(3)师生互动——提问解答、交流评价。

(五)定位学科能力

1. 关键能力

欣赏能力、交流表达能力、搭配能力等。

2. 其他能力

合作能力、动手实践能力、思考能力等。

四、单元教学活动设计

(一)单元教学目标

1. 知识与技能

学习不同时期惠安女服饰的造型特点,通过调研理解服饰造型变化的原因;欣赏惠安女服饰造型细节处的设计,感受设计与自然的联系,感受以设计巧思开拓学生创新思维。

2. 过程与方法

通过自主学习、合作学习和探究学习的方式学习不同时期惠安女服饰的特点;通过观察图片、小组讨论等方式了解惠女服装造型细节的设计元素,欣赏惠安女服饰的细节搭配。

3. 情感、态度和价值观

在学习过程中,通过观察、交流及讨论,培养学生认知惠安女服饰的学习兴趣、探究惠安女服饰的特点及提炼表现惠安女服饰纹样造型设计的巧思。人文内涵方面,通过惠安女服饰纹样的提炼表现,引导学生体味惠安女服饰,体会不同文化和不同服饰的魅力;感悟惠安女服饰在艺术创作和惠安自然环境中的审美意味,理解惠安女服饰中师法自然的智慧。审美导向方面,理解惠安女服饰对于学习者发现美、表现美、创造美的重要作用,理解服饰的内涵,形成对惠安女服饰这一经典特色服装体系较完整和深刻的理解。

(二)单元教学重难点

教学重点:通过小组学习、自主探究等方式了解不同时期惠女服饰造型,明白其变化原因,欣赏、感受惠女服饰的美。

教学难点:了解惠女服饰造型细节的特色,了解惠女服饰造型与自然环境有一定的关联性。

(三)单元学习活动

1. 设计单元活动框架

根据本单元教学目标、教学重点和难点,对单元主要学习活动进行规划,见表 3-1-3。

表 3-1-3 惠安女服饰(欣赏·评述单元)单元活动框架

单元主题	寻秘惠安女服饰
单元基本问题	惠安女服饰中的生活美与造型美。
第 1 课时 寻根溯源——惠安女服饰的造型美	学习活动:观看不同时期惠安女服饰造型,发现其特点;结合小组探究、自主学习等模式,对惠安女服饰的历史演变与原因进行思考,查阅资料绘制视觉笔记记录并交流展示。
第 2 课时 浮光掠影——惠安女服饰的生活美	学习活动:欣赏惠女服饰的设计细节,感受其设计巧思,小组合作,使用欣赏方法,总结其设计特点,选择小组代表在班级内发言。

2. 制定每课活动方案

每课活动方案见表 3-1-4、表 3-1-5。

表 3-1-4 第 1 课时:"寻根溯源——惠安女服饰的造型美"活动方案

基本信息	8 年级"欣赏·评述"学习领域。
核心问题	不同时期惠安女服饰造型为何不同?

续表

小问题	不同时期惠安女服饰有何不同？ 惠安女服饰的变化受什么影响？		
教学目标	知识与技能：通过调研理解服饰造型变化的原因。 过程与方法：通过自主学习、合作学习和探究学习的方式学习不同时期惠安女服饰的特点。 情感、态度和价值观：通过观察、交流及讨论，培养学生认知惠安女服饰的学习兴趣。探究惠安女服饰的特点，提炼惠安女服饰纹样造型设计的巧思，感受其吃苦耐劳的品格。		
教学重难点	重点：学习不同时期惠安女服饰的特点，小组合作了解惠安女服饰造型变化与历史的关联。 难点：学生对惠安女服饰的变化提出问题，主动探究，总结原因。		
教学资源	教具：各种惠女服饰、马克笔、彩笔、白纸和必要的课件等。 学具：马克笔、彩笔、白纸等。		
活动环节	活动内容	活动任务	设计意图
环节1	展示不同时期惠安女服饰，发现不同时期造型的特点。	观察实物，学生积极发言，讲解观察到的异同之处。	实物观察，增加学习乐趣，通过"找不同"的游戏，激发学生学习兴趣。
环节2	自主学习与小组探究。	根据发现的不同点，学生思考并提出问题，对惠安女服饰的变化产生好奇。以小组为单位，提出猜想，并查阅资料了解惠女服饰变化的原因，感悟惠女的劳动智慧。	激发学生创新思维，引导学生主动思考，通过自主学习与小组探究增强学生学习主动性和小组合作能力。
环节3	制作视觉笔记。	以视觉笔记的形式记录并展示不同时期惠女服饰特征，与造型变化的原因。	强化课堂知识点，提高美术专业能力，培养小组合作能力。
环节4	展示与评价。	各小组展示学习成果，其他小组互相补充，学生反思并进行修改。	评估是否达到学习目标，增强学生口头表达能力。

续表

活动成果	以视觉笔记的形式记录的不同时期惠安女服饰的特点及成因。
评价方案	小组评价,选出小组的代表,随后班级内学生和教师共同评价小组代表的欣赏成果的特点与优缺点。学生自评是否使用恰当的词语、短句等表达自己对不同时期惠安女服饰特点的感受与见解。

表 3-1-5　第 2 课时:"浮光掠影——惠安女服饰的生活美"活动方案

基本信息	8 年级"欣赏·评述"学习领域		
核心问题	惠安女服饰的造型特征。		
小问题	惠安女服饰的袖口、领围设计的图案有何特征? 惠安女服饰的造型有何特点? 惠女的头饰有何特征?		
教学目标	知识与技能:欣赏惠安女服饰造型细节处的设计,感受设计与自然的联系,以设计巧思开拓学生创新思维。 过程与方法:通过观察图片、小组讨论等方式了解惠女服饰造型细节的设计元素,欣赏惠女服饰的细节搭配。 情感、态度和价值观:通过对惠安女服饰纹样的提炼表现,引导学生体验惠安女服饰,体会不同文化和不同服饰的魅力;感悟惠安女服饰在艺术创作和惠安自然环境中的审美意味。审美导向方面,理解惠安女服饰对于学习者发现美、表现美、创造美的重要作用,理解服饰的内涵,形成对惠安女服饰这一经典特色服饰体系较完整和深刻的理解。		
教学重难点	重点:了解惠安女服饰的基本构成元素,欣赏不同款式的惠安女服饰造型。 难点:学生能够感受到惠安女服饰师法自然、因地制宜的魅力,形成保护并传承文化的意识。		
教学资源	教具:惠安女服饰、马克笔、彩笔、白纸和必要的课件等。 学具:马克笔、彩笔、白纸等。		
活动环节	活动内容	活动任务	设计意图
环节 1	观看图片和视频。	观察现有的惠安女服饰,分析惠女服饰整体造型特征,观察造型细节的特点,感受设计巧思。	欣赏惠女服饰搭配,学生交流

续表

环节2	探究与学习。	总结惠安女服饰的造型特征,选择一至二处服装细节进行欣赏,运用费尔德曼四步鉴赏法进行鉴赏,填写学习任务单,并思考惠安女服饰中蕴含了劳动人民的哪些智慧。	巩固鉴赏四步鉴赏法,引导学生进行自主学习,培养学生独立思考的能力。
环节3	展示与评价。	学生表述学习成果的内容及其制作过程,教师和同学评价,学生反思并进行修改。	评估是否达到学习目标。
活动成果	用学习单的形式记录学习成果。		
评价方案	小组评价,选出小组的代表,随后班级内学生和教师共同评价小组代表欣赏成果的特点与优缺点。学生自评是否使用恰当的词语、短句等表达自己对惠安女服饰造型的感受与见解;对课堂探究活动是否有比较浓厚的兴趣,在分享中是否展现了自己所观察到的事物的特征和其带给自己感受。		

第二节 "寻秘惠安女服饰"美术单元课程与教学设计案例

(创意·表现单元)

一、美术课程标准研读

(一)研读标准

本单元设定为8年级"创意·表现"学习领域的教学内容。《义务教育艺术课程标准(2022年版)》中美术课程第四学段8~9年级阶段的目标是"综合运用美术与其他学科的知识、技能和思维方式,围绕'美术的贡献',创作绘画作品、雕塑作品、图画书、视觉笔记、立体模型、动画、微电影等"。

(二)明确类型

本单元属于"创意·表现"学习领域。课时规划:2课时。

(三)确定内容

本单元课程分目标包括:(1)认识惠安女服饰纹样的样式,体悟纹样的造型特征及其与日常生活的联系,理解惠安女服饰纹样中蕴含的人文内涵与价值。(2)在对惠安女服饰再设计的过程中,了解服饰文化中的知识,辨析惠安女服饰的特点与设计理念,理解服饰中所蕴含的吃苦耐劳、惜物勤俭、师法自然、因地制宜的智慧,参与"小小设计师"活动,与小伙伴分享惠安女服饰中蕴含的古老智慧与现代风情。(3)提高对自然美、美术作品和美术现象的兴趣,形成健康的审美情趣,崇尚文明,珍视优秀的民族、民间美术与文化遗产,增强民族自豪感,养成尊重世界多元文化的态度。

本单元教材的学习内容基于以上3点进行设定。

二、单元课程目标设计

(一)课程目标

1. 学生能够知道

(1)欣赏方法,如发现法、比较法、对话法、情境法等。

(2)视觉元素,如线条、形状、色彩、肌理等。

(3)形式原理,如对称、均衡、节奏等。

(4)色彩知识,如原色、间色、复色、冷色调、暖色调、对比色、近色等。

2. 学生能够做到

(1)从惠安女服饰造型、服饰细节等角度出发欣赏与认识惠安女服饰,并能倾听别人的想法和解读。

(2)运用恰当的欣赏方法认识并且解读惠安女纹样特色。

(3)综合运用从线条、形状、色彩等基本造型元素的角度出发设计惠安女纹样。

(4)运用对称、均衡、重复、节奏、对比、变化、统一等形式原理创作惠安女纹样。

(5)对自己创作或制作的作品能进行反思,虚心倾听、理解别人的意见或建议,并对自己的作品加以改进。

3. 学生能够理解

(1)惠安女服饰中的文化传承和创新精神,提高保护惠安女服饰文化的意识和自觉性。

(2)惠安女服饰中吃苦耐劳、惜物勤俭、师法自然、因地制宜的智慧和造型细节,体会惠安女服饰的独特性。

(3)提高对自然美、人文美、文化美的兴趣,形成高雅的情趣,从而养成自觉珍视优秀的民族、民间美术与文化遗产、增强民族自豪感、尊重世界多元文化的态度。

(4)在参与班级或小组的各种表达交流中,能尊重和理解他人的看法或想法。

(二)核心素养和思政元素

(1)艺术课程核心素养见表3-1-6。

表 3-1-6　核心素养

☑审美感知	感受惠安女服饰文化与惠安女服饰图案、造型特征。学生能以观察、比较的方法欣赏惠安女服饰的色彩、肌理、线条美感等,感受服饰的造型、装饰手法等;以实地探访和问卷调查等方式,解读惠安女服饰中的奥秘;能联系生活,更好地理解惠安女服饰中蕴含的中国智慧。
☑艺术表现	选择合适的媒材和工具,设计并制作惠安女纹样。学生能通过观察、想象、构思和表现等过程,掌握主题文字设计、主题图的绘制等。
☑创意实践	学生能联系现实生活,通过实地调查和问卷调查等方式搜集信息,进行分析、思考和探究,了解惠安女服饰中所蕴含的智慧,以及社会对惠安女服饰的看法,能够设计出对惠安女服饰进行改良的方案,形成调研报告。
☑文化理解	学生能逐渐形成从文化的角度观察和理解"惠安女服饰"美术作品;从中华优秀传统美术作品中理解关于"惠安女服饰"的内涵及独特魅力,坚守中华文化立场,坚定文化自信。

(2)惠安女服饰对应的思政元素见表3-1-7。

表 3-1-7　思政元素

☑政治认同	惠安女服饰文化是中国文化中的一块瑰宝。
☑家国情怀	惠安是闽南地区的鱼米之乡,形成了独特的海洋文化。

续表

☑文化自信	惠安女服饰文化是研究中华民族多元化交融的宝贵历史文化遗产。
☑健全人格	通过惠安女服饰文化的学习,感受惠安人的家庭观念与勤劳朴素的品格。

二、单元教材教法分析

(一)分析单元定位

1. 细化"课程目标"

根据"课程目标",8年级美术在"创意·表现"学习领域的学习活动建议包括:认识惠安女服饰纹样的样式,综合运用从线条、形状、色彩等基本造型元素的角度出发设计惠安女纹样,体悟服饰纹样的造型特征及其与日常生活的联系,理解惠安女服饰纹样中蕴含的人文内涵与价值。

2. 以往学习基础

学生经过小学阶段的学习,已经了解了惠安女服饰的大致特征,能通过描述、分析与讨论的方式,用简单的美术术语对惠安女勤劳善良、惜物勤俭的品格和惠安女服饰的明显特征进行分析,表达自己的感受与理解。

3. 未来学习要求

本单元是初中学段美术"造型·表现"学习的阶段,要求学生能够运用描述、分析、比较与讨论等学习方式,通过欣赏惠安女服饰的艺术特色,从线条、形状、色彩等基本造型元素出发设计惠安女服饰纹样,运用对称、均衡、重复、节奏、对比、变化、统一等形式原理创作惠安女服饰纹样。

4. 单元定位

本单元是初中学段美术"寻秘惠安女服饰"主题学习单元,学生将学习惠安女服饰纹样的特点,拓展学习现在常见的惠安女服饰纹样的特色;学习惠安女服饰纹样设计中的构成元素;欣赏惠安女服饰纹样中的造型巧思与文化底蕴,了解其作用。

(二)整合内容结构

1. 梳理教材内容

(1)别具匠心——服饰中的植物纹样。

介绍惠安女服饰纹样组成,学生观察其特点,查阅资料理解其造型发生变化的原因,感受惠安女纹样中蕴含的生活智慧。

(2)创意无限——惠安元素的再设计。

介绍现代惠安女服饰纹样的款式种类和惠安女服饰纹样的传统纹样构成元素,感受惠安女服饰纹样搭配、设计上的巧思,创作纹样设计稿。

2. 单元教学内容结构

(1)学科知识与技能。

本单元学科知识与技能的核心是认识惠安女服饰纹样的样式,体悟纹样的造型特征及其与日常生活的联系。

(2)人文内涵。

①理解惠安女服饰纹样中蕴含的人文内涵与价值;

②惠安女服饰纹样是惠女精神的载体之一;
③惠安女服饰纹样是中华民族传统工艺之一。
(3)审美导向。
①不同的惠女服饰纹样有不同的美,理解美的多样性和多元化;
②惠女服饰色彩艳丽却又和谐统一;
③惠女服饰设计需要遵循科学、创新、宜人的原则。

(三)分析教法依据

1. 教学内容特点

本单元有关惠安女服饰的知识主要包括:对惠女服饰纹样设计方法的探索;学生通过对惠女服饰纹样设计方法的学习,对惠女服饰纹样进行个性化的创作和表现;理解惠安女服饰纹样元素来源,并领略民族服饰的多样性与差异性。

2. 学段学情特点

初中阶段的学生,虽智力水平、身心发展以及审美认知都已经有了一定的积累,可以进行探究式学习,但在惠安女服饰纹样设计教学过程中,不同的学生审美倾向不同,对不同的设计搭配有不同的见解,教师需要引导学生学会倾听不同的声音,学会包容,接受他人与自己不同的观点。

3. 教学资源选取

本单元选取的与教学内容直接关联的素材资源主要是惠安女服饰纹样和马克笔、铅笔、彩纸等。

本单元设计的技术资源主要有:
(1)信息技术资源:PPT、网络图片和视频等。
(2)实践技术资源:惠安女服饰实物。

(四)设计教学方法

综合分析,预设本单元的主要教学方法:
(1)教师主导——教师示范、教师讲解、教师答疑。
(2)学生自主——欣赏图片、讨论交流、合作探究、展示评价。
(3)师生互动——提问解答、交流评价。

(五)定位学科能力

1. 关键能力

创作能力、合作能力、动手实践能力等。

2. 其他能力

欣赏能力、思考能力、交流表达能力、搭配能力等。

三、单元教学活动设计

(一)单元教学目标

1. 知识与技能

学习不同时期惠安女服饰纹样的造型特点,通过调研理解服饰纹样造型变化的原因;感受设计与自然的联系,感受设计巧思,开拓学生创新思维。

2. 过程与方法

通过自主学习、合作学习和探究学习的方式学习惠安女服饰纹样的特点;通过观察图片、小组讨论等方式了解惠安女服饰纹样造型细节的设计元素,欣赏惠安女服饰纹样的细节搭配。

3. 情感、态度和价值观

在学习过程中,通过观察、交流及讨论,培养学生对惠安女服饰的兴趣,带领学生探究惠安女服饰的特点,提炼出惠安女服饰纹样造型设计的巧思。人文内涵方面,通过对惠安女服饰纹样的了解,让学生在试穿惠安女服饰的体验活动中,体会不同文化和不同服饰的魅力;感悟惠安女服饰在艺术创作中的审美意味,理解惠安女服饰师法自然的智慧。审美导向方面,培养学习者发现美、表现美、创造美的能力,帮助学习者理解服装的生活内涵,形成对惠安女服饰这一经典特色服装体系较完整和深刻的理解。

(二)单元教学重难点

教学重点:以惠女文化为背景,创新闽南特色惠安女服饰纹样,展示惠安女服饰的继承与创新。

教学难点:以了解继承闽南特色惠安女服饰纹样演变过程为前提,创新设计文创产品,设计成果展示方案。

(三)单元学习活动

1. 设计单元活动框架

根据本单元教学目标、教学重点和难点,对单元主要学习活动进行规划,见表3-1-8。

表 3-1-8　惠安女服饰设计单元活动框架

单元主题	寻秘惠安女服饰
单元基本问题	惠安女服饰纹样与生活
第1课时 别具匠心—— 服饰中的植物纹样	学习活动:学生自己搜集关于纹样设计的资料,课堂中展示自己所搜集的资料并说一说搜集心得。根据课程教学中学习的惠安女服饰,了解纹样的基本知识和绘画技能。
第2课时 创意无限—— 惠安元素的再设计	学习活动:寻找惠安女服饰纹样与生活的关系,应用与设计关于闽南特色惠安女服饰的周边及文创产品,提炼四季植物花纹元素,融入惠安女服饰的纹样设计中。教师提出改进方案,学生进行成果展示。

2. 制定单元活动方案

单元活动方案见表3-1-9。

表 3-1-9　第 1 课时:"别具匠心——服饰中的植物纹样"活动方案

基本信息	8年级"创意·表现"学习领域。		
核心问题	惠安女服饰纹样都来源于哪里?		
小问题	有哪些生活纹样? 惠安女服饰纹样运用了什么设计方法?		
教学目标	知识与技能:惠安女服饰纹样的组成方式。 过程与方法:通过自主学习、合作学习和探究学习的方式学习惠安女服饰植物纹样的提取方法。 情感、态度和价值观:通过观察、交流及讨论,培养学生认知惠安女服饰的学习兴趣,探究惠安女服饰纹样的特点,感受植物纹样中的文化内涵。		
教学重难点	重点:学习不同时期惠安女服饰中植物纹样的特点。 难点:学习运用设计方法,从惠安女服饰中提取植物纹样。		
教学资源	教具:布料、花头巾、马克笔、彩笔、白纸和必要的课件等。 学具:马克笔、彩笔、白纸等。		
活动环节	活动内容	活动任务	设计意图
环节1	视频互动导入,观看惠安女服饰视频。 设问:通过观看视频,描述一下你的感受。	观看视频,自由交流,形成对惠安女服饰的大致认识。	通过视觉体验,唤起学生对服饰纹样的关注。
环节2	了解二方连续、四方连续、八方连续等基本纹理知识。	学习纹样基本知识,为之后的实践打好基础。	学生通过学习了解基本知识,为后续的实践打好基础。
环节3	设问:写生与纹样设计的关系是什么? 在创作设计之前我们需要准备哪些工作? 请学生将这些工作归类整理,以思维导图的形式展示出来,再由教师板书。请学生根据任务安排进行后续分工。	针对教师的问题展开头脑风暴。通过自由作答的方式,将准备工作整理为几大类。	激发学生的思维逻辑,培养学生全面考虑问题、归类整理的习惯。

续表

活动环节	活动内容	活动任务	设计意图
环节4	根据小组总结进行创意设计,展示评价。	各小组展示学习成果,其他小组互相补充,学生自我反思并进行修改。	评估是否达到学习目标,提高学生口头表达能力。
活动成果	以视觉笔记的形式记录的不同时期惠安女服饰的特点及成因。		
评价方案	小组评价,选出小组的代表,随后师生共同评价小组代表欣赏成果的特点与优缺点。学生自评是否使用恰当的词语、短句等表达自己对不同时期惠安女服饰特点的感受与见解。		

表 3-1-10　第 2 课时:"创意无限——惠安元素的再设计"活动方案

基本信息	8年级"欣赏·评述"学习领域。
核心问题	惠安女服饰纹样的再设计。
小问题	惠安女服饰纹样在现代审美中是什么样的? 惠安女服饰纹样的设计意义是什么? 在设计惠安女服饰纹样时应该考虑什么?
教学目标	知识与技能:欣赏惠安女服饰造型细节处的设计,感受设计与自然的联系,感受设计巧思,开拓学生创新思维。 过程与方法:通过观察图片、小组讨论等方式,了解惠安女服饰纹样的设计元素,以及现代纹样与传统纹样的差异。 情感、态度和价值观:通过对惠安女服饰纹样的了解,让学生在试穿惠安女服饰时体会不同文化和不同服饰的魅力,感悟惠安女服饰在艺术创作的审美意味。审美导向方面,培养学习者发现美、表现美、创造美的能力,帮助学习者理解服装的生活内涵,形成对惠安女服饰这一经典特色服装体系较完整和深刻的理解。
教学重难点	重点:寻找惠安女服饰纹样与生活环境的关系。 难点:应用与设计关于闽南特色惠安女服饰的文创产品,提炼四季植物花纹元素。
教学资源	教具:花头巾、布料、马克笔、彩笔、白纸和必要的课件等。 学具:马克笔、彩笔、白纸等。

续表

活动环节	活动内容	活动任务	设计意图
环节1	纹样探究与设计,将四季植物花卉融入创作设计中绘制纹样。	针对四季花卉进行资料收集,总结纹样特征,绘画创作。	让学生将学习内容与生活四季相结合,更好地感悟生活。
环节2	请学生回顾上节课的内容,通过各组之间的交流,完成纹样设计与创新。	通过各组之间的信息共享进行最后整合,完成纹样创新设计。	培养学生的语言表达及归纳整理能力,提高学生的绘画能力。
环节3	展示与评价。	成果展示,请各组长汇报学习成果。教师板书作简要记录,请学生对问题提出解决对策。	评估是否达到学习目标。
活动成果	用学习单与设计图的形式记录学习成果。		
评价方案	小组评价,选出小组的代表,随后师生共同评价小组学习成果的特点与优缺点。学生自评是否使用恰当的词语、短句等表达自己对惠安女服饰造型的感受与见解;对课堂探究活动是否有比较浓厚的兴趣,在分享中是否介绍了自己所观察到的事物的特征。		

第二章

"食"的中国智慧

第一节 "走进闽南茶记忆"美术单元课程与教学设计案例

(欣赏·评述单元)

一、单元简介

单元名称:走进闽南茶记忆。

适用年级:7年级。

课时要求:4课时。

单元概述:

本单元课程是"欣赏·评述"学习领域,分为4个课时,分别是寻迹铁观音、鉴赏茶席陈设、品味舌尖茶点、设计茶产品包装。

"清香滋味——寻迹铁观音"课程主要介绍铁观音的产地、品种及其特点,介绍中国六大茶的特点,可以通过品茶欣赏不同茶之间色、香、味的区别。"品茶论道——鉴赏茶席陈设"课程主要介绍茶席设计的基本构成元素,示范运用费尔德曼四步鉴赏法欣赏茶席设计。"好客之道——品味舌尖茶点"课程主要介绍各种茶点的作用和搭配方式。"故园情思——土特产包装设计"课程主要展示不同茶的外包装,介绍包装设计的基本要素,示范设计茶产品外包装的步骤。

(一)单元教学内容结构

(1)学科知识与技能见图3-2-1。

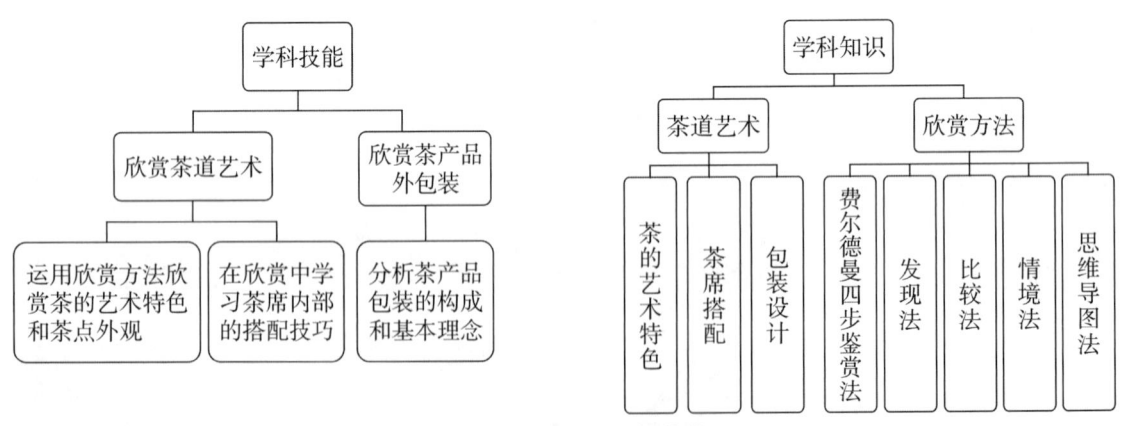

图3-2-1 学科知识与技能

本单元学科知识与技能的核心是学习使用欣赏方法欣赏茶道艺术,即运用各种欣赏方法欣赏各种茶的特点,欣赏茶席设计的搭配及其各种要素的特点,欣赏茶产品的外包装并结合自己的想法表达感受与见解。

(2)人文内涵。

安溪铁观音的特点与安溪的地理、气候和环境条件密切相关;中国六大茶不同,是因为产地生态环境差异;茶席设计是传递中华茶道之美和茶道精神的载体之一;茶点的作用和搭配是当地文化的一种体现;茶产品的外包装越来越体现其产地的环保生态意识。

(3)审美导向。

不同的茶有不同的美,理解美的多样性和多元化;

茶席设计风格一般来说偏素雅、和谐和简洁;

包装设计需要遵循科学、可靠、创新、宜人和绿色原则。

(二)核心素养和思政元素

本单元所指向的美术学科核心素养和课程思政元素,见表 3-2-1 和表 3-2-2。

表 3-2-1　核心素养

☑审美感知	感受茶道文化,学会欣赏不同品种的茶叶和茶点、茶席的设计和茶产品的外包装。
☑艺术表现	选择合适的媒材和工具,创作能表达自己思想和情感的作品。
☑创意实践	体验造型活动的乐趣,敢于创新与表现。
☑文化理解	尊重茶文化及其衍生产品的发展,尊重人类文化遗产,对茶道艺术的内涵进行简短评述,表达感受和见解。

表 3-2-2　思政元素

☑政治认同	中国茶文化是中国文化中的一朵奇葩。
☑家国情怀	中国是茶的故乡,也是茶文化的发源地。
☑文化自信	中国茶文化反映出中华民族悠久的文明和礼仪。
☑健全人格	通过茶文化的学习,感受心的宁静。
☑生态意识	保护自然环境,保护土壤不被污染。

二、单元课程创建

(一)分析教法依据

1. 教学内容特点

本单元学生主要学习铁观音的各种特点,拓展学习各种颜色茶的特色;学习茶席设计的构成元素,运用费尔德曼四步鉴赏法等不同的欣赏方法欣赏茶席设计;欣赏茶席中茶点的外观特色,了解其作用;欣赏茶产品的外包装设计,学习包装设计的基本要素,并尝试动手设计一款茶产品包装。

2. 学段学情特点

初中阶段的学生,虽智力水平、身心发展以及审美认知都已经达到一定水平,可以进行自主的探究式学习,但在茶道艺术设计教学过程中,不同的学生审美倾向不同,对不同的设计搭配有不同的见解,教师需要引导学生学会倾听不同的声音,学会包容,接受他人与自己不同的观点。

(二)设计教学方法

综合分析,预设本单元的主要教学方法:
(1)教师主导——教师示范、教师讲解、教师答疑。
(2)学生自主——欣赏图片、讨论交流、合作探究、展示评价。
(3)师生互动——提问解答、交流评价。

(三)定位学科能力

1. 关键能力

欣赏能力、交流表达能力、搭配能力等。

2. 其他能力

合作能力、动手实践能力、思考能力等。

(四)单元课程目标

1. 能知道

认识安溪铁观音,了解其生长产地、基本形态和特征,掌握茶的基本类别和不同茶的辨别方法;认识茶席的基本组成,了解其形态特征及功能用途;认识多种茶点,了解茶点的功用以及对应的茶品搭配组合;明确产品设计的目的,认识产品包装的基本要素以及包装的多种结构。

2. 能做到

品味安溪铁观音,通过体验形成多角度分析方法,完成个人视觉笔记;学习茶席的布置方法,通过费尔德曼四步鉴赏法赏析茶席之美;通过图文讲解和体验试吃的过程,学习茶点搭配的方法;通过制作手账掌握视频录制的方法;掌握产品包装设计的基本方法,通过观察比较以书面文字叙述包装的特点。

3. 能理解

在小组合作中提升分析问题和迁移知识的能力,激发团队合作精神,感受安溪铁观音的特有魅力;通过感受茶席的不同组合,欣赏茶道艺术之美,领悟茶道文化的人文精神;感受茶点与茶搭配的养生之道和均衡中和的茶道智慧;感受产品包装传递的情感,培育家国情怀。

(五)单元教学重难点

教学重点:学习运用费尔德曼四步鉴赏法等不同的欣赏方法欣赏茶道艺术。
教学难点:了解茶席设计以及茶和茶点的搭配技巧,理解包装设计的创新和绿色原则。

(六)单元教学设计框架

根据本单元教学目标、教学重点和难点,对单元主要学习活动进行设计,见表3-2-3。

表 3-2-3 "走进闽南茶记忆"单元教学设计框架

单元主题	走进闽南茶记忆
单元基本问题	茶文化是什么？
第 1 课时 清香滋味——寻迹铁观音	学习活动：通过图片和实物观察认识安溪铁观音，了解其产地、基本形态和特征，掌握茶的基本类别；品味安溪铁观音，完成个人视觉笔记。
第 2 课时 品茶论道——鉴赏茶席陈设	学习活动：通过图片和实物认识茶席的基本组成，了解其形态特征及功能用途；学习茶席的布置方法，并尝试摆置组合，通过费尔德曼四步鉴赏法赏析茶席之美。
第 3 课时 好客之道——品味舌尖茶点	学习活动：认识多种茶点，了解茶点的功用以及对应的茶品搭配组合；通过图文讲解和体验试吃，学习搭配茶点，并用手账进行视频录制。
第 4 课时 故园情思——土特产包装设计	学习活动：分析产品设计的目的，认识构成包装的基本要素以及包装的多种结构，分析产品包装设计的基本方法，通过观察比较，以书面文字叙述包装的特点。

（七）资源保障

本单元选取的与教学内容直接关联的素材资源主要是不同品种的茶叶、茶点实物和马克笔、铅笔、彩纸等。

本单元设计的技术资源主要有：

(1) 信息技术资源：PPT、网络图片和视频等。

(2) 实践技术资源：茶席搭配必备的茶具。

三、单元活动方案

单元活动方案见表 3-2-4 至表 3-2-7。

表 3-2-4 第 1 课时："清香滋味——寻迹铁观音"活动方案

基本信息	7 年级"欣赏·评述"学习领域。
核心问题	安溪铁观音有怎样的特点？
小问题	安溪铁观音从何而来？ 安溪铁观音的色香味是怎样的？ 如何区分不同品种的茶？ 不同品种的茶有哪些代表？区别是什么？

续表

教学目标	1. 能知道:认识安溪铁观音,了解其生长产地、基本形态和特征,掌握茶的基本类别。 2. 能做到:品味安溪铁观音,通过体验过程提高学生感知,形成多角度分析方法,完成个人视觉笔记。 3. 能理解:小组合作提升学生分析问题和迁移知识的能力,激发学生团队合作精神,感受安溪铁观音的特有魅力,培育学生的家国情怀,感受茶艺中蕴含的形意相生的智慧。
教学重难点	重点:认识安溪铁观音,多角度多感官深入了解铁观音的特性。 难点:辨识不同种类的茶,理解其基本特性和对应的发酵过程。
教学资源	教具:各种茶叶、马克笔、彩笔、白纸和必要的课件等。 学具:马克笔、彩笔、白纸等。

活动环节	活动内容	活动任务	设计意图
环节1	观看视频记录特点	观看安溪铁观音的相关纪录片,了解其生长及制茶过程,并记录特征。	引入情境,知识导入,任务驱动学习。
环节2	品鉴铁观音	以小组为单位品鉴铁观音,并观察实物茶叶特征,通过小组讨论交流,多角度概括铁观音特点。	多感官认知,增强探究性,提高学生积极性和学习趣味性。
环节3	辨识多种茶叶	以小组为单位观察品鉴多种茶叶及茶,总结不同茶的特点。	拓展茶文化视野,整体把握。
环节4	制作视觉笔记	小组以文本、手账或思维导图的形式记录铁观音和其他品种茶的特点。	强化美术欣赏学习,提高团队合作能力。
环节5	展示与评价	小组派代表分享视觉笔记,讲述欣赏成果的内容和其制作过程,学生互评,小组改进成果。	评估是否达到学习目标。
活动成果	文本、手账或思维导图的形式记录的铁观音和其他品种茶的特点。		
评价方案	小组评价,选出小组的代表,随后班级内学生和教师共同评价小组代表欣赏成果的特点与优缺点。学生自评是否使用恰当的词语、短句等表达自己对不同茶特点的感受与见解。		

表 3-2-5　第 2 课时："品茶论道——鉴赏茶席陈设"活动方案

基本信息	7 年级"欣赏·评述"学习领域。		
核心问题	如何鉴赏茶席之美？		
小问题	茶席有哪些构成元素？ 茶席设计有哪些风格？ 如何摆置茶席？ 茶席美在哪里？ 可以用怎样的鉴赏方法对茶席之美进行分析？		
教学目标	1. 能知道：认识茶席的基本组成，了解其形态特征及功能用途。 2. 能做到：学习茶席的布置方法，通过费尔德曼四步鉴赏法赏析茶席之美。 3. 能理解：通过感受茶席的不同组合，欣赏茶道艺术之美，领悟茶文化中的人文精神，感受形意相生的智慧。		
教学重难点	重点：学习运用费尔德曼四步鉴赏法等不同的欣赏方法欣赏茶席设计。 难点：欣赏感悟茶道艺术的魅力，形成保护传承茶文化的意识。		
教学资源	教具：茶席、马克笔、彩笔、白纸和必要的课件等。 学具：学习单、马克笔、彩笔、白纸等。		
活动环节	活动内容	活动任务	设计意图
环节 1	认识茶席	通过实物和图片对照展示茶席的基本组成，介绍不同茶具的形态特征及功能用途。	实物导入，激发学生学习兴趣。
环节 2	欣赏茶席设计	欣赏多组茶席展示作品，引导学生使用费尔德曼四步鉴赏法分析茶席特色。	深入探究不同茶席的风格类型，形成鉴赏逻辑。
环节 3	鉴赏茶席	学生尝试以费尔德曼四步鉴赏法鉴赏茶席，并填写鉴赏学习单。	通过练习强化美术欣赏学习。
环节 4	摆置茶席尝试	以小组为单位尝试布置一组茶席，注重茶席之美的体现。	通过拓展实操提升解决问题的能力，提高团队合作能力。
环节 5	展示与评价	学生讲述欣赏成果的内容及其制作过程，教师和同学评价，学生反思并进行修改。	评估是否达到学习目标。

续表

活动成果	个人：运用费尔德曼四步鉴赏法赏析茶席的学习单。 小组：茶席的摆置作品。
评价方案	小组评价，选出小组代表，随后班级内学生和教师共同评价小组代表欣赏成果的特点与优缺点。学生自评是否使用恰当的词语、短句等表达自己对不同茶席特点的感受与见解。

表3-2-6　第3课时："好客之道——品味舌尖茶点"活动方案

基本信息	7年级"欣赏·评述"学习领域。		
核心问题	茶点如何与茶搭配？		
小问题	常见的茶点有哪些？ 不同的茶点有怎样的外形、特色和口味？ 茶点有什么作用？		
教学目标	1. 能知道：认识多种茶点，了解茶点的功用以及对应的茶品搭配组合。 2. 能做到：通过图文讲解和体验试吃，学习茶点搭配的方法；通过制作手账掌握视觉记录的方法。 3. 能理解：感受茶点与茶搭配的养生之道和均衡中和的茶道智慧。		
教学重难点	重点：认识多种基础茶点，了解茶点的特点和功用。 难点：学习茶点与茶品搭配组合的规律，认识常见茶点组合。		
教学资源	教具：茶点、马克笔、彩笔、白纸和必要的课件等。 学具：马克笔、彩笔、白纸等。		
活动环节	活动内容	活动任务	设计意图
环节1	认识茶点	学生回顾品尝过的茶点，罗列其外形与口味，教师进行补充并展示茶点制作的视频。	通过视觉与味觉将学生带入情境，加强学生之间的交流。
环节2	探究茶点搭配	以小组为单位，品味茶水和茶点，探究其食用搭配方式。	探究性学习，增强团队沟通与合作能力。
环节3	制作欣赏成果	以手账的形式记录多种茶点以及茶与茶点的搭配。	强化美术欣赏学习。

续表

活动环节	活动内容	活动任务	设计意图
环节4	展示与评价	学生表述欣赏成果的内容及其制作过程，教师和同学评价，学生反思并进行修改。	评估是否达到学习目标。
活动成果	手账的形式记录的茶点种类以及茶与茶点的搭配组合。		
评价方案	小组评价，选出小组代表，随后师生共同评价小组代表欣赏成果的特点与优缺点。学生自评是否使用恰当的词语、短句等表达自己对茶与茶点搭配的感受与见解；对造型表现活动是否有比较浓厚的兴趣，在作品中是否表现了自己所观察到的事物的特征及其带给自己的感受。		

表3-2-7　第4课时："故园情思——土特产包装设计"活动方案

基本信息	7年级"欣赏·评述"学习领域。
核心问题	如何欣赏茶产品包装的设计？
小问题	包装设计的基本要素有哪些？ 包装设计的原则有哪些？ 茶产品的外包装需要符合哪些要求？
教学目标	1. 能知道：弄清产品设计的目的，认识构成包装的基本要素以及包装的多种结构。 2. 能做到：掌握产品包装设计的基本方法，通过观察比较以书面文字叙述包装的特点。 3. 能理解：感受产品包装传递的情感，培育家国情怀。
教学重难点	重点：认识构成包装的基本要素以及包装的多种结构。 难点：理解包装的设计原则，能对包装设计的优劣进行对比分析。
教学资源	教具：茶产品外包装实物、马克笔、彩纸、白纸和铅笔等。 学具：茶产品外包装实物、马克笔、彩纸、白纸和铅笔等

活动环节	活动内容	活动任务	设计意图
环节1	认识包装设计	通过图片和实物展示多种茶产品包装，认识包装设计的基本要素与结构。	实物导入，直观感受包装设计。

续表

活动环节	活动内容	活动任务	设计意图
环节2	探究包装设计	通过图片和实物对比多款茶产品包装,分析不同包装设计的优劣,说明包装设计兼具美观与实用价值。	欣赏包装,在对比中培养学生的辩证思维与能力。
环节3	鉴赏包装设计	学生尝试从实用与美观等角度赏析包装设计,提出改进建议,并填写鉴赏学习单。	强化美术欣赏学习。
环节4	展示与评价	学生讲述欣赏成果的内容及其制作过程,教师评价,学生互评,小组改进成果。	评估是否达到学习目标。
活动成果	茶产品的外包装设计鉴赏学习单。		
评价方案	小组评价,选出小组代表,随后班级内学生和教师共同评价小组代表创作成果的特点与优缺点。学生自评是否使用恰当的词语、短句等表达自己对包装设计的感受与见解;对造型表现活动是否有比较浓厚的兴趣,在作品中是否表现了自己所观察到的事物的特征及其带给自己的感受。		

第二节 "走进闽南茶记忆"美术单元课程与教学设计案例

（创意·表现单元）

一、单元简介

单元名称：走进闽南茶记忆。

适用年级：7年级。

课时要求：3课时。

单元概述：

本单元设定为7年级"创意·表现"学习领域的教学内容。《义务教育艺术课程标准（2022年版）》中第三学段6～7年级阶段的目标是"能运用传统或现代的工具、材料和媒介，以及习得的美术知识、技能和思维方式，创作平面、立体或动态等表现形式的美术作品，提升创意表达能力"。

本单元是初中学段美术"走进闽南茶记忆"主题学习，通过引导学生学习纸艺技术，制作手工灯笼茶壶和手工纸艺茶席，体验造型活动的乐趣，敢于创新与表现，产生对美术学习的持久兴趣。在本阶段，学生学会运用线条、形状、色彩、肌理和空间等造型元素，以描绘和立体造型的方法，选择合适的工具、媒材，记录与表现德化陶瓷和德化白瓷茶具，发展美术构思与创作能力，表达思想与情感。

"乡韵悠长——设计茶产品包装"介绍了茶产品包装设计所需材料、制作步骤、制作过程中的注意事项（设计方法、设计联想等）以及成品示范。"纸艺体验——制作手工茶席"介绍了制作手工纸艺茶壶所需材料、制作步骤、制作过程中的注意事项以及成品示范。

（一）学科知识与技能

1. 知识与技能

视觉元素，如线条、形状、色彩、肌理、空间等。形式原理，如对称、均衡、节奏等。色彩知识，如原色、间色、复色、冷色调、暖色调、对比色、近色等。

2. 过程与方法

从线条、形状、色彩、空间、明暗、肌理等基本造型元素的角度出发认识茶产品的外包装。运用对称、均衡、重复、节奏、对比、变化、统一等形式原理创作与茶道艺术有关的茶具。能够进行通过对各种美术媒材、技巧和制作过程的探索及实验，发展艺术感知能力和造型表现能力。能够进行美术创作，体验造型活动的乐趣，敢于创新与表现，产生对美术学习的持久兴趣。

3. 情感、态度和价值观

茶道艺术中蕴含的人文价值，采用不同的搭配原则来搭配茶席中的各种要素。感悟茶道艺术中的文化传承和创新精神，提高保护茶文化的意识和自觉性。提高对自然美、人文美、文化美的兴趣，形成高雅的情趣，从而养成自觉珍视优秀的民族、民间美术与文化遗产，增强民族自豪感、尊重世界多元文化的态度。在参与班级或小组的各种创作中,能尊重和理解别人不同的看法或想法。对自己创作或制作的作品能虚心倾听、理解别人的意见或建议,并加以改进。创作可以一定程度表达自己的感受,探索不同的创作方法,发展具有个性的表现能力,表达思想与情感。

学科知识与技能见图 3-2-2。

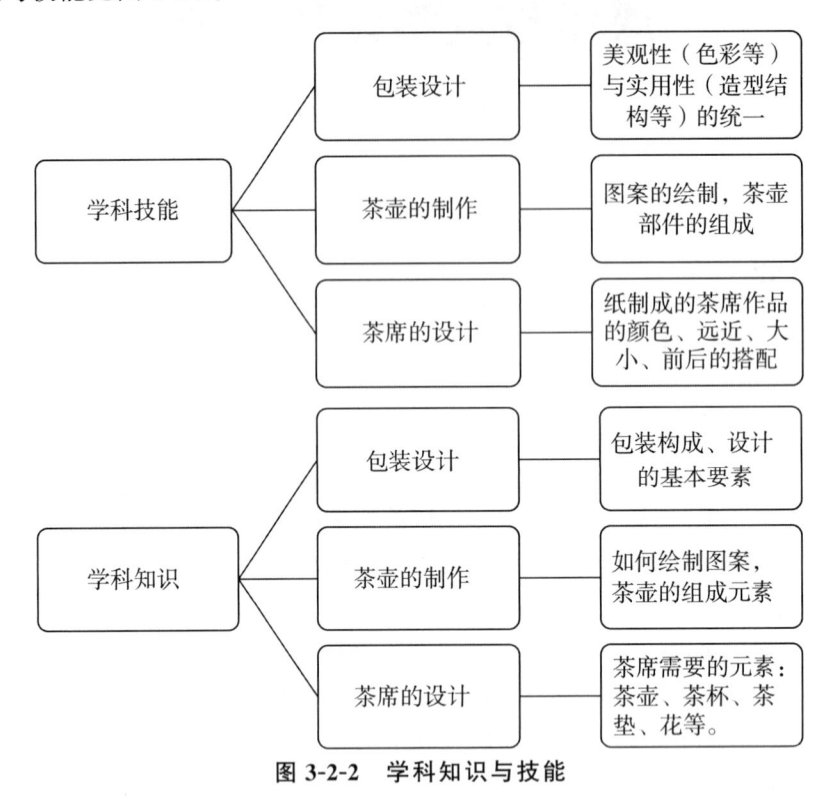

```
学科技能 ─┬─ 包装设计 ──── 美观性（色彩等）与实用性（造型结构等）的统一
         ├─ 茶壶的制作 ── 图案的绘制,茶壶部件的组成
         └─ 茶席的设计 ── 纸制成的茶席作品的颜色、远近、大小、前后的搭配

学科知识 ─┬─ 包装设计 ──── 包装构成、设计的基本要素
         ├─ 茶壶的制作 ── 如何绘制图案,茶壶的组成元素
         └─ 茶席的设计 ── 茶席需要的元素:茶壶、茶杯、茶垫、花等。
```

图 3-2-2　学科知识与技能

(二)核心素养和思政元素

本单元所指向的美术学科核心素养和思政元素见表 3-2-8 和表 3-2-9。

表 3-2-8　闽南茶文化中对应的艺术课程核心素养

☑审美感知	感受茶道文化,学会欣赏不同品种的茶叶和茶点、茶席的设计和茶产品的外包装。
☑艺术表现	选择纸作为媒材,创作能表达自己思想和情感的作品。
☑创意实践	体验造型活动的乐趣,敢于创新与表现。
☑文化理解	保护纸艺,尊重人类文化遗产,对纸艺有自己的感受和见解。

表 3-2-9　思政元素

☑政治认同	中国的纸艺类型有很多,表现形式也很丰富。
☑家国情怀	纸艺是中国民间艺术。

续表

☑文化自信	东汉蔡伦改进了造纸术,被列为中国古代"四大发明"。
☑健全人格	通过纸艺的学习,感受手工艺的魅力。
☑生态意识	节约纸张,保护森林,保护环境。

二、单元课程创建

(一)教学内容特点

本单元主要是对茶产品包装及茶席的探索,学生通过对包装设计的学习,感受其中呈现的茶文化内涵,以茶壶和茶席为内容进行个性化的纸艺创作和表现。

(二)学段学情特点

初中阶段的学生,虽智力水平、身心发展以及审美认知都已经有了一定的积累,可以进行自主的探究式学习,但在美术创作教学过程中,学生遇到问题可能解决不了,教师要引导学生找到解决问题的办法,努力解决创作中遇到的问题。

(三)教学资源选取

本单元选取的与教学内容直接关联的素材资源主要是灯笼胚、彩纸、马克笔、铅笔、白纸、剪刀、胶水、圆规等。

本单元设计的技术资源主要有:
(1)信息技术资源:PPT、网络图片和视频等;
(2)实践技术资源:展示创作成果的场地。

(四)设计教学方法

综合分析,预设本单元的主要教学方法:
(1)教师主导——教师示范、教师讲解、教师答疑。
(2)学生自主——欣赏图片、讨论交流、合作探究、展示评价。
(3)师生互动——提问解答、交流评价。

(五)定位学科能力

1. 关键能力

创作能力、合作能力、动手实践能力等。

2. 其他能力

欣赏能力、思考能力、交流表达能力、搭配能力等。

(六)单元教学目标

1. 能知道

学习纸艺技术,如裁剪、拼贴、折叠等技术,灵活使用纸这一材料;学习灯笼茶壶的组成,绘制图案,制作灯笼茶壶;学习茶席的组成元素和搭配要点,制作纸艺茶席。

2. 能做到

通过教师示范、动手实践等方式学习纸艺技术,体验纸艺造型活动的乐趣;通过自主学习、教师讲解、成品观看、动手实践等方式制作灯笼茶壶,感受创作的乐趣;通过自主学习、教师讲解、成品观看、动手实践等方式制作完整的茶席,感受纸艺造型活动和物体搭配的乐趣并在创作过程中表达自己的思想与情感。

3. 能理解

体验纸艺技术后,能感受到纸艺造型的魅力,喜爱纸艺,提高美术学习兴趣;通过制作手工灯笼茶壶,对不同形状的茶壶有新的认识,能够在创作中融入自己的思想与情感;通过制作手工纸艺茶席,感受茶席搭配的美感,体会形意相生的设计智慧,体验个性化搭配的乐趣,提高美术学习兴趣。

(七)单元教学重难点

教学重点:学习纸艺技术,如裁剪、拼贴、折叠等技术,并运用这些技术制作作品。

教学难点:通过体验纸艺的造型活动,提高美术学习兴趣,培养学生的创新意识。

(八)设计单元活动框架

根据本单元教学目标、教学重点和难点,对单元主要学习活动进行规划,见表3-2-10。

表 3-2-10 "走进闽南茶记忆"(创意·表现单元)单元教学设计框架

单元主题	走进闽南茶记忆
单元基本问题	如何传递茶文化之美?
第1课时 乡韵悠长——设计茶产品包装	学习活动:学习包装设计的基本方法,理解包装设计理念,并围绕一件茶产品进行包装设计,完成绘制。
第2课时 纸艺体验——制作手工茶席(一)	学习活动:学习灯笼茶壶的组成,绘制图案和诗文,制作灯笼茶壶。
第3课时 纸艺体验——制作手工茶席(二)	学习活动:学习茶席的组成元素和搭配要点,为灯笼茶壶设计制作纸艺茶席。

三、单元实施过程

单元实施过程见表3-2-11至表3-2-13。

表 3-2-11　第 1 课时:"乡韵悠长——设计茶产品包装"活动方案

基本信息	7 年级"创意·表现"学习领域。		
核心问题	如何为茶产品设计包装?		
小问题	茶产品包装可以有哪些形态? 茶产品包装可以应用哪些材料? 茶产品包装可以设计怎样的图案和文字?		
教学目标	1. 能知道:认识构成包装设计的基本要素以及包装的多种结构。 2. 能做到:通过教师示范、动手实践等方式掌握产品包装设计的基本方法。 3. 能理解:感受茶产品包装传递的情感,培育学生的家国情怀。		
教学重难点	重点:认识构成包装设计的基本要素。 难点:掌握产品包装设计的基本方法,设计出兼具美观与实用的茶产品包装。		
教学资源	教具:铅笔、马克笔、画纸和必要的课件等。 学具:铅笔、马克笔、画纸等。		
活动环节	活动内容	活动任务	设计意图
环节 1	知识回顾	回顾构成包装设计的基本要素,认识包装的多种应用结构。	回顾课程知识,掌握要点。
环节 2	设计示范	教师示范,选择一款茶产品为其进行包装设计,绘制设计图。	操作演示,利于学生快速掌握创作技巧。
环节 3	学生创作	展示多款不同的茶产品,要求学生选择其中一款,为其设计美观且实用的包装。	实践创作,体验创作的乐趣。
环节 4	展示与评价	小组交流,推选代表,在班级内讨论、评价创作成果。	评价是否学会了包装设计。
活动成果	不同的茶产品包装设计图。		
评价方案	小组评价,选出小组代表,随后班级内学生和教师共同评价小组代表创作成果的特点与优缺点。		

表 3-2-12　第 2 课时:"纸艺体验——制作手工茶席(一)"活动方案

基本信息	7 年级"创意·表现"学习领域。
核心问题	如何制作一款内涵丰富的纸艺灯笼茶壶?
小问题	纸艺灯笼茶壶有哪些组成部分? 如何设计灯笼茶壶更好看和实用? 灯笼茶壶的制作需要用到纸艺的哪些技术? 手工灯笼茶壶可以和哪些物件搭配?
教学目标	1. 能知道:认识灯笼茶壶的组成和基本制作步骤。 2. 能做到:通过自主学习、教师讲解、成品观看、动手实践等方式制作灯笼茶壶,感受创作的乐趣。 3. 能理解:通过制作手工灯笼茶壶,认识纸艺的创新形式,能够在创作中融入自己的思想与情感。
教学重难点	重点:学习灯笼茶壶的组成,绘制图案,弄清制作的基本步骤。 难点:在纸艺灯笼茶壶的创作中融入自己的思想与情感,创作出独一无二的、具有新意的作品。
教学资源	教具:灯笼胚、彩纸、马克笔、铅笔、剪刀、圆规、胶水和必要的课件等。 学具:灯笼胚、彩纸、马克笔、铅笔、剪刀、圆规、胶水等。

活动环节	活动内容	活动任务	设计意图
环节 1	认识灯笼茶壶	观看不同的纸艺茶壶作品,学习灯笼茶壶是由哪些部件组成的。	欣赏不同的茶壶,感受纸艺的魅力。
环节 2	探究茶壶构成	探究茶壶正面的图案和反面的诗文可运用哪些创作方法,整体是如何组装的,教师进行简单演示。	开拓思路,发散创意思维;操作演示,利于快速掌握技巧。
环节 3	制作灯笼茶壶	绘制图案和诗文,并剪贴组装,完成手工灯笼茶壶制作。	实践创作,体验创作的乐趣。
环节 4	展示与评价	小组交流,推选代表,在班级内讨论、评价创作成果。	评价是否掌握纸艺茶壶的制作方法。
活动成果	手工纸艺灯笼茶壶。		
评价方案	小组评价,选出小组代表,随后师生共同评价小组代表创作成果的特点与优缺点。		

表 3-2-13　第 3 课时："纸艺体验——制作手工茶席（二）"活动方案

基本信息	7 年级"创意·表现"学习领域。
核心问题	如何制作纸艺茶席？
小问题	茶席有哪些组成元素？ 茶席的组成元素如何用纸艺展现？ 创作过程需要运用到纸艺创作的哪些方法？ 茶席的组成元素有哪些？
教学目标	1. 能知道：学习茶席的组成元素和搭配要点，制作纸艺茶席。 2. 能做到：通过自主学习、教师讲解、成品观看、动手实践等方式制作完整的茶席，感受纸艺造型活动和物体搭配的乐趣。 3. 能理解：通过制作手工纸艺茶席，感受茶席搭配的美感，体验个性化搭配的乐趣，增加美术学习兴趣。
教学重难点	重点：学习茶席的组成元素和搭配要点，制作纸艺茶席。 难点：通过手工纸艺茶席的制作呈现个性化的茶席之美。
教学资源	教具：彩纸、铅笔、彩笔、剪刀、胶水和必要的课件等。 学具：彩纸、铅笔、彩笔、剪刀、胶水等。

活动环节	活动内容	活动任务	设计意图
环节 1	认识纸艺茶席	观看不同的纸艺茶席作品，学习纸艺茶席的组成元素和搭配要点。	欣赏不同茶席设计，感受纸艺的魅力。
环节 2	探究纸艺茶席	探究如何对已完成的纸艺茶壶进行茶席布置，运用纸艺基本技法创作茶席元素，教师进行简单演示。	开拓思路，发散创意思维；操作演示，利于快速掌握技巧。
环节 3	制作纸艺茶席	为纸艺茶壶搭配制作茶具、茶花、茶点等，进行合理搭配，完成纸艺茶席设计。	实践创作，体验创作的乐趣。
环节 4	展示与评价	小组交流，推选代表，在班级内讨论、评价创作成果。	评价是否掌握了茶席的基本组成和搭配要点。
活动成果	手工纸艺茶席。		
评价方案	小组评价，选出小组代表，随后师生共同评价小组代表创作成果的特点与优缺点。		

第三章 "住"的中国智慧

第一节 "寻踪古建筑"美术单元课程与教学设计案例

(欣赏·评述单元)

一、单元简介

单元名称:寻踪古建筑。
适用年级:7年级。
课时要求:3课时。
单元概述:

本单元为6~7年级艺术实践"欣赏·评述"的教学内容。《义务教育艺术课程标准(2022年版)》中的目标是"能运用造型元素、形式原理和欣赏方法,欣赏、评述世界不同国家和地区的美术作品,领略世界美术的多样性和差异性,养成尊重、理解和包容的态度"以及"根据'人与自然和谐共生'的设计原则,对学校或社区进行环境规划,增强社会责任意识"。

《义务教育艺术课程标准(2022年版)》中艺术实践"欣赏·评述"的课程内容要求包括:(1)欣赏世界各国古代与现代艺术家的绘画、雕塑、书法、篆刻、摄影、设计、媒体艺术作品,学会运用感悟、讨论、分析和比较等方法欣赏、评述美术作品,感受世界美术的多样性。(2)通过欣赏剪纸、皮影、面具、泥塑、刺绣、蜡染等不同国家的民间美术作品,了解其所使用的材料、用途和特点。(3)运用形状、色彩、空间等造型元素,以及对称、节奏、比例、变化、统一等形式原理,欣赏、评述各国不同民族的建筑,领略各民族的智慧与深厚的文化底蕴。

本单元教材的学习内容基于以上3点进行设定。

(一)学科知识与技能

1. 学生能够知道

(1)欣赏方法:发现法、分析法、费尔德曼四步鉴赏法、比较法、体验法、情境法。(审美感知)
(2)造型元素:如线条、形体、色彩、空间、材质、肌理等。(审美感知)
(3)形式原理:如对称、均衡、节奏、对比、变化等。(审美感知)
(4)色彩知识:如原色、间色、复色、色调、对比色、邻近色等。(审美感知)
(5)室内设计要素:如空间要素、色彩要求、装饰要素、陈设要素等。(审美感知)

2. 学生能够做到

(1)能用不同的欣赏方法,分析建筑特点,描述自己的想法与感受。(审美感知)
(2)能对不同的建筑进行调研,并通过艺术形式表现。(审美感知、艺术表现)
(3)在综合探索活动中,能主动学习和探究;在交流、合作时,能尊重、理解他人的看法。(文化理解)

3. 学生能够理解

(1)能表达对建筑背后的"中国智慧"的认识与理解。(文化理解)

(2)能表达对建筑中的文化内涵和创新精神的理解。(文化理解)
(3)能理解中国古老的智慧透过东西方建筑进行交流与传播。(文化理解)
(4)能保护和传承闽南文化,维护世界文化多样性。(文化理解)
(5)能尊重各国文化艺术。(文化理解)

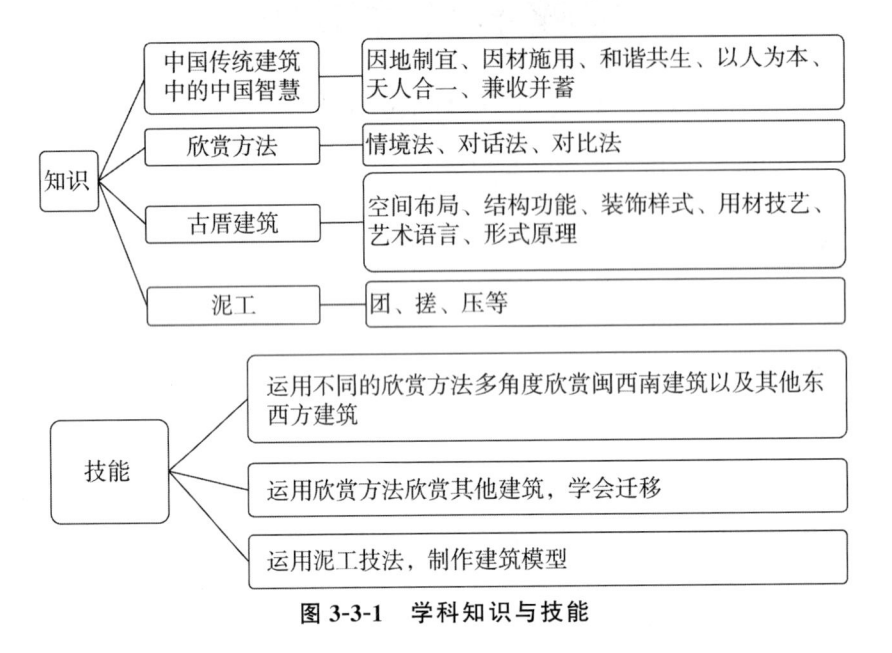

```
         ┌─ 中国传统建筑 ── 因地制宜、因材施用、和谐共生、以人为本、
         │   中的中国智慧    天人合一、兼收并蓄
         │
    知识 ├─ 欣赏方法 ── 情境法、对话法、对比法
         │
         ├─ 古厝建筑 ── 空间布局、结构功能、装饰样式、用材技艺、
         │              艺术语言、形式原理
         │
         └─ 泥工 ── 团、搓、压等

         ┌─ 运用不同的欣赏方法多角度欣赏闽西南建筑以及其他东
         │   西方建筑
         │
    技能 ├─ 运用欣赏方法欣赏其他建筑,学会迁移
         │
         └─ 运用泥工技法,制作建筑模型
```

图 3-3-1 学科知识与技能

(二)核心素养和思政元素

本单元所指向的美术学科核心素养和课程思政元素见表 3-3-1 和表 3-3-2。

表 3-3-1 核心素养

☑审美感知	对自然世界、社会生活和艺术作品中美的特征及其意义与作用的发现、感受、认识和反应能力。
☑艺术表现	在艺术活动中创造艺术形象、表达思想感情、展现艺术美感的实践能力。
☑创意实践	综合运用多学科知识,紧密联系现实生活,进行艺术创新和实际应用的能力。
☑文化理解	对特定文化情境中艺术作品人文内涵的感悟、领会、阐释能力。

表 3-3-2 思政元素

☑政治认同	通过欣赏中国建筑形成对我国建筑文化的认同感。
☑家国情怀	认识并传承红砖古厝营造和装饰的智慧,感悟家乡的人文故事,厚植家国情怀。
☑文化自信	探索闽南古厝的艺术魅力,坚定文化自信。
☑生态意识	理解"人与自然和谐相处"的生态文明理念,感受红砖古厝因地制宜、因材施用、因材施艺的智慧。

二、单元课程创建

(一)挑战性问题

核心问题:

如何通过欣赏理解建筑背后蕴含的中国智慧并展开创作?

(二)单元课程目标

1. 学生能够知道

(1)欣赏方法:发现法、分析法、费尔德曼四步鉴赏法、比较法、体验法、情境法。(审美感知)

(2)造型元素:如线条、形体、色彩、空间、材质、肌理等。(审美感知)

(3)形式原理:如对称、均衡、节奏、对比、变化等。(审美感知)

(4)色彩知识:如原色、间色、复色、色调、对比色、邻近色等。(审美感知)

(5)室内设计要素:如空间要素、色彩要求、装饰要素、陈设要素等。(审美感知)

2. 学生能够做到

(1)能用不同的欣赏方法,分析建筑特点,描述自己的想法与感受。(审美感知)

(2)能对不同的建筑进行调研,并通过艺术形式表现。(审美感知、艺术表现)

(3)在综合探索活动中,能主动学习和探究;在交流、合作时,能尊重、理解他人的看法。(文化理解)

3. 学生能够理解

(1)能表达对古建筑背后的"中国智慧"的认识与理解。(文化理解)

(2)能表达对建筑中的文化内涵和创新精神的理解。(文化理解)

(3)能理解中国古老的智慧透过东西方建筑进行交流与传播。(文化理解)

(4)能保护和传承闽南文化,维护世界文化多样性。(文化理解)

(5)能尊重各国文化。(文化理解)

(三)单元教学设计框架

"寻踪古建筑"(欣赏·评述单元)教学设计框架见表 3-3-3。

表 3-3-3 "寻踪古建筑"(欣赏·评述单元)教学设计框架

活动名称	活动内容
闽韵流芳——千年古厝承记忆	基于建筑材料,对比欣赏闽南建筑红砖古厝与荷兰红砖建筑。
古风遗韵——品传统古建筑工艺	了解闽南匠师,认识传统工艺在中外交流中的重要作用。
兼容并蓄——赏闽南近代园林艺术	了解闽南近代园林中西方不同造园要素的多元融合方式。

(四)资源保障

铅笔、尺子、橡皮、绘画颜料、卡纸、黏土等。

三、单元实施过程

(一)单元教学设计

单元教学设计见表 3-3-4。

表 3-3-4　单元教学设计

单元情境	外国小朋友写信讲述发现自己国家的某些建筑与中国闽南建筑特别相似,对中国文化产生了特别的兴趣,可是身处异国的他们目前无法来到中国厦门感受学习,于是在信中提到希望中国小伙伴们能运用艺术作品为他们介绍厦门建筑中蕴含的古老智慧与现代风情。 为了让国外的学生领略到古建筑蕴含的中国智慧,感受中国文化的魅力,我们该怎么做呢?
单元教学目标	知识与技能:了解建筑文化中的材料使用、营造技艺和空间布局,辨析中外交流中所形成的文化交融现象,理解古建筑中所蕴含的中国智慧,学会运用艺术语言进行描述与表达。 过程与方法:在多样的欣赏环节中观察、对比分析与探究古建筑蕴含的中国智慧;通过自主学习、探究合作学习、发现学习等多种学习方法来梳理并掌握其智慧;在考察、讨论与交流中表达并传承其智慧。 情感、态度和价值观:感受古建筑魅力,形成审美感受,理解红砖古厝所蕴含的中国智慧,感受传统古建筑蕴含的民族优秀文化,激发家国情怀和文化自信,培养尊重包容多元文化的态度,领略各民族的智慧与深厚的文化底蕴。
单元任务	1. 基于建筑材料,对比欣赏闽南红砖古厝与荷兰红砖建筑。 2. 了解闽南匠师,认识传统工艺在中外交流中的重要作用。 3. 了解闽南近代园林中西不同造园要素的多元融合方式。
单元教学重难点	重点:综合运用不同的欣赏方法欣赏古建筑。 难点:如何通过欣赏理解建筑背后蕴含的中国智慧。

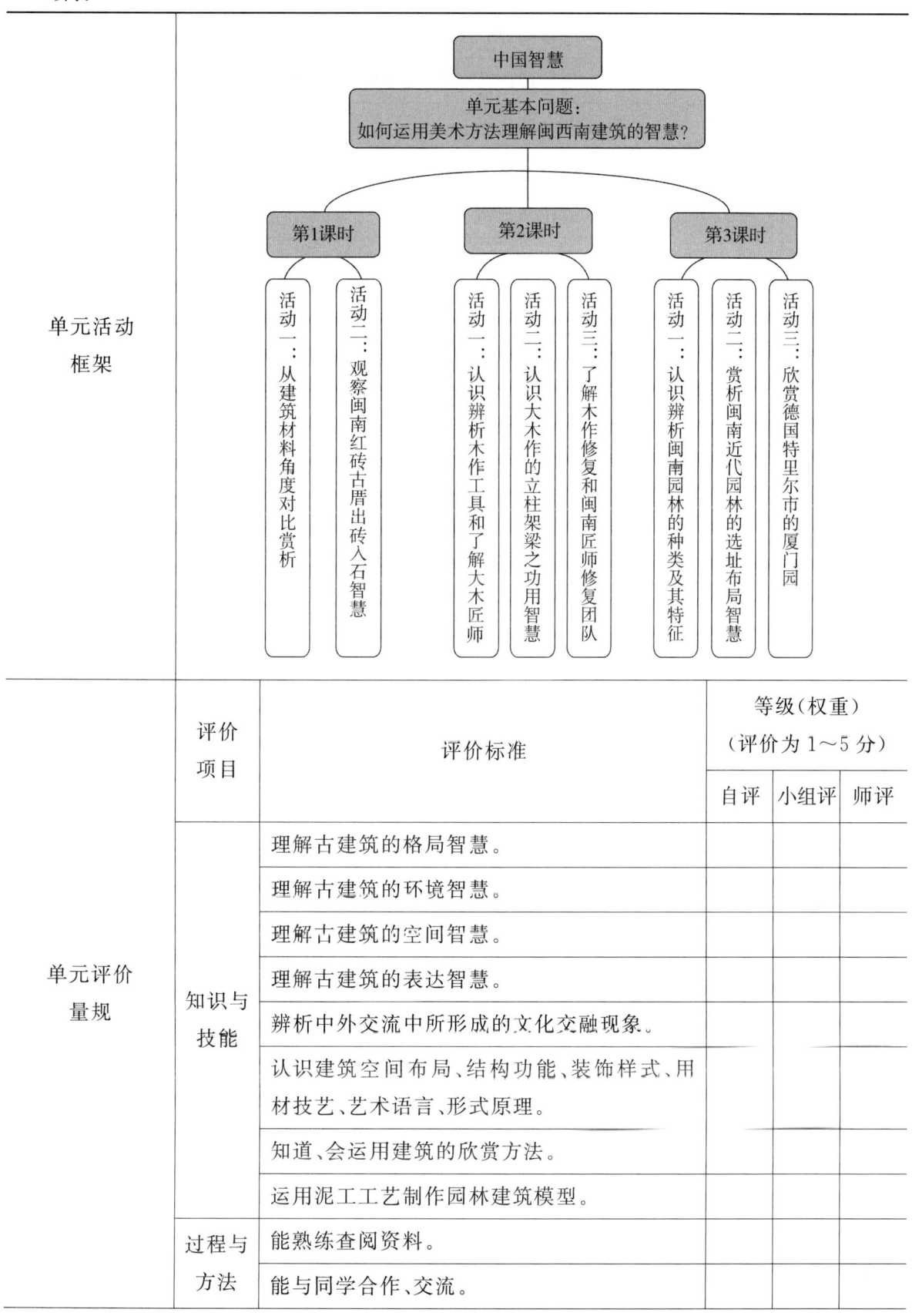

续表

单元活动框架	\multicolumn{5}{l}{**中国智慧** → 单元基本问题：如何运用美术方法理解闽西南建筑的智慧？ **第1课时**：活动一：从建筑材料角度对比赏析；活动二：观察闽南红砖古厝出砖入石智慧 **第2课时**：活动一：认识辨析木作工具和了解大木匠师；活动二：认识大木作的立柱架梁之功用智慧；活动三：了解木作修复和闽南匠师修复团队 **第3课时**：活动一：认识辨析闽南园林的种类及其特征；活动二：赏析闽南近代园林的选址布局智慧；活动三：欣赏德国特里尔市的厦门园}

	评价项目	评价标准	等级（权重）（评价为1~5分）		
			自评	小组评	师评
单元评价量规	知识与技能	理解古建筑的格局智慧。			
		理解古建筑的环境智慧。			
		理解古建筑的空间智慧。			
		理解古建筑的表达智慧。			
		辨析中外交流中所形成的文化交融现象。			
		认识建筑空间布局、结构功能、装饰样式、用材技艺、艺术语言、形式原理。			
		知道、会运用建筑的欣赏方法。			
		运用泥工工艺制作园林建筑模型。			
	过程与方法	能熟练查阅资料。			
		能与同学合作、交流。			

续表

单元评价量规	情感、态度和价值观	课上积极参与,勇于发言。		
		对课堂与身边的传统建筑感兴趣。		
		欣赏能力有所提升。		
		形成保护与发展古建筑的意识。		
		对家乡的建筑形成文化认同。		
		理解红砖古厝蕴含的中国智慧,坚定文化自信。		
		培养尊重包容多元文化的态度。		
	我这样评价我自己			
	伙伴眼里的我			
	老师的话			
	课堂反馈(建议、收获)			

(二)课时教学设计

课时教学设计见表 3-3-5。

表 3-3-5　第 1 课时:"闽韵流芳——千年古厝承记忆"教学设计

教学对象	6~7 年级	课业类型	欣赏·评述
核心问题 (大观念)	如何基于建筑材料对比赏析闽南红砖古厝与荷兰红砖古厝中的建造智慧?	小问题	1. 为什么闽南与荷兰当地都使用了红砖? 2. 闽南红砖古厝和荷兰红砖建筑有哪些不同? 3. 闽南红砖古厝的红砖墙面蕴含什么样的中国智慧?
教学目标	知道闽南红砖古厝与荷兰红砖建筑中红砖工艺与应用的区别。 理解中西方红砖建筑中所体现的环境智慧和因地制宜的智慧。 领会红砖古厝与荷兰红砖建筑中的砖石之韵,领略不同国家不同民族的智慧与深厚的文化底蕴。		

续表

教学重难点	重点：从建筑材料角度对比赏析闽南红砖建筑与荷兰红砖建筑。 难点：理解红砖建筑的环境智慧和因地制宜的智慧。	
教学资源	教具：PPT、红砖古厝"出砖入石"相关视频与图片。 学具：铅笔、橡皮、色彩工具。	
教学环节	学习内容	设计意图
问题导入	闽南红砖古厝在我们的家乡是极具代表性的建筑群，在荷兰也有着红砖建筑。闽南红砖建筑与荷兰红砖建筑都有着相似的"砖红"，却有着不一样的故事。透过红砖建筑我们能看到中西方不同的文化底蕴，你能向来自荷兰的朋友具体介绍一下吗？	抛出主要问题，学生思考引出课程内容。
新课讲授	1. 对比闽南红砖古厝与荷兰红砖建筑，思考：为什么闽南与荷兰当地都纷纷使用了红砖？ 引导学生从历史、地理位置以及气候展开讨论。 教师总结建筑的环境智慧。 2. 对比欣赏闽南红砖古厝与荷兰红砖建筑各自的代表性建筑，思考：闽南红砖古厝和荷兰红砖建筑有哪些不同？ 引导学生从红砖色彩、砖作工艺、呈现形式（出砖入石、砖雕、浮雕）等角度展开讨论。 3. 教师总结：由于闽南独特的地理与人文，形成了因地制宜的智慧。仔细观察"出砖入石"的墙面，思考：闽南红砖古厝的红砖墙面蕴含什么样的中国智慧？ (1)"出砖入石"墙面中的砖与石是怎么排列的？ (2)给你什么样的感觉？ 学生讨论，教师总结"出砖入石"排列形式美相关知识。 4. 观看红砖古厝"出砖入石"的视频，讨论并回答问题。 (1)为什么会出现"出砖入石"？ (2)"出砖入石"体现了老百姓什么样的智慧？ 学生讨论，教师总结"出砖入石"变废为宝的妙思。 5. 回忆课前触摸"出砖入石"时的发现，讨论并回答问题。 (1)在触摸"出砖入石"墙面砖与石交界时，你发现了什么？ (2)当时人们为什么要这么做呢？ 学生讨论，教师总结"出砖入石"的巧思。	通过对比欣赏，鼓励学生采用探究式学习了解闽南红砖古厝和荷兰红砖建筑用材的不同。 通过触摸、观察，激发学生五感的学习，探索闽南红砖古厝内在的智慧，培养文化认同，树立文化自信。

续表

情境欣赏	分别选择厦门红砖古厝与荷兰红砖建筑的代表建筑,以小组为单位,完成对比欣赏的视觉笔记。并向外国小朋友分享我国红砖古厝中的中国智慧。	通过创设真实任务,激发学生学习兴趣。
总结拓展	厦门红砖古厝与荷兰红砖建筑虽然都用了红砖,却有着不同的原因。今天我们在欣赏中感受到了我们红砖古厝因地制宜的智慧,我们也因此感到了骄傲与自豪。	通过总结,升华主旨,再次点燃学生的文化自信与家国情怀。
学习成果	对比欣赏的视觉笔记	

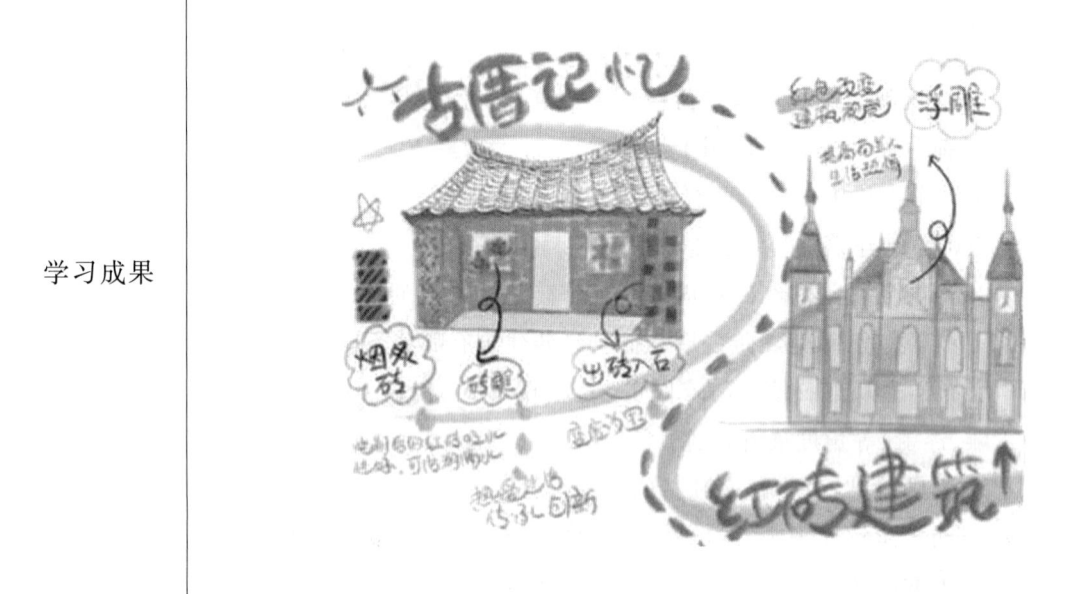

表3-3-6 第2课时:"古风遗韵——品传统古建筑工艺"教学设计

教学对象	6~7年级	课业类型		欣赏·评述
核心问题（大观念）	闽南红砖古厝是怎样使用木材的?在营造中体现了怎样的智慧?	小问题	1. 木作工具有哪些? 2. 闽南古厝建造中,木材主要的功用是什么? 3. 闽南匠师团队在中外交流合作中起到了怎样的作用?	
教学目标	知道木匠师傅因材施用并用精湛的技艺形成了博大精深的中国传统木结构建筑营造技艺。 理解闽南红砖古厝木结构建筑营造技艺的智慧。 激发对匠人的崇敬,对木作技艺传承的情感。			

续表

教学重难点	重点:从认识闽南传统建筑营造技艺的角度来欣赏闽南红砖古厝。 难点:理解建筑工艺中大木作的营造智慧。	
教学资源	教具:木结构模型、图片、视频。 学具:学材、学习单、评价单。	
教学环节	学习内容	设计意图
课前导入	回顾上一节课谈到的天然木头的自然之美,经过匠人之手的木材在建筑中扮演了怎样的角色?欣赏红砖古厝的时候,我们往往将视线集中于其外形,而真正华丽奇妙之处则在于木作骨架的复杂组合,所有环节都像搭积木一样。	首先介绍木作工艺是华丽奇妙的,引发学生的学习兴趣。
知识新授	木头与木头的相遇和搭建即为木作。按照宋代《营造法式》分为大木作和小木作。大木作主要指的是材,属于结构部分,小木作依附大木作而存在,主要指家具和装饰部分。 1. 要把一座结实而又美观的房屋建造起来,房屋的木作结构离不开各种工具的帮助。思考: (1)木作工具有哪些? (2)这些木作工具应用于哪些地方? (3)闽南有哪些传统民居营造技艺传承人? 学生观察图片,教师总结并用视频演示木作工具的使用。学生带入匠师角色进一步学习木作技艺。 2. 木头在闽南红砖古厝中有立柱架梁之功用,思考: (1)木头在木造建筑构造中主要承担什么作用? (2)闽南红砖古厝中木构件有哪两种重要结构体系? (3)大木作结构在建造中有怎样的讲究? 学生思考问题,教师总结。古厝以木结构为主,厝身的架构和屋顶的架构都有相应的智慧体现,古厝中的木构架往往不用一钉一铁,只是利用精密的榫卯结构,挑搭勾连,就能作为建筑的主要承重结构。榫卯结构使得木与木互相嵌入,而不失本体;互相制衡,而不允许越位。这也是中国智慧的体现。 3. 木作长年累月容易损坏,因此闽南传统匠人也需要不断地对古厝进行修复,以延续其生命。思考: (1)木结构建筑有哪些常见的病害形式?都是由于什么原因造成的? (2)木结构有多种修复模式,如何依据木作病害形式选择合适的修复模式? 学生依据木作病害形式选择合适的修复模式,教师进行总结。	1. 从木作工具引入,让学生了解传统木作工艺的繁复和困难,带入古建师傅的角色进一步学习传统木作工艺。 2. 用木头来立柱架梁是中国古代木结构建筑中的特色,用图示和模型直观展现木架构的恢弘气势。学生可以直观地分析传统木作架构并了解其智慧所在。 3. 通过对木作修复的了解,认识木作传统工艺传承和保护的重要性。

续表

知识传授	4. 马来西亚政府在华侨建筑修复上通常会请华人匠师团队,在建筑的研究与修复中,境内外合作中起到了重要作用。 思考: (1)马来西亚有哪些华侨建筑? (2)华侨建筑在修复中都运用了哪些闽南传统建筑特色工艺? (3)闽南匠师团队在中外交流合作中起到了怎样的作用? 教师总结闽南匠师在东南亚建筑修复中做出的重要贡献。	4. 通过闽南传统匠师前往海外从事建筑修复工作,激发学生的爱国之情和自豪感,并激发其对传统技艺更深刻的认识。
实践探索	以小组为单位,通过调研、访谈大木匠师传承人,进一步认识闽南传统营造工艺,了解古建工艺的传承发展现状,绘制视觉笔记,尝试制作国内外具有闽南特色的传统建筑修复卡片。	通过与传承人的交流,能够更直接地感受木作文化。
总结拓展	在古厝中随处可见的木雕可以发挥木艺的独特美感和艺术价值,木材与环境融为一体,展现蓬勃的生机和健康的氛围。总结红砖古厝中大木作和小木作的工艺和智慧,课后可以查阅相关的资料,走访古迹,提出木作新生的方案。	引导学生在课后积极探索,探寻中国木作的匠心智慧。
学习成果	认识木架构的过程记录和视觉笔记。 国内外具有闽南特色的传统建筑修复卡片。	

表 3-3-7　第 3 课时:"兼容并蓄——赏闽南近代园林艺术"教学设计

教学对象	6～7 年级	课业类型	欣赏·评述
核心问题 (大观念)	闽南近代园林是怎样融合中西方不同造园要素的?	小问题	1. 闽南园林主要分为哪几类? 2. 闽南近代园林如何融合中西方多元的文化? 3. 我们应该如何树立文化自信并更好地吸收和借鉴其他文明的优秀文化成果?
教学目标	知道闽南园林的种类、基本要素和造园手法。 理解园林建造中所使用的格局智慧和表达智慧。 领会中国古典园林的自然之美和西方园林的人工美,领略不同国家不同民族的智慧与深厚的文化底蕴。		
教学重难点	重点:梳理闽南园林艺术发展的历史,赏析闽南近代园林艺术呈现的特点。 难点:理解闽南近代园林规划和布局的智慧。		
教学资源	教具:图片、视频。 学具:学材、学习单、评价单。		

续表

教学环节	学习内容	设计意图
课前导入	同学们,刚才看到的都是中国的古代园林,你们去过哪些地方?它们带给你什么样的感受?传统闽南园林的特色主要是对中原园林风格的集合和延续,景观在不同历史阶段的发展,经过多元文化的融合,形成了自己的特色。唐代泉州东湖(今东湖公园)是闽南古代园林的代表。而在闽南这个特殊的环境中,又融汇了世界各地多元文化以及地域元素,逐渐形成了有别于中原园林的另一种园林景观特色。	通过讲述闽南园林发展历史,梳理发展脉络,学生能够更加清晰地了解本堂课要学习的内容。
知识新授	1. 闽南园林主要分为三种,思考: (1)闽南中式园林遵循了哪些中国古典园林的造园要素和特点? (2)闽南西式园林遵循了哪些西方园林的造园要素和特点? (3)闽南中西折中园林体现了怎样的造园理念? 闽南园林注重实用,以厝为主,以园为辅,突出"家"的概念,更强调居住和生活,其形式美在于其整体的规划与布局,以及不同景物的形态、材质、色彩的对比与协调,加上气候的变化、人物及动物气息的融入,组合成丰富有序的空间乐章。华侨园林以及之后城市公园的建设,大多将西方风景园林与闽南传统园林结合,不同造园要素的交织融合呈现出中西合璧的演化趋势,闽南近代新园林类型逐渐出现。 学生进行对比赏析,了解闽南园林的不同类型及其特征。教师进行总结并引出闽南近代园林。 2. 闽南近代园林在园林选址、空间营构、园林布局上运用了哪些造园方法。思考: (1)菽庄花园是如何体现藏山借海的园林选址智慧的? (2)中西园林在空间营构中体现了哪些不同的原则? (3)中西园林在园林布局中使用了何种造园要素? 从传统园林开始吸收外来装饰构件,进而对西式庭园进行模仿移植,到后来出现的中西合璧的华侨花园与城市公园,闽南近代园林的发展体现了中西园林文化初步交融的探索历程。这些园林在选址布局方面,继承了传统园林的审美意识,并借鉴了西方园林的形式美学,大胆创造,顺应了新社会、新生活对多元化园林环境的需求。 教师引导学生了解在空间营构上闽南近代园林的新型造园理念,学生分组进行探究学习。	1. 通过图片及文字的讲解拓宽学生知识面,使学生加深对园林的基本概念的理解,为接下来具体分析厦门近代园林选址布局作铺垫。 2. 通过认识菽庄花园、榕谷别墅、黄荣远堂、古檗山庄等闽南近代园林,了解其在园林选址、空间营构以及园林布局上将西方风景园林与闽南传统园林相结合,不同造园要素的交织融合呈现出中西合璧的演化趋势。

续表

知识新授	3. 闽南造园理念还走向了欧洲，思考： (1)德国特里尔市的"厦门园"是如何体现闽南造园理念的？ (2)厦门园作为展示中国的窗口，体现了中国与各国人民友好交往的态度，我们应该如何树立文化自信并更好地吸收和借鉴其他文明的优秀文化成果？ 厦门园高度尊重现有场地的特性，以厦门当地材料与构成元素融入佩特里斯公园场地环境，将东方山水的意趣融入西方田园，体现"有容乃大、万物共生"的东方哲学精神以及中国道家的宇宙生命观念，从而实现东西方文化的交融、碰撞。 教师带领学生了解厦门园，欣赏闽南近代园林在中外交流中的重要作用，学生进行思考和总结。	3. "厦门园"的营造是中国现代园林在欧洲的一次成功实践，是中国与各国人民友好的象征，是展示中国的窗口。通过赏析厦门园，学生可以更好地学习和借鉴各种文化背景下的造园理念，实现东西方文化的交融、碰撞和理解。
实践探索	1. 鉴赏和创作。 (1)运用形状、色彩、空间等造型元素，以及对称、节奏、比例、变化、统一等形式原理，欣赏评述厦门近代园林建筑，举例说明观点并撰写欣赏报告。 (2)动手设计近代园林布局，并呈现一份园林设计图纸和报告。 2. 展示交流。 运用公众号的形式向外国小朋友分享闽南近代园林中的艺术特色。	学生通过鉴赏和创作，能够进一步巩固课堂知识，并在设计中灵活运用空间营构的方法和原则，体悟中西多元文化的交融现象。
总结拓展	为了更好地将闽南传统文化与园林设计结合起来，我们应该尊重传统文化的存在，提取传统文化中有益的部分，使园林设计中保持开放性、独特性和国际性。用园林景观设计的形式展示民族文化瑰宝，促进园林景观设计的进一步发展并面向国际展示我们的成果。	引导学生在课后积极探索中国园林艺术与智慧，鼓励其进行创新设计。
学习成果	欣赏闽南近代园林，尝试利用图文结合的形式记录并制作欣赏报告。	

第二节 "寻踪古建筑"美术单元课程与教学设计案例

(创意·表现单元)

一、单元简介

单元名称:寻踪古建筑。

适用年级:7年级。

课时要求:1课时。

单元概述:

本单元为6～7年级艺术实践"创意·表现"的教学内容。《义务教育艺术课程标准(2022年版)》中的目标是"能运用造型元素、形式原理和欣赏方法,欣赏、评述世界不同国家和地区的美术作品,领略世界美术的多样性和差异性,养成尊重、理解和包容的态度"以及"根据'人与自然和谐共生'的设计原则,对学校或社区进行环境规划,增强社会责任意识"。

《义务教育艺术课程标准(2022年版)》中艺术实践"设计·应用"的课程内容要求包括:(1)了解环境设计的定义、类别、要素和方法,领会"人与自然和谐共生"的设计原则。(2)运用环境设计的知识与原则,对班级、学校或社区公共空间等进行环境考察,撰写调研报告,提出自己的见解。(3)根据调研中发现的问题,提出改进建议,用手绘或计算机制作等方式绘制草图,利用废弃物品制作模型,进行展示与交流。

(一)学科知识与技能

1. 学生能够知道

(1)欣赏方法:发现法、分析法、费尔德曼四步鉴赏法、比较法、体验法、情境法。(审美感知)

(2)造型元素:如线条、形体、色彩、空间、材质、肌理等。(审美感知)

(3)形式原理:如对称、均衡、节奏、对比、变化等。(审美感知)

(4)色彩知识:如原色、间色、复色、色调、对比色、邻近色等。(审美感知)

(5)室内设计要素:如空间要素、色彩要求、装饰要素、陈设要素等。(审美感知)

(6)泥工技法:团、压、搓、捏等。(创意实践)

2. 学生能够做到

(1)能用不同的欣赏方法,分析建筑特点,描述自己的想法与感受。(审美感知)

(2)能对不同的建筑进行调研,并通过艺术形式表现。(审美感知、艺术表现)

(3)能采用不同的美术工具、材料和媒介,运用不同学科的知识、技能和思维方式创作平面、立体、多维的美术作品。(艺术表现)

(4)在综合探索活动中,能主动学习和探究;在交流、合作时,能尊重、理解他人的看法。(文化理解)

3. 学生能够理解

(1)能表达对古建筑蕴含的中国智慧的认识与理解。(文化理解)

(2)能表达对建筑中的文化内涵和创新精神的理解。(文化理解)

(3)能理解中国古老的智慧透过东西方建筑进行交流与传播。(文化理解)

(4)能保护和传承闽南文化,维护世界文化多样性。(文化理解)

(5)能尊重各国文化。(文化理解)

(二)核心素养和思政元素

本单元所指向的美术学科核心素养和课程思政元素见表 3-3-8 和表 3-3-9。

表 3-3-8　核心素养

☑审美感知	对自然世界、社会生活和艺术作品中美的特征及其意义与作用的发现、感受、认识和反应能力。
☑艺术表现	在艺术活动中创造艺术形象、表达思想感情、展现艺术美感的实践能力。
☑创意实践	综合运用多学科知识,紧密联系现实生活,进行艺术创新和实际应用的能力。
☑文化理解	对特定文化情境中艺术作品人文内涵的感悟、领会、阐释能力。

表 3-3-9　思政元素

☑政治认同	通过欣赏中国建筑形成对于我国建筑文化的认同感。
☑家国情怀	认识并传承红砖古厝营造和装饰的智慧,感悟家乡的艺术人文故事,筑牢家国情怀。
☑文化自信	探索闽南古厝的艺术魅力,坚定文化自信。
☑生态意识	理解"人与自然和谐相处"的生态文明理念,感受红砖古厝因地制宜、因材施用、因材施艺的智慧。

二、单元课程创建

(一)挑战性问题

核心问题:

如何通过欣赏理解建筑背后蕴含的中国智慧并展开创作?

(二)单元课程目标

1. 学生能够知道

(1)形式原理:如对称、均衡、节奏、对比、变化等。(审美感知)

(2)色彩知识:如原色、间色、复色、色调、对比色、邻近色等。(审美感知)

(3)室内设计要素:如空间要素、色彩要求、装饰要素、陈设要素等。(审美感知)

(4)泥工技法:团、压、搓、捏等。(创意实践)

4. 学生能够做到

(1)能采用不同的美术工具、材料和媒介,运用不同学科的知识、技能和思维方式创作平面、立体、多维的美术作品。(艺术表现)

(2)在综合探索活动中,能主动学习和探究;在交流、合作时,能尊重、理解他人的看法。(文化理解)

5. 学生能够理解

(1)能理解中国古老的智慧透过东西方建筑进行交流与传播。(文化理解)

(2)能保护和传承闽南文化,维护世界文化多样性。(文化理解)

(3)能尊重各国文化。(文化理解)

(四)单元教学设计框架

单元教学设计框架见表 3-3-10。

表 3-3-10　寻踪古建筑(创意·表现单元)教学设计框架

活动名称	活动内容
相地合宜——设计园林景观	运用黏土设计园林建筑模型

(五)资源保障

铅笔、尺子、橡皮、绘画颜料、卡纸、黏土等。

三、单元实施过程

(一)单元教学设计

单元教学设计见表 3-3-11。

表 3-3-11　单元教学设计

单元情境	外国小朋友写信讲述发现自己国家的某些建筑与中国古建筑特别相似,对中国文化产生了特别的兴趣,可是身处异国的他们目前无法来到中国厦门感受学习,于是在信中提到希望中国小伙伴们能运用艺术作品为他们介绍厦门建筑中蕴含的古老智慧与现代风情。 为了让国外的学生领略到古建筑蕴含的中国智慧,感受中国文化的魅力,我们该怎么做呢?

续表

单元教学目标	知识与技能：了解建筑文化中的材料使用、营造技艺和空间布局，辨析中外交流中所形成的文化交融现象，理解古建筑中所蕴含的中国智慧，学会运用艺术语言进行描述与表达。 过程与方法：在多样的欣赏环节中观察、对比分析与探究古建筑蕴含的中国智慧；通过自主学习、探究合作学习、发现学习等多种学习方法来梳理并掌握其智慧；在考察、讨论与交流中表达并传承其智慧。 情感、态度和价值观：感受古建筑魅力，形成审美感受，理解红砖古厝所蕴含的中国智慧，感受传统古建筑蕴含的民族优秀文化，激发家国情怀和文化自信，培养尊重包容多元文化的态度，领略各民族的智慧与深厚的文化底蕴。
单元任务	1. 基于建筑材料，对比欣赏闽南红砖古厝与荷兰红砖建筑。 2. 了解闽南匠师，认识传统工艺在中外交流中的重要作用。 3. 了解闽南近代园林中西不同造园要素的多元融合方式。 4. 运用黏土设计园林建筑模型。
单元教学重难点	重点：综合运用不同的欣赏方法欣赏古建筑。 难点：如何通过欣赏理解建筑背后蕴含的中国智慧并展开创作。
单元活动框架	中国智慧 ↓ 单元基本问题： 如何运用美术方法理解古建筑的智慧？ ↓ 第1课时 ↓ 活动：设计园林建筑模型

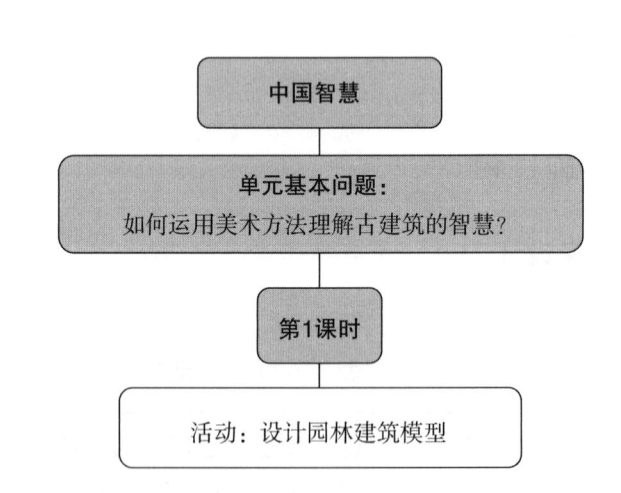

	评价项目	评价标准	等级（权重）（评价为1~5分）		
			自评	小组评	师评
单元评价量规	知识与技能	理解古建筑的格局智慧。			
		理解古建筑的环境智慧。			
		理解古建筑的空间智慧。			

续表

	评价项目	评价标准	等级（权重）(评价为1～5分)		
			自评	小组评	师评
单元评价量规	知识与技能	理解古建筑的表达智慧。			
		辨析中外交流中所形成的文化交融现象。			
		认识建筑空间布局、结构功能、装饰样式、用材技艺、艺术语言、形式原理。			
		知道、会运用建筑的欣赏方法。			
		运用泥工技法制作园林建筑模型。			
	过程与方法	能熟练查阅资料。			
		能与同学合作、交流。			
	情感、态度和价值观	课上积极参与，勇于发言。			
		对课堂与身边的传统建筑感兴趣。			
		欣赏能力有所提升。			
		形成保护与发展古建筑的意识。			
		对家乡的建筑形成文化认同。			
		理解红砖古厝蕴含的中国智慧，坚定文化自信。			
		培养尊重包容多元文化的态度。			

我这样评价我自己

伙伴眼里的我

老师的话

课堂反馈（建议、收获）

(二)课时教学设计

课时教学设计见表 3-3-12。

表 3-3-12　第 1 课时:"相地合宜——设计园林景观"教学设计

教学对象	6~7 年级	课业类型	创意·表现
核心问题 (大观念)	如何设计出具有中国智慧的园林?	小问题	1. 闽南园林蕴含着什么样的中国智慧? 2. 如何综合运用泥工技法表现园林?
教学目标	知道泥工团、搓、捏、压等方法。 理解闽南园林设计中蕴含的格局智慧和表达智慧。 运用泥工技法设计出蕴含中国智慧的园林景观模型。		
教学重难点	运用超轻彩泥制作出蕴含中国智慧的园林景观模型。		
教学资源	教具:图片、视频、模型。 学具:超轻彩泥、工具、铅笔、橡皮等。		
教学环节	学习内容		设计意图
课前导入	观看闽南园林的视频,对照欣赏闽南近代园林的演变过程,以小组为单位,回顾上节课学习的闽南建筑中的中国智慧,如格局智慧等,说一说自己最有感触的是什么,并将关键词记录下来。		回顾闽南园林中蕴含的中国智慧,为之后的设计做铺垫。
知识新授	1. 欣赏各种超轻彩泥制作的园林建筑模型 思考:你最喜欢哪一个? 为什么? (从做工、寓意等展开讨论) 2. 观看教师提前录制的泥工技法微课,了解团、捏、搓、压等,并与刚刚欣赏的图片中的细节进行对应连线。 3. 以小组为单位练习泥工技法,同学协作完成。 4. 观看教师示范:设计草图与模型制作。 示范时引导学生在设计草图时,要将作品想表达出来的中国智慧融入进去,并写出设计说明。同时,注意设计草图与制作模型的相互关系。(例如,设计草图时,不仅要考虑审美性,也要考虑到实际的可操作性,并且草图是可以不断修改的。)		通过欣赏了解优秀的作品是什么样的,为之后的创作拓宽思路。 通过观看微课,连线互动与动手尝试,掌握泥工的技法,为之后能够综合运用泥工技法展开创作做铺垫,同时也通过小组成员的相互帮助,培养合作沟通交流能力,让学生在做中学。 通过观看教师示范,了解制作的关键要点与步骤。

续表

实践探索	以小组为单位设计出蕴含中国智慧的园林景观草图,并基于此,运用泥工技法制作出园林模型。 学生实践,教师巡回指导。	以小组为单位,可以很好地培养学生合作的意识与能力。 通过设计草图到创作实物的过程,可以很好地培养学生的设计思维。
总结拓展	总结回顾。 拓展:欣赏中国其他地方的园林,思考其中蕴含了哪些中国智慧。	通过总结,回顾本节课内容。通过拓展将学生的兴趣点延伸至课后,引导学生展开思考探索。
学习成果	完成园林景观模型	

第四章

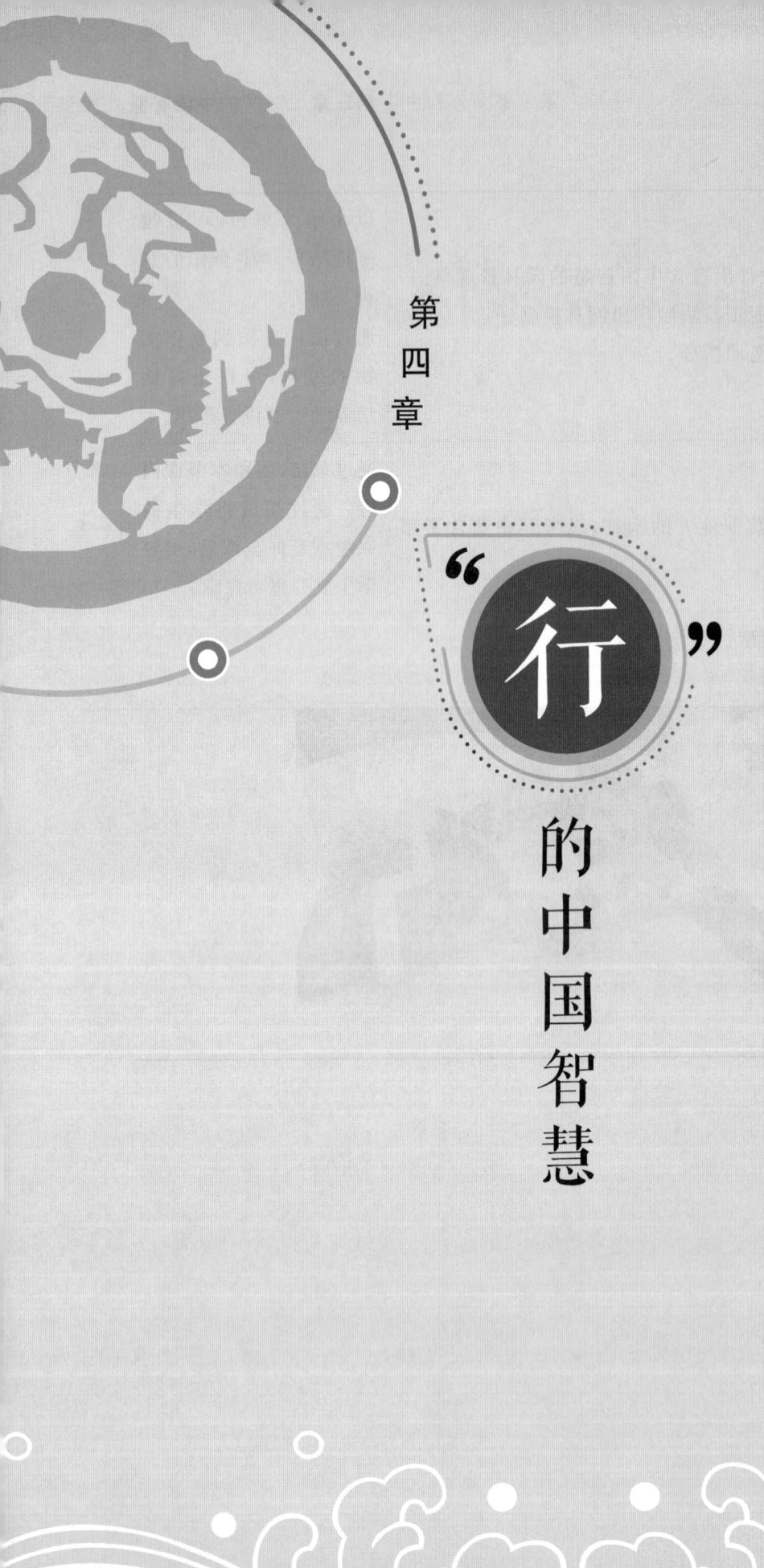

"行"的中国智慧

第一节 "'行'之工匠——'海丝'遗迹"美术单元课程与教学设计案例

(欣赏·评述单元)

一、美术课程标准研读

(一)研读标准

本单元设定为7～9年级"欣赏·评述"学习领域的教学内容。《义务教育艺术课程标准(2022年版)》中第四学段8～9年级阶段的目标是:了解美术产生的背景及不同时代、地区、民族和国家的美术特征,知道中国古代经典美术作品,以及近现代反映中华民族追求独立解放和党团结带领人民进行革命、建设、改革的美术作品,增强对伟大祖国、中华民族的情感,传承红色基因,坚定文化自信,形成开放包容的心态和人类命运共同体意识。本单元的"课程目标"是学习建筑知识,了解身边的海上丝绸之路遗迹,尝试从不同维度鉴赏"海丝"建筑,掌握鉴赏方法,感悟海上丝路文化内涵。

(二)明确类型

本单元属于"欣赏·评述"学习领域。课时规划:2课时。

(三)确定内容

《义务教育艺术课程标准(2022年版)》(以下简称"课程标准")中"欣赏·评述"学习领域的课程分目标包括:(1)感受自然美,了解美术作品的题材、主题、形式、风格与流派,知道重要的美术家和美术作品,以及美术与生活、历史、文化的关系,初步形成审美判断能力。(2)学会从多角度欣赏与认识美术作品,逐步提高视觉感受、理解与评述能力,初步掌握美术欣赏的基本方法,能够在文化情境中认识美术。(3)提高对自然美、美术作品和美术现象的兴趣,形成健康的审美情趣,崇尚文明,珍视优秀的民族、民间美术与文化遗产,增强民族自豪感,养成尊重世界多元文化的态度。

本单元教材的学习内容基于以上三点进行设定。

二、单元课程目标设计

(一)课程目标

1. 学生能够知道

(1)欣赏方法,如多维度分析法、费尔德曼四步鉴赏法、发现法、比较法、对话法、情境法等。

(2)视觉元素,如线条、形状、形体、肌理等。

(3)形式原理,如对称、均衡、节奏等。

(4)建筑知识,如结构、材质、技术、造型、功能等。

2. 学生能够做到

(1)从美术家、美术流派、人文历史环境等角度出发欣赏与认识建筑,并能倾听别人的想法和不同的解读。

(2)运用恰当的欣赏方法(如描述、分析、解释、评价等)认识并能解读传统建筑。

(3)综合运用发现法和情境法探究建筑的造型特征、装饰风格,用比较法多角度分析建筑。

(4)综合运用情境法和对话法从文化角度解读传统建筑及其独特价值,发现古建筑的发展和变化。

3. 学生能够理解

(1)闽南"海丝"建筑的人文价值,及其蕴含的因材施艺、和谐共生的营造智慧,采用不同的鉴赏方法解读建筑的风格美和结构美。

(2)传统建筑中的文化传承和创新精神,提高保护古建筑的意识和自觉性。

(3)提高对自然美、人文美、文化美的兴趣,形成高雅的情趣,从而养成自觉珍视优秀的民族、民间美术与文化遗产,尊重世界多元文化的态度。

(4)在参与班级或小组的各种活动中,能尊重和理解别人不同的看法或想法。对自己创作或制作的作品能进行反思,虚心倾听、理解别人的意见或建议,并加以改进。

4. 核心素养

(1)艺术课程核心素养见表3-4-1。

表3-4-1 核心素养

☑审美感知	运用整体观察的方法,识别、比较"海丝"建筑中的艺术和功能特点。
☑创意实践	通过理解"海丝"建筑的艺术特点和建造技术,运用发散性思维,进行联想和想象,生成创作意图。
☑文化理解	分析我国闽南地区的艺术特点,了解美术与文化、继承与创新之间的关系,理解并认同我国传统文化。

(2)思政元素见表3-4-2。

表3-4-2 思政元素

☑政治认同	认同我国文化,弘扬和践行社会主义核心价值观。
☑家国情怀	珍视我国优秀传统文化,增强民族自豪感。
☑文化自信	理解建筑艺术中的传承与创新,树立文化自信。
☑健全人格	通过对建筑艺术的鉴赏学习,促进德、智、体、美、劳全面发展,形成健康的审美情趣。
☑生态意识	认识建筑与自然的紧密联系,形成与自然和谐共生的生态理念。

二、单元教材教法分析

(一)分析单元定位

1. 细化课程目标

根据课程标准,7~9年级美术在"欣赏·评述"学习领域的学习活动建议包括:对不同时代和不同文化背景的美术作品,尝试运用描述、分析、解释、评价等美术欣赏方法进行学习和研究。欣赏中外优秀的建筑作品,并结合当地的建筑与环境进行评述,体会建筑、环境与人之间的关系。

2. 已有学习基础

通过以往的学习,学生对建筑艺术形成了一定的感受能力和理解能力,对基础的建筑知识有了一定的了解,具备了一定的建筑鉴赏能力。

3. 未来学习要求

要求学生提高鉴赏能力,运用多种鉴赏方法鉴赏建筑艺术作品,对鉴赏对象有自己独到的见解。

4. 单元定位

通过本单元教学,引导学生理解"海丝"建筑独特的艺术语言,其包括结构、材质、造型、功能等,学会运用分析法对"海丝"建筑进行鉴赏,并用语言、文字、图像等多种方式表达自己的感受,提升对建筑的鉴赏和评述能力,培育学生的家国情怀。

(二)整合内容结构

1. 梳理教材内容

(1)闽南本土海上丝绸之路相关建筑及背景介绍。
(2)"海丝"建筑鉴赏维度(造型、结构、材质、功能等)。
(3)鉴赏方法(费尔德曼四步鉴赏法)。

2. 单元教学内容结构

(1)学科知识与技能。

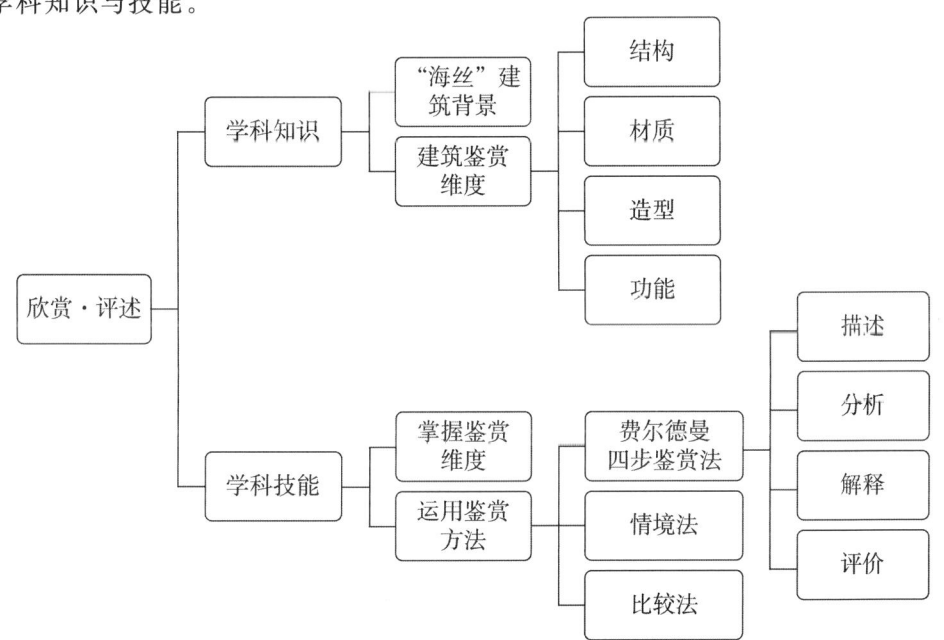

图 3-4-1 学科知识与技能

本单元学科知识与技能的核心是认识本土"海丝建筑"并能够运用分析法鉴赏建筑,即在学科知识方面要求学生知道本土"海丝建筑"以及相关背景,古建筑独特的建筑语言,并学习鉴赏维度及分析法;在学科技能的学习中,围绕"海上丝绸之路"的历史文化背景,运用所学方法对其进行鉴赏。

(2)人文内涵。

①"海丝建筑"多是古建筑,能使学生感受到文化历史积淀。

②"海丝建筑"展现了古人出行的智慧,能使学生了解当地自然地理和人文地理特点。

③"海丝建筑"展现了古代海上丝绸之路的繁荣,激发了学生的爱国情怀和民族文化认同感。

(3)审美导向。

①感受鉴赏中情感的运用。

②感受古建筑中的历史韵味。

③感受建筑保护的意义。

(三)分析教法依据

1. 教学内容特点

本单元主要由老师围绕"海丝建筑"对学生进行知识"输入",学生通过鉴赏法对"海丝"建筑进行鉴赏"输出"。

2. 学段学情特点

初中阶段的学生,虽智力水平、身心发展以及审美认知都已经有了一定的积累,可以进行自主的探究式学习,但是还没有形成自主系统的鉴赏方法。教学过程中,教师应当进行合理的引导,帮助学生掌握不同的鉴赏方法,并主动运用费尔德曼四步鉴赏法对建筑进行鉴赏。

3. 教学资源选取

本单元选取的与教学内容直接关联的素材资源主要是相同类型建筑的图片以及建筑知识、丝路文化相关的多媒体资源,可进行实地考察的"海丝建筑"。

本单元设计的技术资源主要有:

(1)信息技术资源:多媒体图文和影像。

(2)实践技术资源:实地考察。

(四)设计教学方法

综合分析,预设本单元的主要教学方法:

(1)教师主导——讲授:针对概念性知识进行讲授,如海上丝绸之路文化、建筑结构、材质、造型、功能的概念,鉴赏方法示范等。

(2)学生自主——观赏与探究:让学生结合教材例子和以往的学习基础和学习经验进行"海丝"建筑鉴赏,充分调动学习主动性。

(3)师生互动——交流与讨论:针对人文内涵及审美导向的内容,例如中国传统建筑的美,海上丝绸之路发生的故事,古代工匠的智慧等,引导学生结合所学知识及以往基础积极思考,通过语言或者文字的交流讨论,形成一定的理解与感悟。

(五)定位学科能力

1. 关键能力

(1)感受建筑背后文化、情感的能力。

(2)从不同维度对建筑进行鉴赏的能力。

2. 其他能力

(1)表达与交流的能力。

(2)思维发散能力,例如通过建筑类型联想当地建筑特色。

三、单元教学活动设计

(一)单元学习目标

知识与技能:了解和认识与教材相关的"海丝建筑",理解鉴赏维度的概念,掌握建筑的分析鉴赏方法,并能灵活运用鉴赏维度进行鉴赏。

过程与方法:通过教师讲授、自主探究、分组合作等方法在正确理解鉴赏维度的各个概念的基础上尝试"海丝建筑"个例鉴赏。

情感、态度和价值观:感受"海丝建筑"的特色和建筑美,了解与"海丝建筑"相关的历史故事,激发爱国热情和民族文化认同感。

(二)单元学习重难点

教学重点:了解"海丝"建筑,鉴赏"海丝"建筑,见图3-4-2。

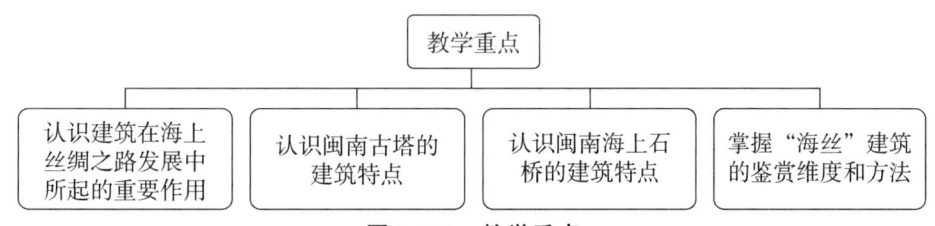

图 3-4-2 教学重点

教学难点:理解建筑艺术的特点及其与自然、人文环境的联系;理解鉴赏维度的概念以及运用分析法鉴赏建筑。基于已有的学习基础,学生对鉴赏维度的各个概念需要有更明确的认识。此外鉴赏方法运用环节需要教师提供示范性的指导来完善学生的知识框架。

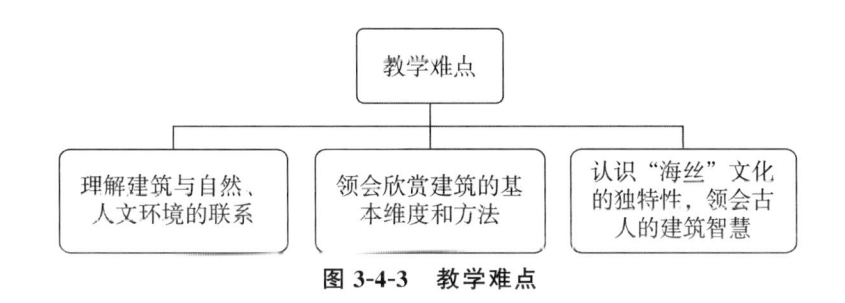

图 3-4-3 教学难点

(三)单元学习活动

1. 设计单元活动框架

根据本单元教学目标、教学重点和难点,对单元主要学习活动进行规划。

```
                    "行"之工匠——"海丝"遗迹
                              │
                    单元基本问题：
              在"海上丝绸之路"的发展中，建筑是如何
                    发挥重要作用的？
              ┌───────────────┴───────────────┐
         第1课时：                          第2课时：
    高出云表——海上丝路航标              长桥卧波——海上丝路遗迹
    ┌─────┼─────┐                  ┌─────┼─────┐
 活动一：  活动二： 活动三：        活动一：  活动二： 活动三：
 聆听古   学习六   多维度           聆听海    学习洛    运用四
 航标塔   胜塔建   分析鉴           上造桥    阳桥的    步鉴赏
 故事     筑特色   赏               的故事    建筑特色  法鉴赏
```

图 3-4-4　单元活动框架

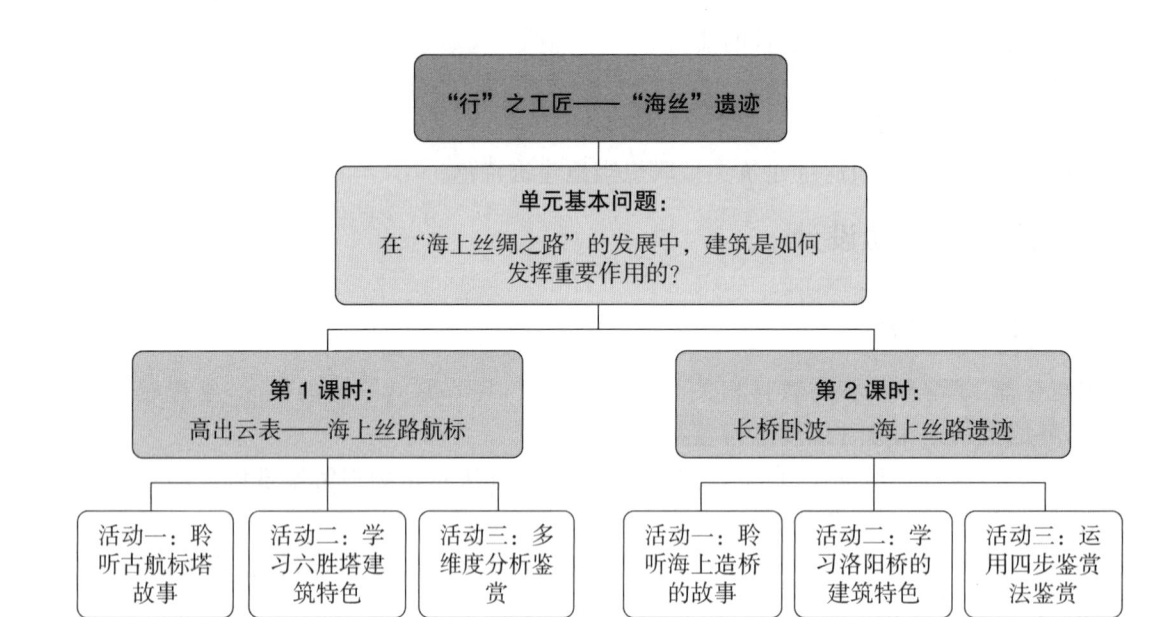

2. 制定每课活动方案

表 3-4-3　第 1 课时："高出云表——海上丝路航标"活动方案

基本信息	7～9 年级	学习领域	欣赏·评述
核心问题	古人是如何建造航标塔来引航港口的船只的？		
小问题	1. 古塔的基本结构是怎样的？ 2. 古代的闽南人是用什么材料来造塔的？ 3. 工匠会在塔上增加哪些石雕装饰？ 4. 为什么要在港口的山顶造塔呢？		
教学目标	知识与技能目标：认识六胜塔和万寿塔的历史背景和建筑特点；掌握并应用石塔建筑的鉴赏方法。 过程与方法目标：通过教师讲授、自主探究、分组合作等方式在正确理解概念的基础上尝试对航标石塔进行鉴赏。 情感、态度与价值观：了解"海上丝绸之路"与古人建筑智慧，启发对传统文化艺术的兴趣，激发爱国热情与民族认同感。		
教学重难点	重点：认识六胜塔和万寿塔的历史和建筑特点，掌握并应用石塔建筑的鉴赏方法。 难点：理解鉴赏维度的概念，运用分析法分析石塔建筑的艺术特点。		
教学资源	图片、视频、文字资料，实地考察。		

续表

活动环节	活动内容	活动任务	设计意图
聆听古航标塔故事	聆听"海丝"历史中古航标塔的故事,搜集航标塔的相关知识。	通过聆听认识"海上丝绸之路"的文化背景,讨论"海上丝绸之路"发展过程中航标塔的重要作用。	使学生了解六胜塔和万寿塔的历史文化背景。
学习六胜塔建筑特色	由简入深,学习六胜塔的建筑特征。	阅读材料,学习六胜塔的结构、材质、造型和功能特点。	使学生多维度认识六胜塔的建筑艺术特点。
多维度分析鉴赏	学生分角色用分析法来交流鉴赏万寿塔的建筑艺术特点。	想象自己已经在万寿塔旁,分别从建筑师、历史学家、地理学家的角度,用分析法鉴赏万寿塔的建筑艺术特点。	帮助学生掌握石塔建筑的鉴赏方法。
活动成果	学会鉴赏"海丝"建筑的步骤,学会运用分析法鉴赏。		
评价方案	一、评价目的 1. 观测学生在学习过程中的兴趣与态度。 2. 评估学生对建筑鉴赏方面的掌握程度、对话法的应用熟练程度。 3. 评定学生鉴赏建筑的学习成果。 二、评价内容 1. 学习兴趣: (1)聆听故事的表现,对建筑的关注程度。 (2)学习鉴赏建筑的意愿。 2. 学习习惯: (1)主动观察、探究、学习建筑特征的情况。 (2)主动表达对建筑的感受。 3. 学业成果: (1)能了解建筑背景故事。 (2)观察建筑特征,感悟古人智慧。 (3)能身临其境,学习并运用对话鉴赏法鉴赏建筑。 三、细化评价观测点 1. 在"聆听古航标塔故事"活动环节,从以下观测点对学生进行评估: (1)聆听故事,感悟古人智慧。 (2)能否主动搜集建筑相关背景知识。 (3)能否主动发表建筑感悟。 2. 在"学习六胜塔建筑特色"活动环节,从以下观测点对学生进行评估: (1)能否在众多建筑中识别建筑。 (2)能否从不同角度学习建筑。 (3)能否发表鉴赏观点。		

续表

评价方案	3. 在"多维度分析鉴赏"活动环节,从以下观测点对学生进行评估: (1)能否运用所学知识进行探究性学习。 (2)同伴间分角色模拟鉴赏建筑交流对话的情况。 (3)能否对教材拓展的问题进行思考,并得出结论。 (4)主动发表观点,积极交流讨论的情况。

表3-4-4　第2课时:"长桥卧波——海上丝路遗迹"活动方案

基本信息	7~9年级	学习领域	欣赏·评述
核心问题	古人是如何跨海造桥的?		
小问题	1. 海上石桥的外形特点是怎样的? 2. 海上石桥的结构各有什么功能? 3. 为什么要跨海造桥? 4. 如何评价闽南海上石桥?		
教学目标	知识与技能目标:认识洛阳桥和安平桥的历史文化和建筑特点;掌握并应用石桥建筑的鉴赏方法。 过程与方法目标:通过教师讲授、自主探究、分组合作等方式在正确理解概念的基础上尝试对海上石桥建筑进行鉴赏。 情感、态度与价值观:了解海上丝绸之路与古人建筑智慧,提高对传统文化的兴趣,激发爱国热情与民族文化认同感。		
教学重难点	重点:认识洛阳桥和安平桥的历史文化和建筑特点,掌握并应用古代海上石桥的鉴赏方法。 难点:理解鉴赏维度的概念,运用分析法分析古代海上石桥的艺术特点。		
教学资源	图片、视频、文字资料,实地考察		
活动环节	活动内容	活动任务	设计意图
聆听海上造桥的故事	聆听古人跨海造桥的故事,搜集闽南跨海古桥的相关知识。	聆听古人跨海造桥的故事,讨论古人如何通过造桥解决跨海交通问题。	使学生了解洛阳桥和安平桥的历史文化背景。
学习洛阳桥的建筑特色	由简入深,学习洛阳桥的建筑特征。	阅读材料,分别从描述、分析、解释、评价等维度学习洛阳桥的建筑艺术特点。	使学生理解洛阳桥的建筑艺术特点,并了解如何用费尔德曼四步鉴赏法对建筑进行鉴赏。

续表

活动环节	活动内容	活动任务	设计意图
四步鉴赏法鉴赏	用费尔德曼四步鉴赏法来鉴赏万寿塔的建筑艺术特点。	结合所学知识,分别从描述、分析、解释、评价等维度鉴赏洛阳桥的建筑艺术特点。	使学生掌握并应用费尔德曼四步鉴赏法来鉴赏建筑艺术。
活动成果	学会鉴赏海上石桥建筑的步骤,学会运用分析法鉴赏。		
评价方案	一、评价目的 1. 观测学生在学习过程中的兴趣与态度。 2. 评估学生对建筑鉴赏方面的掌握程度及对对话法的应用熟练程度。 3. 评定学生鉴赏的学习成果。 二、评价内容 1. 学习兴趣: (1)聆听故事的表现,对建筑的关注程度。 (2)学习鉴赏建筑的意愿。 2. 学习习惯: (1)主动观察、探究、学习建筑特征的情况。 (2)主动表达对建筑的感受。 3. 学业成果: (1)能了解建筑背景故事。 (2)观察建筑特征,感悟古人智慧。 (3)学习并运用费尔德曼四步鉴赏法赏析建筑。 三、细化评价观测点 1. 在"聆听海上造桥的故事"活动环节,从以下观测点对学生进行评估: (1)聆听故事,感悟古人智慧。 (2)能否主动搜集建筑相关背景知识。 (3)能否主动发表建筑感悟。 2. 在"学习洛阳桥的建筑特色"活动环节,从以下观测点对学生进行评估: (1)能否感知与描述建筑。 (2)能否通过四个维度学习建筑。 (3)能否发表鉴赏观点。 3. 在"四步分析法鉴赏"活动环节,从以下观测点对学生进行评估: (1)能否运用所学知识进行探究性学习。 (2)能否应用费尔德曼四步鉴赏法,有条理鉴赏分析建筑。 (3)主动发表观点,积极交流讨论的情况。		

说明:本单元的评价,应结合单元教学内容,围绕"海丝·建筑"开展教与学的活动,从学习过程中所体现出的兴趣与习惯以及学习成果的呈现两方面进行。评价内容以单元活动为载体,通过课堂观察、任务分析和美术作业分析等路径,采用学生自评、互评和教师评价相结合的方式,以鼓励性语言和等第、评语的形式反馈评价结果。

第二节 "'行'之工匠——'海丝'遗迹"美术单元课程与教学设计案例

（创意·表现单元）

一、美术课程标准研读

(一)研读标准

本单元设定为7～9年级"创意·表现"学习领域的教学内容。《义务教育艺术课程标准（2022年版）》中第四学段8～9年级阶段的目标是：能创作平面、立体或动态等表现形式的美术作品，创造性地表达对自然与社会的感受、思考和认识，发展创造性思维能力。

(二)明确类型

本单元属于"创意·表现"学习领域。课时规划：2课时。

(三)确定内容

《义务教育艺术课程标准（2022年版）》中"创意·表现"学习领域的课程分目标包括：

(1)观察、认识与理解线条、形状、色彩、空间、明暗、肌理等基本造型元素，运用对称、均衡、重复、节奏、对比、变化、统一等形式原理进行造型活动，提升想象力和创新意识。

(2)通过对各种美术媒材、技巧和制作过程的探索及实验，发展艺术感知能力和造型表现能力。

(3)体验造型活动的乐趣，敢于创新与表现，产生对美术学习的持久兴趣。

本单元教材的学习内容基于以上三点进行设定。

二、单元课程目标设计

(一)课程目标

1. 学生能够知道

(1)视觉元素，如线条、形状、色彩、肌理、空间等。

(2)形式原理，如对称、均衡、节奏等。

(3)色彩知识，如中国画的传统颜色等。

(4)历史、地理文化知识，如海上丝绸之路的地形地貌、重要港口、安平桥、六胜塔、泉州湾等。

2. 学生能够做到

(1)运用不同的美术媒材和恰当的技巧和方法，如中国画"水与墨"的控制、陶泥工具的选择和使用等。

(2)尝试巧妙利用生活中的材料,使作品更具创造力。
(3)反思自己创作的作品,倾听别人的意见或建议。

3. 学生能够理解

(1)理解海上丝绸之路蕴含的文化价值,及其蕴含的因材施艺、和谐共生的营造智慧,提高保护古建筑、传承古文化的意识和自觉性。

(2)在参与班级或小组的各种活动中,能尊重和理解别人不同的看法或想法。对自己创作或制作的作品能进行反思,虚心倾听、理解别人的意见或建议,并加以改进。

(二)核心素养和思政元素

(1)艺术课程核心素养见表3-4-5。

表3-4-5 核心素养

☑艺术表现	学生通过运用国画材料和陶泥,初步学习国画和雕塑技法,形成造型意识,创造视觉形象。
☑创意实践	在本课的美术活动中,学生综合运用各种美术材料和生活中的材料,尝试创作有创意的美术作品。
☑文化理解	通过课程学习,学生能够感受到海上丝绸之路是中国对外经济贸易、文化交流的重要桥梁,对古对今都具有非常重要的意义。

(2)思政元素见表3-4-6。

表3-4-6 思政元素

☑家国情怀	感受海上丝绸之路的历史文化,增强民族认同感。
☑文化自信	感受海上丝绸之路的历史文化,欣赏古代地图、近代雕塑,树立文化自信。

二、单元教材教法分析

(一)分析单元定位

1. 细化"课程目标"

根据"课程目标",7～9年级美术在"创意·表现"学习领域的学习活动建议包括选择写实、变形和抽象等方式,运用造型元素和形式原理,开展造型表现活动,描绘事物,表达情感和思想。

学习透视、色彩、构图、比例等知识,提高造型表现能力。

学习速写、素描、色彩画、中国画和版画等表现方法,进行绘画练习。

学习雕、刻、塑等方法,创作雕塑小品。

学习漫画、动画的表现方法,并进行创作练习。

选择计算机、照相机和摄像机等媒介,进行造型表现活动。

2. 以往学习基础

通过以往的学习,学生对海上丝绸之路已有一定的了解,对各类美术材料和表现手法有初步

的尝试和接触，具备一定的表现能力。

3. 未来学习要求

本单元是初中学段美术造型学习的重要阶段，要求学生进一步熟悉毛笔、陶土等美术材料的特性，并初步掌握中国画、雕塑的表现方法，创作出体现海丝文化的作品。

4. 单元定位

本单元作为初中学段美术中"造型"主题学习的关键阶段，通过引导学生深入了解海上丝绸之路，综合运用各种美术材料，进行个性化的表达，提高学生的造型能力、动手能力和空间感。

(二)整合内容结构

1. 梳理教材内容

(1)海丝手绘地图。

(2)石将军泥塑。

2. 单元教学内容结构

(1)学科知识与技能见图3-4-5。

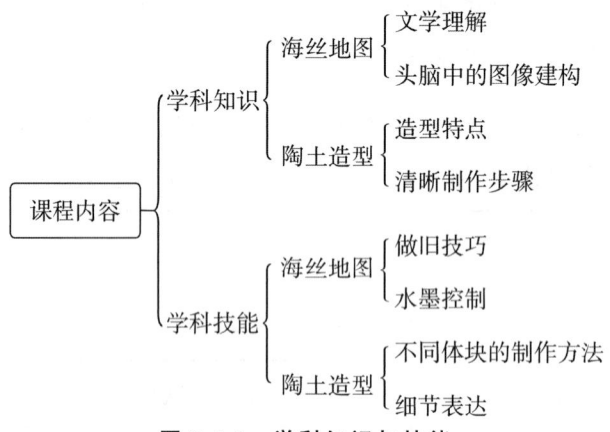

```
                    ┌─ 海丝地图 ┬─ 文学理解
         ┌─ 学科知识 ┤          └─ 头脑中的图像建构
         │          └─ 陶土造型 ┬─ 造型特点
课程内容 ─┤                     └─ 清晰制作步骤
         │          ┌─ 海丝地图 ┬─ 做旧技巧
         └─ 学科技能 ┤          └─ 水墨控制
                    └─ 陶土造型 ┬─ 不同体块的制作方法
                               └─ 细节表达
```

图 3-4-5　学科知识与技能

本单元学科知识与技能的核心是在理解海上丝绸之路相关知识的基础上进行创意表现。

(2)人文内涵。

①感受海上丝绸之路的繁荣。

②弘扬丝路精神，体会和平友好的对外关系。

(3)审美导向。

①欣赏蕴含丝路特色的历史痕迹。

②感受不同材料产生的质感美。

(三)分析教法依据

1. 教学内容特点

本单元主要了解海上丝绸之路的背景，创作与"海丝"主题有关的作品。

2. 学段学情特点

初中阶段的学生，虽智力水平、身心发展以及审美认知都已经有了一定的积累，可以进行自主的探究式学习，但在创意表现的教学过程中，还需要教师做好示范，点明关键步骤，才能较好地掌握各种美术技法，进而进行自主探究和创作。

3. 教学资源选取

本单元选取的与教学内容直接关联的素材资源主要是信息技术资源、实践技术资源、学生资源。

本单元设计的技术资源主要有:
(1)信息技术资源:教案、课件、论文、图片、视频等。
(2)实践技术资源:课堂讨论、课外参观等。
(3)学生资源:了解背景知识,熟悉美术材料等。

(四)设计教学方法

综合分析,预设本单元的主要教学方法:
(1)教师主导——讲授:讲授新知识,如材料的使用方法、创作步骤、细节表现。
(2)学生自主——实践与探究:学生运用新知识动手制作自己的作品,增强造型能力,丰富创作经验。
(3)师生互动——观察与探究:以审美为导向,引导学生从海上丝绸之路上的建筑、雕塑等事物中寻找灵感,探究作品创作过程中的更多可能性。

(五)定位学科能力

1. 关键能力
(1)平面空间中的构图能力。
(2)立体空间的造型能力。
(3)美术语言的表达能力。

2. 其他能力
(1)表达和交流作品构思及评价的能力。
(2)美术作品的欣赏能力。

三、单元教学活动设计

(一)单元教学目标

知识与技能:知道海上丝绸之路的相关背景知识,初步学会国画的绘画技巧和雕塑的雕刻技巧。

过程与方法:观察和欣赏海上丝绸之路相关图片,尝试用毛笔、陶土的材料表现探究材料的特性,练习绘画或制作技巧,讨论和评价作品。

情感、态度和价值观:体会古代通过海上丝绸之路促进文化交流及友好和谐的美好愿景,感受其蕴含的和谐共生的智慧。

(二)单元教学重难点

教学重点:体会中国画用笔用墨的技法,了解中国画的审美特性;掌握陶土塑造的方法,感受雕塑艺术的特点。

教学难点:中国画技法的把握,雕刻手法的把握。

(三)单元学习活动

1. 设计单元活动框架

根据本单元教学目标、教学重点和难点,对单元主要学习活动进行规划,见图3-4-6。

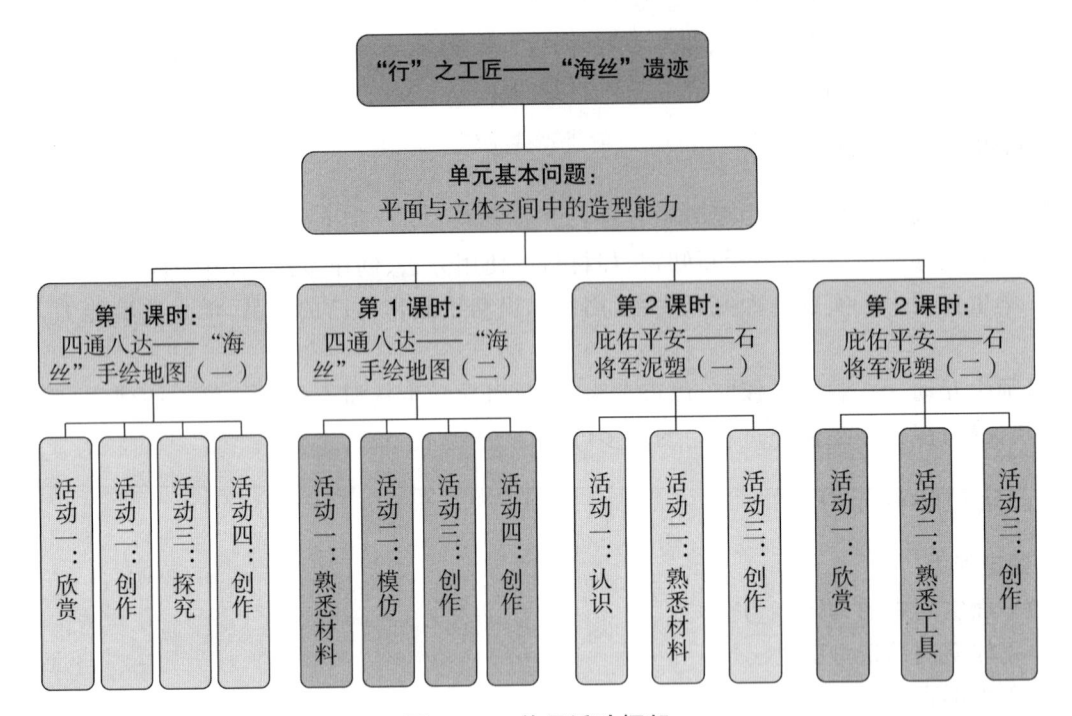

图 3-4-6 单元活动框架

2. 制定每课活动方案

每课活动方案见表 3-4-7 至表 3-4-10。

表 3-4-7 第 1 课时:"四通八达——'海丝'手绘地图"活动方案 1

基本信息	8 年级	学习领域	创意·表现
核心问题	如何将文字内容转化为画面?		
小问题	1. 古时候地图是怎样的?有什么特点? 2. 阅读理解文字内容,勾画主要建筑位置。 3. 通过图片及其他资料,了解地形地貌。 4. 在第一次勾画的基础上,根据资料丰富细节。		
教学目标	能够将文字描述转化为画面。		
教学重难点	构图能力。		
教学资源	文字资料、图片、视频等。		

续表

活动环节	活动内容	活动任务	设计意图
欣赏	欣赏古代地图。教师可以展示古代地图的相关图片。学生通过观察说一说它的特点,如地图的材质、河流山川城墙的表示方式、文字的排列等。	说说古代地图的特点。	了解古代地图,区别于现代地图。
创作	初步构图。阅读文字,明确标志建筑的位置,用铅笔在画面中分割出陆地、海洋、山川的区域,完成初步构图。	将构想落实于画面。	
探究	教师可以向学生提供古泉州的相关资料,以及古地图的素材,帮助学生对泉州湾有更全面的了解。	通过其他资料的辅助,增加对古泉州的了解,并模仿古地图表现方法。	为下一步丰富画面作铺垫。
创作	丰富细节。	在画面中添加树木、山脉、城墙、船只等细节。	丰富画面。
活动成果	完成"海丝"手绘地图的初步稿。		
评价方案	1. 评价内容: (1)观察学生在创作过程中的兴趣与态度。 (2)评估学生手绘地图初步稿的完成度和完整性。 2. 评价方式:师评、互评、自评。		

表 3-4-8　第 1 课时:"四通八达——'海丝'手绘地图"活动方案 2

基本信息	8年级	学习领域	创意·表现
核心问题	中国画技法的掌握。		
小问题	1. 如何用淡墨描绘的方法? 2. 中国画常用颜色,以及颜色的调和。 3. 如何用浓墨再次勾勒、点缀?		
教学目标	掌握用笔用墨的技法。		
教学重难点	中国画技法的把握。		
教学资源	图片、视频、中国画工具等。		

续表

活动环节	活动内容	活动任务	设计意图
熟悉材料	尝试,熟悉材料。	在草稿纸上画浓淡粗细不一的线条。	熟悉国画材料。
模仿	教师示范淡墨勾勒的方法,学生尝试。强调水不宜过多,蘸取少量的墨,笔尖轻触画面。	教师演示,阐明要点,学生尝试。	学习淡墨打稿、勾勒的方法。
创作	教师示范,学生创作。强调用色要薄,颜料用量不可过多。引导学生尝试在颜料中加入少量的墨,调和更丰富的颜色。	教师示范颜色调和的用水用量等一般方法,学生创作。	感受中国画的色彩。
创作	教师示范,学生创作。强调浓墨能够使画面的层次更丰富,勾勒时注意线条的粗细变化。	教师演示,阐明要点,学生尝试。	学习浓墨勾勒、叠加层次的方法。
活动成果	完成"海丝"手绘地图。		
评价方案	1. 评价内容: (1)观察学生在创作过程中的兴趣与态度。 (2)评估学生对用墨浓淡的掌握情况。 (3)评估学生对颜色的调和与使用的掌握情况。 (4)评估学生画面的完成度。 (5)评估学生画面的审美性。 2. 评价方式:师评、自评、互评。		

表3-4-9 第2课时:"庇佑平安——石将军泥塑"活动方案

基本信息	8年级	学习领域	创意·表现
核心问题	石将军的造型特点。		
小问题	1. 石将军是谁?在哪里?有何意义? 2. 石将军的造型有何特点? 3. 如何用陶土进行创作?		

续表

教学目标	认识石将军,通过观察能够描述石将军的造型特点。 熟悉陶土的创作方法。 培养动手能力。		
教学重难点	用陶土表现石将军的造型。		
教学资源	图片、视频、陶土工具等。		
活动环节	活动内容	活动任务	设计意图
认识	了解石将军。教师通过讲解石将军的故事(如石将军被盗的事件)引发学生兴趣,展示相关图片资料欣赏石将军的威武站姿。	教师讲解,学习石将军相关知识。通过观察说一说石将军的造型特点。	了解石将军及其造型特点。
熟悉材料	尝试,熟悉材料。	陶土的搓、揉、捏等。	醒泥的过程也是学生熟悉陶土的过程。
创作	大块面的切割和表现。教师示范如何将大体块相衔接,合理使用泥浆和泥塑工具,能使体块间衔接得更牢固。	教师示范,学生将石将军的身体、头部、手臂、刀剑先做整体造型。	整体意识。
活动成果	初步完成石将军的造型。		
评价方案	1. 评价内容: (1)观察学生在创作过程中的兴趣与态度。 (2)评估学生大体块造型的塑造情况。 2. 评价方式:师评、自评、互评。		

表 3-4-10　第 2 课时:"庇佑平安——石将军泥塑"活动方案

基本信息	8 年级	学习领域	创意·表现
核心问题	陶土的雕刻技法。		
小问题	1. 观察欣赏面部、手部、盔甲的细节特征。 2. 如何使用工具? 3. 如何刻画人物细节?		

续表

教学目标	初步学会刻画细节。		
教学重难点	刻画技巧的掌握。		
教学资源	图片、视频、陶土工具等。		
活动环节	活动内容	活动任务	设计意图
欣赏	教师可以展示石将军的图片视频等,引导学生观察石将军的细节。	总结面部眉眼特征、手部细节、盔甲特点等。	观察细节。
熟悉工具	尝试工具。教师可以示意每个工具的用法及其所产生的不同效果。	尝试不同工具的不同用法,观察产生的不同效果。	熟悉工具。
创作	细节刻画。	综合运用雕、刻、塑等技法,完成石将军泥塑。	技法的运用与创新。
活动成果	完成石将军泥塑。		
评价方案	1. 评价内容: (1)观察学生在创作过程中的兴趣与态度。 (2)评估学生雕、刻、塑的技法掌握情况。 (3)评估学生的细节刻画能力。 (4)评估学生立体空间思维能力。 2. 评价方式:师评、自评、互评。		

说明:本单元的评价,应结合单元教学内容,围绕"海上丝绸之路的创作"开展教与学的活动,从学习过程中体现出的兴趣与习惯以及学习成果的呈现两方面进行。评价内容以单元活动为载体,通过课堂观察、任务分析和美术作业分析等路径,采用学生自评、互评和教师评价相结合的方式,以鼓励性语言和等第、评语的形式反馈评价结果。

第四部分

高中

第一章 "衣"的中国智慧

第一节 "演绎惠安女服饰"美术单元课程与教学设计案例

(欣赏·评述单元)

一、单元简介

单元名称:演绎惠安女服饰。

适用年级:高一年级。

课时要求:3课时。

单元概述:

本单元是"欣赏·评述"课程,分为3课共3个课时,分别是"探根溯源——惠安女服饰探秘""薪火相传——惠安女服饰传承""匠心之用——惠安女服饰新生"。

"探根溯源——惠安女服饰探秘"通过介绍惠安女传统服饰文化特色,引导学生制作思维导图,总结惠安女服饰蕴含的智慧与艺术表现;"薪火相传——惠安女服饰传承"通过运用思维导图,结合调查问卷形式,提出对惠安女服饰传承的思考并提出发展对策,同时,通过实地探访手工艺人,了解服饰部件的构造和制作方法以及惠安女服饰对他们生活的影响,并形成调研报告;"匠心之用——惠安女服饰新生"通过调研并讨论交流,在惠安女传统服饰的基础上,提出对惠安女服饰的改良方案,形成视觉笔记。

(一)学科知识与技能

1. 知识与技能

知道鉴赏的概念和作用;了解惠安女服饰的文化底蕴和历史背景;运用思维导图法、费尔德曼四步鉴赏法等不同方法鉴赏惠安女服饰;根据鉴赏方法,综合运用相关知识,结合自身想法,解决实际情境中的问题。

2. 过程与方法

通过鉴赏、探究,归纳传统惠安女服饰与当代服饰的相同特征和不同特征;观察、分析鉴赏方法的现象和原理;讨论交流对思维导图法、比较法、费尔德曼四步鉴赏法的理解;制作自己鉴赏惠安女服饰的视觉笔记;在实践中运用相关知识进行设计和策划。

3. 情感、态度与价值观

了解用鉴赏的眼光看待事物对于帮助理解事物的重要性;感悟鉴赏方法的意义,体验欣赏美的过程;体会鉴赏传统惠安女服饰与当代服饰的魅力;感受和鉴赏传统惠安女服饰与当代服饰的美感。

(二)核心素养和思政元素

惠安女服饰中所呈现的传统文化和手工技艺显示了中华民族代代相承的中国智慧。本单元所指向的美术学科核心素养和课程思政元素见表 4-1-1、表 4-1-2。

表 4-1-1　核心素养

☑图像识读	学生能以观察、比较的方法欣赏惠安女服饰的色彩、肌理、线条美感等,感受服饰的造型、装饰手法等;以实地探访和问卷调查等方式,识别与解读惠安女服饰中的奥秘;能联系生活,更好地理解惠安女服饰呈现的中国智慧。
☑美术表现	学生能通过观察、想象、构思和表现等过程,掌握主题文字的设计、主题图的绘制等,制作"惠安女服饰"视觉笔记,呈现自己的学习过程。
☑审美判断	学生能感受和认识惠安女服饰的独特性和多样性,形成基本的审美能力;通过语言、文字和图像等方式表达自己对"惠安女服饰"的理解。
☑创意实践	学生能联系现实生活,通过实地调查和问卷调查等方式搜集信息,进行分析、思考和探究,了解惠安女服饰所蕴含的智慧,以及社会对惠安女服饰的看法,能够做出对惠安女服饰进行改良的方案,形成调研报告。
☑文化理解	学生能逐渐形成从文化的角度观察和理解"惠安女服饰"美术作品;从中华优秀传统美术作品中理解"惠安女服饰"的内涵及独特魅力,坚守中华文化立场,坚定文化自信。

表 4-1-2　思政元素

思政元素	☑政治认同	爱国、爱党、爱社会主义的真挚情感。
	☑家国情怀	中华优秀传统美术作品值得保护和传承;爱国主义情怀的共情共鸣。
	☑文化自信	惠安女服饰是中华文化不可或缺的一部分。
	☑健全人格	惠安女的辛勤劳动和热情好客。
	☑生态意识	保护海洋环境。

二、单元课程创建

(一)挑战性问题

核心问题:惠安女服饰所蕴含的中国智慧有哪些?

(二)单元课程目标

1. 学生能够知道

(1)视觉元素,惠安女服饰的色彩、肌理、线条美感等。
(2)形式原理,惠安女服饰的均衡美、节奏美等。
(3)色彩知识,惠安女服饰的常用色彩搭配、色彩的情感特征等。

(4)造型表现方法,惠安女服饰的装饰手法。

(5)手绘视觉笔记的要素,如主题文字的设计、主题图的绘制等。

(6)思维导图的要素,如核心主题与分支、关键词与连线、颜色与图形等。

(7)调研报告的要素,如基本情况的描述、样本数据的分析与结论、解决问题的措施与建议等。

2. 学生能够做到

(1)用不同的方式和媒材,采用访谈、问卷调查等方式,了解惠安女服饰所蕴含的中国智慧。

(2)对民间艺术的认识与传承,并结合四种民俗内涵——生产贸易、衣食住行、社会家庭、生态与科技对惠安女文化进行初步了解。

(3)围绕惠安女时代背景、地理环境、人文风貌、四季变化,展开小组探究学习,制作思维导图总结惠安女服饰中智慧与艺术的体现。

(4)实地采访惠安当地的惠安女,了解关于惠安女的故事以及惠安女服饰对她们的影响;拜访制作惠安女服饰的手工艺人,了解服饰部件的构造和制作方法,并形成一份视觉笔记。

(5)了解惠安女服饰所蕴含的智慧,以及社会对惠安女服饰的看法,能够做出对惠安女服饰进行改良的方案。

(6)反思自己创作或制作的方案,倾听别人的意见或建议。

3. 学生能够理解

(1)理解采用不同的形式(视觉笔记、思维导图、调研报告等),研究美术作品。

(2)理解在深入研究和创作美术作品时,应有各种构想和变通能力,并尝试各种方法,了解创作者的意图,创作富有创意的美术作品。

(3)在参与班级或小组的各种活动中,能尊重和理解别人不同的看法或想法。对自己创作或制作的作品能进行反思,虚心倾听、理解别人的意见或建议,并加以改进。

(4)理解惠安女服饰中所蕴含的天人合一、因地制宜、守望相助、惜物勤俭的中国智慧。

(三)单元教学设计框架

单元教学设计框架见图 4-1-1。

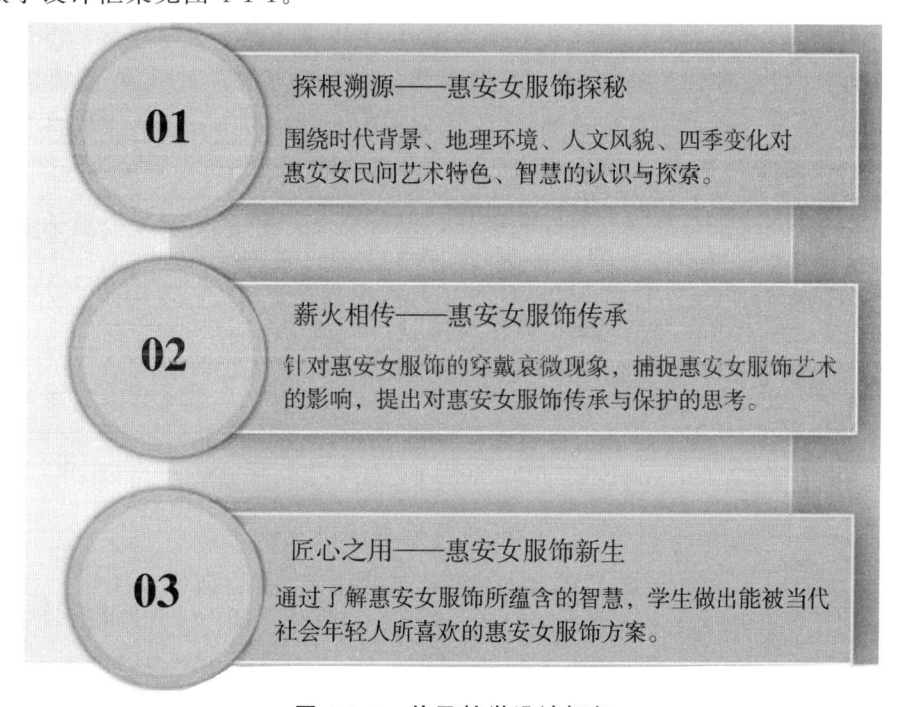

01 探根溯源——惠安女服饰探秘
围绕时代背景、地理环境、人文风貌、四季变化对惠安女民间艺术特色、智慧的认识与探索。

02 薪火相传——惠安女服饰传承
针对惠安女服饰的穿戴衰微现象,捕捉惠安女服饰艺术的影响,提出对惠安女服饰传承与保护的思考。

03 匠心之用——惠安女服饰新生
通过了解惠安女服饰所蕴含的智慧,学生做出能被当代社会年轻人所喜欢的惠安女服饰方案。

图 4-1-1 单元教学设计框架

(四)资源保障

与"惠安女服饰"相关的美术作品、图片与视频、必要的课件等。

"探根溯源——惠安女服饰探秘"通过了解惠安女传统服饰文化特色,引导学生制作思维导图总结惠安女服饰的智慧与文化表现;"薪火相传——惠安女服饰传承"通过运用思维导图,结合调查问卷形式,提出对惠安女服饰传承的思考并提出发展对策,同时,通过实地探访手工艺人,了解服饰部件的构造和制作方法以及惠安女服饰对他们生活的影响,并形成调研报告;"匠心之用——惠安女服饰新生"通过调研和讨论交流,在惠安女传统服饰的基础上,提出对惠安女服饰进行改良的方案,形成视觉笔记。

二、单元实施过程

单元实施过程见表 4-1-3 至表 4-1-5。

表 4-1-3　第 1 课时:"探根溯源——惠安女服饰探秘"实施过程

核心问题（大观念）		惠安女服饰的产生、演变与惠安的民俗内涵、时代背景、地理环境、人文风貌、四季变化息息相关。
子问题（链）		惠安女服饰带给我们怎样的美学思考?惠安女服饰有哪些色彩象征?地理环境对惠安女服饰造型有何影响?惠安女如何通过线与面的构成体现惠安女服饰的艺术特色?如何制作思维导图?
课时学习目标	知识与技能	学生了解惠安的民间艺术与文化特色;知晓惠安女服饰的使用价值、美学价值、经济价值、道德价值。
	过程与方法	以视频观赏和图片赏析等方式,让学生感受惠安女服饰的艺术特色,发现惠安女服饰的独特;通过小组学习和探究学习等学习方式,鉴赏惠安女服饰,并学会制作思维导图,总结惠安女服饰的形成过程和艺术特色。
	情感、态度与价值观	通过学习惠安女服饰的设计巧思与艺术表现,感受惠安女服饰的独特魅力。
	重点	学会制作一个完整的思维导图。
	难点	通过对惠安女服饰设计巧思和艺术表现的学习,感受惠安女服饰的价值。
教学环节	学习活动	设计意图
环节1	以图片、视频形式了解惠安民俗内涵以及认识惠安女服饰分类、色彩象征、织布刺绣手艺、服装饰品的形成过程。	开阔视野,认识惠安女服饰的多样性。

续表

教学环节	学习活动	设计意图
环节 2	通过小组学习和探究学习等学习方式围绕惠安女时代背景、地理环境、人文风貌、四季变化探究惠安女服饰的由来与价值。	多维度认识惠安女服饰，提升学习兴趣。
环节 3	制作鉴赏成果，以思维导图的形式记录。	强化美术鉴赏学习。
环节 4	展示与评价。	评估是否达到学习目标。

表 4-1-4　第 2 课时："薪火相传——惠安女服饰传承"实施过程

核心问题（大观念）		惠安女服饰衰微现象以及传承的思考。
子问题（链）		惠安女服饰对现代社会有什么影响？传统观念对惠安女服饰的认识是否影响惠安女服饰的流行？是什么影响惠安女服饰的变化趋势？对惠安女服饰的传承发展，我们可以做些什么？
课时学习目标	知识与技能	学生了解惠安女服饰衰微现象，了解惠安女服饰演变的历史进程；学会运用思维导图寻找惠安女服饰衰微现象的原因等。
	过程与方法	通过小组讨论制作调研报告并以调研学习、访谈形式和探究学习等学习方式对惠安县相关单位进行调查，学会表格制作与访谈问卷制作，并分析归纳总结。
	情感、态度与价值观	形成惠安女文化传承与保护意识。
	重点	寻找惠安女服饰衰微现象，学会捕捉惠安女服饰的艺术影响。
	难点	提出如何保护、传承与发展的对策。

教学环节	学习活动	设计意图
环节 1	根据思维导图，小组讨论惠安女服饰衰微现象并寻找原因（从商品经济冲击、现代生活方式、地域特征与标志、流行时尚服饰元素、文艺作品介绍等展开）。	头脑风暴，主动思考。
环节 2	调查问卷表格制作以及访谈问题设计演练（如：调查对象基本情况、对传统服饰文化的了解、政府的关注度等）。	强化美术鉴赏学习。

续表

教学环节	学习活动	设计意图
环节3	以电话或上门的方式对相关单位工作人员进行访谈,归纳总结形成保护意识,并提出解决方案(如:成立专门部门、有专人工作的博物馆、提倡礼仪服饰穿戴等)。	考察互动,提升学习兴趣。
环节4	展示与评价。	评估是否达到学习目标。

表4-1-5　第3课时:"匠心之用——惠安女服饰新生"实施过程

核心问题（大观念）		惠安女服饰是非物质文化遗产传承与发展的体现。
子问题（链）		惠安女服饰是何时出现的?服饰配件有哪些?当代人对惠安女服饰有何看法?可以从哪些方面进行创新?
课时学习目标	知识与技能	学生了解惠安女的故事以及惠安女服饰对他们的影响,拜访制作惠安女服饰的手工艺人,了解服饰部件的构造和制作方法等。
	过程与方法	通过实地探访、问卷调查、小组学习和探究学习等方式了解惠安女服饰所蕴含的智慧,以及社会对惠安女服饰的看法等。
	情感、态度与价值观	从惠安女服饰的历史中感受非物质文化遗产的博大精深及其蕴含的中国智慧。
	重点	了解惠安女服饰的历史和构成要素,以及当代人对惠安女服饰的看法等。
	难点	从惠安女服饰的历史中感受非物质文化遗产的博大精深和中国智慧。

教学环节	学习活动	设计意图
环节1	实地探访,问卷调查。	了解关于惠安女的传说以及惠安女服饰对她们的影响。
环节2	小组学习探究。	了解惠安女服饰所蕴含的智慧,以及社会对惠安女服饰的看法等。
环节3	展示与评价。	评估是否达到学习目标。

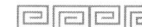

四、课程评价

(一)参考课程成果

参考课程成果见表 4-1-6。

表 4-1-6　参考课程成果

团队成果	思维导图 访谈记录 调研报告 视觉笔记	参与评价人员 □班级 □学校 □社区 □网络 □个人：_____
个人成果	鉴赏报告 体验成果 展示汇报	

(二)参考评价量表

过程性评价量规见表 4-1-7,自评和他评清单见表 4-1-8。

表 4-1-7　过程性评价量规

		水平 1	水平 2	水平 3	水平 4
评价维度	团队访谈				
	倾听回应	随意插嘴打断别人;没有听清内容就匆忙回应。	耐心地听他人讲述;能用肢体、语言等方式回应他人。	耐心地、鼓励式地听完他人的讲述;适时给出回应性的思考。	在耐心倾听的同时,能积极与他人互动,共同思考,营造良好的访谈氛围。
	访谈记录	访谈内容单一,访谈记录零散、不完整。	开展多次访谈且完整地将流程及内容记录下来。	能从对话中提取关键信息,并将访谈内容完整地记录下来。	能面向不同群体开展访谈,内容体现双方的深层思考与观点的博弈。
	调研报告	没有组织自己的观点,报告内容不连贯。	能体现自己的观点,在报告中流畅地进行表达。	能够富有逻辑地表达自己的观点,在报告中流畅地进行表达。	能够富有逻辑地表达自己的观点,通过流畅的语言进行表达;并有多项资料来充分论证自己的观点。

续表

		水平 1	水平 2	水平 3	水平 4
评价维度	美术学科核心素养 创意实践	能搜集到相关资料和信息，运用合适的材料进行创作与设计。	能运用多种方式搜集资料和信息，进行联想和想象，生成创作意图。	能根据搜集到的信息，运用发散性思维进行联想，将生成的创作意图用不同方式进行呈现。	能运用发散性思维进行联想和想象，借鉴艺术家的创意想法和创作手段，通过吸收和变通完善自己的创作意图。
	文化理解	能初步从文化角度来分析和理解艺术作品和艺术现象。	能从文化角度来分析和理解作品，了解社会和文化是如何影响艺术的。	能从文化角度分析和理解不同地区、民族的传统艺术特点，了解艺术与文化的关系。	能从文化角度分析和研究不同地区、民族传统艺术的继承与创新之间的关系，尊重并理解不同地区的文化内涵。

表 4-1-8　自评和他评清单

对本人创作的作品进行自评	自评清单： (　　)1. 我的设计是否聚焦？ (　　)2. 我的设计理念清晰吗？ (　　)3. 我有认真了解设计元素的来源吗？ (　　)4. 我有加入自己的原始想法吗？ (　　)5. 我的艺术表达清晰吗？
对评论他人作品的评价自查清单	评价自查清单： (　　)1. 我的评论提供了我认真欣赏作品的证据吗？ (　　)2. 我充分识别主题或者创作观点了吗？ (　　)3. 我把用来支持观点的证据和论证解释清楚了吗？ (　　)4. 我适当地考虑作者的创作风格了吗？ (　　)5. 我对作者作品的判断是适当的、可靠的吗？ (　　)6. 我评论作者所呈现的东西了吗？ (　　)7. 我的评论中包含一些我自己的见解吗？

终结性评价表见表 4-1-9。

表 4-1-9　终结性评价表

维度	内容	占比	评价
知识建构	能用艺术的眼光鉴赏与"惠安女服饰"有关的美术作品，认识到这些美术作品所承载的文化内涵，能够将所建构知识充分运用在成果的设计与呈现中。	20%	
学习成果	能从成果中展现对惠安女服饰智慧的深刻认识，包含必要的设计意图说明；有设计的草图或思路，其成果在主题上与观点及主旨相吻合。	20%	
文化内涵	团队设计的成果能让观众体验到在多元视角下所呈现的对惠安女服饰及设计智慧与文化内涵的展现。	20%	
创意思维	能以独到的创意设计来呈现团队的成果，富有新意，能够吸引观众的目光。	20%	
总体成效	能够把所学的知识与技能应用到真实的场景中，最终取得的成果富有内涵，能给人留下深刻的印象。	20%	

第二节 "演绎惠安女服饰"美术单元课程与教学设计案例

（创意·表现单元）

一、单元简介

单元名称：演绎惠安女服饰。

适用年级：高一年级。

课时要求：3课时。

单元概述：

本单元课程是"创意·表现"课程，分为三个课程，分别是首饰设计、服装设计和服装展示。

"独出心裁——惠安女首饰再设计"的美术表现成果是创作一个具有惠安女首饰特征的首饰作品，学生了解惠安女首饰蕴含的人文理念和首饰设计、制作技法，并进行自主设计和制作。"独具创新——惠安女服装再设计"的美术表现成果是制作一套具有惠安女服装风格的成衣，学生知道惠安女服装的基本概念和设计内涵，了解惠安女服装造型的规律；运用惠安女服装进行元素提炼和服装制作。"异彩纷呈——惠安女服装展示"需要学生组织设计、编排一场惠安女服装展示活动，学生讨论并设计活动流程，进行相关活动策划宣讲；针对学生宣讲成果精选优秀主题，并对该活动设想进行脚本设计，最终实现成果展示。

（一）学科知识与技能

1. 知识与技能

了解惠安女首饰中蕴含的人文巧思和首饰造型组合方式，设计与制作一款首饰，帮助学生提高动手能力和交流展示中的表达能力；知道服装的基本概念和设计特点；了解惠安女服装的构成要素与造型特点，并进行创意主题表现；在惠安女服饰的研学中，通过学习运用进行"再创作"，以继承发展惠安女服饰中的生活智慧、劳动智慧，进行服饰展示舞台的设计与编排。

2. 过程与方法

通过鉴赏、探究，归纳传统惠安女首饰的特征，了解惠安女腰链制作的制作流程并设计制作一款首饰；观察与分析惠安女服装写生的基本特点；讨论和交流惠安女服装创作的方法；在感知体验和实践中运用相关知识进行表现；通过实践探究，策划服装秀脚本设计；小组合作设计服装秀的活动流程；讨论和交流活动展示的方法；在感知体验和实践中运用相关知识进行表现成果展示。

3. 情感、态度与价值观

感悟惠安女首饰中蕴含的工匠精神和家庭和谐美满的人文理念；感悟惠安女服装中蕴含的设计精神，理解民俗文化、协调与变化的服装之美；体验惠安女服装创作表现不同主题的魅力；在学习过程中，通过观察、交流及讨论的过程与方法，培养学生策划活动的能力和自主表达的能力。

(二)核心素养和思政元素

美术创作可以在一定程度上表达创作者对创作元素的认知。本单元所指向的美术学科核心素养和课程思政元素见表 4-1-10 和表 4-1-11。

表 4-1-10　核心素养

☑ 图像识读	学生能从形态、材料、技法、风格及发展脉络等方面识别惠安女首饰、惠安女服饰的图像；以搜索、阅读、思考和讨论等方式，识别与解读所创作的图像的内涵。
☑ 美术表现	学生能形成空间意识和造型意识；了解并运用绘画工具、雕刻工具等相关课程所需工具，通过观察、想象、构思和表现等过程，创作惠安女首饰、服装成衣，进行舞美设计，表达自己对优秀传统文化的理解。
☑ 审美判断	学生能通过惠安女首饰、服装和舞美设计作品表达自己的审美感受，显示健康的审美趣味。
☑ 创意实践	学生能养成创新意识，运用创造性思维，创作有创意的美术作品；能联系现实生活，通过各种方式搜集信息，进行分析、思考和探究，创意构想并予以呈现（如惠安女首饰、服装和舞美设计等）不断加以改进和优化。
☑ 文化理解	学生能逐渐形成从文化的角度观察和理解惠安女服装演变的历史、人文内涵，了解美术与文化的关系；认识中华优秀传统美术的文化内涵及独特艺术魅力，坚守中华文化立场，坚定文化自信；尊重艺术家、设计师和手工艺者及其创造的成果和对人类文明进步所作的贡献。

表 4-1-11　思政元素

思政元素	☑ 政治认同	爱国、爱党、爱社会主义的真挚情感。
	☑ 家国情怀	中华优秀传统美术作品值得保护和传承；爱国主义情怀的共情共鸣。
	☑ 文化自信	非物质文化遗产是中华优秀传统文化的重要组成部分。
	☑ 健全人格	能进行正常的交流讨论和表达创作。
	☑ 生态意识	选用环保的工具和媒材进行创作，创作时减少浪费。

二、单元课程创建

(一)挑战性问题

核心问题：进行美术创作时，你想表现的"惠安女服饰"的中国智慧有哪些？

(二)单元课程目标

1. 学生能够知道

知道惠安女首饰的外观造型、结构要素以及设计理念和制作流程,知道首饰设计与制作的步骤和技法;知道惠安女服饰的演变历程和服装的色彩、款式特征,指导服装设计与制作的步骤和技法;知道舞台设计的基本原理、活动策划流程、人员组织协调与合作等。

2. 学生能够做到

用不同的工具和媒材,采用写实、夸张等表现方式,设计并制作首饰,自主表达创意;使用传统或现代的工具与媒材,创作富有创意的惠安女服装;以小组合作的形式设计并呈现一场惠安女主题的服装展示活动。

3. 学生能够理解

理解惠安女手镯、腰带的造型特征与纹样规律;理解惠安女服饰中所蕴含的天人合一、惜物勤俭、因地制宜、守望相助的中国智慧。感悟惠安女服装的设计精神,理解民俗文化、协调与变化的服装之美;展示活动的策划、设计流程,并在实践中理解团队精神。

(三)单元教学设计框架

单元教学设计框架见表 4-1-12。

表 4-1-12 单元教学设计框架

独出心裁—— 惠安女首饰再设计	创作一件与惠安女文化相关的首饰,学生构思理念和造型,学习首饰制作的相关技法,并将之运用于首饰制作。
独具创新—— 惠安女服装再设计	创作一套惠安女服饰元素的成衣,学生学习服装制作的设计、打版和缝纫等技法,将之结合并熟练运用,传承惠安女服饰文化。
异彩纷呈—— 惠安女服装展示	小组合作呈现一场惠安女服装展示活动,学生需要自主分工,设计活动内容架构和流程,在实践中互相配合完成舞台呈现。

(四)资源保障

(1)铅笔、尺子、橡皮、水彩颜料、铝片、热缩片、热风枪等;

(2)布料、剪刀、针线、缝纫机、胶水等;

(3)多媒体、KT 板、展架、音响等。

三、单元实施过程

单元实施过程见表 4-1-13 至表 4-1-15。

表 4-1-13 第 1 课时:"独出心裁——惠安女首饰再设计"实施过程

核心问题 (大观念)	首饰设计流程与技法。

续表

	子问题（链）	惠安女首饰中多出现什么纹样元素？为什么要运用这些元素？首饰制作中需要用到哪些工具？制作的步骤流程是什么？有哪些技巧？哪位同学的作品给你留下深刻印象？吸引你的是什么呢？
课时学习目标	知识与技能	了解惠安女首饰蕴含的家庭和谐美满的人文理念；了解惠安女首饰的文化底蕴和历史背景；了解首饰设计中造型的组合方式；了解惠安女腰链制作的非遗技艺和制作流程；运用彩铅、马克笔等材料绘制设计草图；运用相关知识制作一款首饰，培养学生动手能力，并在交流展示中提高表达能力。
	过程与方法	通过鉴赏、探究，归纳传统惠安女首饰的特征；观察与分析首饰制作时图形的组合方式；了解惠安女腰链制作的文化背景和制作流程；结合所学知识和个人创意设计一款首饰，绘制草图并进行制作；交流与展示制作的首饰成品，讲解设计理念。
	情感、态度与价值观	了解用鉴赏的眼光看待事物对于理解事物的重要性；感悟惠安女首饰蕴含的工匠精神和追求家庭稳定、和谐美满的人文理念；体会工匠手工制作的艰辛与不易；增强学生的民族自信心。
	重点	了解惠安女首饰中蕴含的人文理念；了解首饰的设计和制作方法；设计并制作一款首饰。
	难点	提取惠安女首饰相关设计元素，设计并独立完成一款首饰的制作。

教学环节	学习活动	设计意图
环节1	探究惠安女银腰带习俗的演变历程，采用不同的鉴赏方法尝试解读；观察惠安女手镯、腰带的造型特征与纹样规律；了解惠安女首饰蕴含的工匠精神和追求家庭稳定、和谐美满的人文理念。	学习新知识，激发创意。
环节2	了解惠安女腰带和手镯的经典纹样和组合方式；讲解首饰造型的组合方法。	学习运用美术媒材和工具。
环节3	学生自主选择设计元素，围绕题材结合个人创意进行首饰设计并绘制草图，撰写设计意图说明。根据设计草图用铝片等材料进行首饰制作。	体验美术创作，表达观点。
环节4	展示与评价。	评估是否达到学习目标。

表 4-1-14　第 2 课时："独具创新——惠安女服装再设计"实施过程

核心问题（大观念）	惠安女服饰的智慧和文化艺术的产生、变迁与惠安女服装特色内涵、时代背景、地理环境、人文风貌、四季变化息息相关。	
子问题（链）	惠安女服装带给我们怎样的美学思考？惠安女服装中的造型特点与设计元素有哪些？惠安女服装为什么要这样设计？有什么样的中国智慧？你的灵感来源是什么？怎么将这个灵感来源付诸实践？	
课时学习目标	知识与技能	知道服装的基本概念和设计特点；了解惠安女服装形式的构成与造型特点；运用惠安女服装造型方法进行创意主题表现；综合理解惠安女服装及其相关知识，构思画面表现形式，创作带有情感的作品。
	过程与方法	通过欣赏、探究，归纳惠安女服装构成的基本规律；观察与分析惠安女服装写生的基本特点；讨论和交流惠安女服装创作的方法；感知体验并在实践中运用相关知识进行表现。
	情感、态度与价值观	理解惠安女服装在中国服饰文化中的重要性；感悟惠安女服装所蕴含的设计精神与家国情怀，理解民俗文化、协调与变化的服装之美；体验惠安女服装创作表现不同主题的魅力；感受和欣赏自然与生活中惠安女服装的美感。
	重点	了解惠安女服装构成与造型特点；运用多种设计手法表现惠安女服装；运用惠安女服装创作具有创意的拓展性作品。
	难点	在惠安女服装创作表现中，创意运用媒介材料并对惠安女服装进行"再创作"。

教学环节	学习活动	设计意图
环节 1	通过上网查阅资料、实地考察等活动，根据任务单的要求，对惠安女文化进行了解，确定主题，设计出服装设计调研稿。	开阔视野，认识惠女服饰的多样性。
环节 2	依据服装设计前期调研稿，对查找出来的资料进行收集和整合，确定设计方向，进行头脑风暴，思考各个关键词所带来的灵感，用几个关键词准确概括自己的设计主题，标记在情绪板下面，运用 Fabrie 将相关的素材连在一起，对素材进行剪切拼贴，完成惠安女服装视觉笔记。	收集整合材料，总结提取灵感。
环节 3	惠安女服装纹样有其精华的地方，也有其落后的地方。运用你的前期调研报告以及你的设计主题，对惠安女服装纹样进行再设计，并且拓印在服装小样上，进行服装面料改造。	服装纹样再设计，面料改造。

续表

教学环节	学习活动	设计意图
环节 4	用白坯布在人台上将自己的设计,以立裁的方式表现出来,制作出服装设计样板,再以平裁的方式,将最终版式成衣制作出来。	惠安女服装人台与成衣制作。

表 4-1-15　第 3 课时:"异彩纷呈——惠安女服装展示"实施过程

核心问题（大观念）	惠安女服饰创意表现活动。	
子问题（链）	你在看服装秀时有什么感受？舞台效果如何？如何将惠安女服饰特点体现在一场服装秀里？	
课时学习目标	知识与技能	在惠安女服饰的研学活动中,通过学习运用进行"再创作",结合惠安女服饰中蕴含的生活智慧、劳动智慧进行服饰创新。
	过程与方法	通过实践探究,策划服装秀脚本设计;小组分工制定服装秀的活动流程;讨论和交流活动展示的方法;感知体验并在实践中运用相关知识进行表现成果展示。
	情感、态度与价值观	通过教学过程与方法的设计,创设一定的教学情境,提供学习机会达成情感、态度和价值观方面的目标。在学习过程中,通过观察、交流及讨论,培养学生策划活动的能力,以实现团队合作、交流反馈、群策群力,实现学生综合能力的进一步提升。
	重点	以惠安女历史文化为背景,四季劳作更替为线索,展示惠安女服装的继承与创新。
	难点	以鉴赏及服装、首饰的制作为主题,结合四季变化时的生活场景布置舞台背景,策划服装秀活动并展示成果。

教学环节	学习活动	设计意图
环节 1	观看多媒体资料,自由交流,形成对时装表演的大致认识。	学习新知识,激发创意。
环节 2	将准备工作整理为几大类,学生进行项目任务分组;讨论工作计划并细化工作内容,按计划完成服装秀的准备工作,并将遇到的问题记录下来。	提高学生团队协作能力。

续表

教学环节	学习活动	设计意图
环节3	各组组长汇报本组筹备工作的进展情况;各小组以PPT展示,组长负责活动宣讲,选取最优小组的方案成为服装秀最终方案。 进行彩排,其他学生观看并记录意见或建议;各筹备小组就大家提出的意见和建议展开讨论,完成改进方案。	交流反馈,群策群力。
环节4	活动展示。	评估是否达到学习目标。

四、课程评价

(一) 参考项目成果

参考项目成果见表4-1-16。

表 4-1-16　参考项目成果

团队成果	规划方案 探索成果 作品设计	参与评价人员 □班级 □学校 □社区 □网络 □个人:＿＿＿＿＿
个人成果	创作报告 体验成果 展示汇报	

(二) 参考评价量规

过程性评价量规见表4-1-17,自评和他评清单见表4-1-18。

表 4-1-17　过程性评价量规

			水平 1	水平 2	水平 3	水平 4
评价维度	团队访谈	倾听回应	随意插嘴打断别人；没有听清内容就匆忙回应。	耐心地听他人讲述；能用肢体、语言等方式回应他人。	耐心地、鼓励式地听完他人的讲述；适时给出回应性的思考。	在耐心倾听的同时，能积极与他人互动，共同思考，营造良好的访谈氛围。
		交流意见	交流内容单一，访谈记录零散、不完整。	开展多次交流且能完整地将流程及内容记录下来。	能从对话中提取关键信息，并将交流内容完整地记录下来。	能与不同群体交流，内容体现双方的深层思考与观点的博弈。
		表达创意	没有组织自己的观点，报告内容不连贯。	能体现自己的观点，在报告中流畅地进行表达。	能够富有逻辑地表达自己的观点，在报告中流畅地进行表达。	能够富有逻辑地表达自己的观点，通过流畅的语言进行表达；并有多项资料来充分论证自己的观点。
	美术学科核心素养	创意实践	能搜集到相关资料和信息，运用合适的材料进行创作与设计。	能运用多种方式搜集资料和信息，进行联想和想象，生成创作意图。	能根据搜集到的信息，运用发散性思维进行联想，将生成的创作意图用不同方式进行呈现。	能运用发散性思维进行联想和想象，借鉴艺术家的创意想法和创作手段，通过吸收和变通完善自己的创作意图。
		文化理解	能从文化角度分析和理解艺术作品和艺术现象。	能从文化角度分析和理解作品，了解社会和文化是如何影响艺术的。	能从文化角度分析和理解不同地区、民族的传统艺术特点，了解艺术与文化的关系。	能从文化角度分析和研究不同地区、民族传统艺术的继承与创新之间的关系，尊重并理解不同地区的文化内涵。

表 4-1-18　自评和他评清单

对本人创作的作品进行自评	自评清单： （　）1. 我的设计是否聚焦？ （　）2. 我的设计理念清晰吗？ （　）3. 我有认真了解设计元素的来源吗？ （　）4. 我有加入自己的原始想法吗？ （　）5. 我的艺术表达清晰吗？
评论他人作品的评价自查清单	评价自查清单： （　）1. 我的评论能体现出我认真欣赏作品吗？ （　）2. 我充分识别主题或者创作观点了吗？ （　）3. 我把用来支持观点的证据和论证解释清楚了吗？ （　）4. 我适当地考虑作者的创作风格了吗？ （　）5. 我对作者作品的判断是适当的、可靠的吗？ （　）6. 我评论作者所呈现的东西了吗？ （　）7. 我的评论中包含一些我自己的见解吗？

终结性评价表见表 4-1-19。

表 4-1-19　终结性评价表

维度	内容	占比	评价
知识建构	能用艺术的眼光看待生活中的美术创作，认识到这些创作所承载的文化内涵，能够将所建构的知识充分运用在成果的设计与呈现中。	20%	
学习成果	能从成果中展现对中国智慧的深刻认识，包含必要的设计意图说明；有设计的草图或思路，其成果在主题上与观点及主旨相吻合。	20%	
文化内涵	团队设计的成果能让观众体验到在多元视角下所呈现的对惠安女服饰及设计智慧与文化内涵的展现。	20%	
创意思维	能以独到的创意设计来呈现团队的成果，富有新意，能够吸引观众的目光。	20%	
总体成效	能够把所学的知识与技能应用到真实的场景中，最终取得的成果富有内涵，能给人留下深刻的印象。	20%	

第二章 "食"的中国智慧

第一节 "遇见茶汤和好天气"美术单元课程与教学设计案例

(欣赏·评述单元)

一、单元简介

单元名称:遇见茶汤和好天气。

适用年级:高一年级。

课时要求:4课时。

单元概述:

本单元课程是"欣赏·评述"课程,分为4个课时,分别是"土地和手掌的温度""烹茶煮茗——烧水和煮茶的故事""一脉相承——过去、现在和未来的茶""沁人心脾——一碗茶汤见人情"。

"土地和手掌的温度"从自然的馈赠和劳动的智慧入手,让学生了解安溪铁观音的制作过程,并运用费尔德曼四步鉴赏法赏析古代劳动人民辛勤耕种的图景;"烹茶煮茗——烧水和煮茶的故事"通过鉴赏不同朝代绘画作品所呈现的不同喝茶方式,带领学生了解从吃茶到喝茶的历史,同时,学生学习安溪铁观音的冲泡方法并尝试使用学习到的冲泡方法冲泡茶叶;"一脉相承——过去、现在和未来的茶"以中国民间斗茶传统风俗为切入点,学生学习与斗茶相关的内容,如斗茶所需器具、斗茶方式、斗茶的历史以及斗茶的评比要素等;"沁人心脾——一碗茶汤见人情"是从茶文化和茶礼仪出发,通过鉴赏"茶文化"相关美术作品和回顾自己的生活经历,感受茶文化的魅力,体验茶礼仪的交往方式。

(一)学科知识与技能

1. 知识与技能

通过本单元课程的学习,使学生了解安溪铁观音的制作过程、冲泡方法和喝茶方式,了解喝茶方式演变的历史进程、民间斗茶风俗以及茶礼仪的相关要点;学会运用费尔德曼四步鉴赏法赏析相关美术作品,学会灵活运用茶的冲泡方法冲泡茶叶,学会以茶待客的方式等。

2. 过程与方法

以实地调查和文献调查等方式让学生感受安溪铁观音的制作过程,了解其制作过程和历史渊源;通过游戏学习、小组学习和探究学习等学习方式鉴赏古代劳动人民辛勤耕种的图景、不同朝代与"喝茶"相关的美术作品等。

3. 情感、态度与价值观

通过学习安溪铁观音从种植采摘到冲泡喝茶的一系列知识,感受安溪铁观音的独特魅力;从茶的历史中感受中华文化的博大精深;从茶文化和茶礼仪中体悟"茶道",提升自身的文化修养,完善个人礼仪。

(二)核心素养和思政元素

中华优秀传统美术作品中呈现的茶文化和茶礼仪显示了中华民族代代相承的好客之道。本单元所指向的美术学科核心素养和课程思政元素见表 4-2-1 和表 4-2-2。

表 4-2-1　核心素养

☑ 图像识读	学生能以联系、比较的方法观看古代劳动人民辛勤耕种的图景和不同朝代与"喝茶"相关的美术作品,感受图像的造型、空间感等形式特征;以思考和讨论等方式,识别与解读美术作品中的茶文化;能联系生活,更好地理解作品呈现的茶文化内容。
☑ 美术表现	学生能通过观察、想象、构思和表现等过程,制作"茶文化"鉴赏草图,呈现自己的学习过程。
☑ 审美判断	学生能感受和认识茶文化的独特性和多样性,形成基本的审美能力;通过语言、文字和图像等方式表达自己对"茶"的理解。
☑ 创意实践	学生能联系现实生活,通过实地调查和文献调查等方式搜集信息,进行分析、思考和探究,对安溪铁观音的制作过程和冲泡过程加以改进和优化。
☑ 文化理解	学生能逐渐形成从文化的角度观察和理解"茶文化"美术作品;从中华优秀传统美术作品中理解关于"茶文化"的内涵及独特魅力,坚守中华文化立场,坚定文化自信。

表 4-2-2　思政元素

思政元素	☑ 政治认同	爱国、爱党、爱社会主义的真挚情感。
	☑ 家国情怀	中华优秀传统美术作品值得保护和传承;爱国主义情怀的共情共鸣。
	☑ 文化自信	茶文化是中华文化不可或缺的　部分。
	☑ 健全人格	种植茶叶须付出的辛勤劳动和茶礼仪中的热情好客。
	☑ 生态意识	茶的高效种植和环保采摘。

二、单元课程创建

(一)挑战性问题

核心问题:
中华优秀传统美术作品蕴含的与"茶文化"有关的中国智慧有哪些?

(二)单元课程目标

1. 学生能够知道

知道安溪铁观音的制作过程、冲泡方法和喝茶方式,知道喝茶方式演变的历史进程、民间斗茶风俗以及茶礼仪的相关要点。

2. 学生能够做到

能运用费尔德曼四步鉴赏法赏析茶文化相关美术作品;能够灵活运用茶的冲泡方法冲泡茶叶,学会以茶待客的方式。

3. 学生能够理解

能够感受安溪铁观音的独特魅力;从茶的历史中感受中华文化的博大精深和因地制宜、天人合一、说繁到简、返璞归真、由技入道、张弛有度的中国智慧;从茶文化和茶礼仪中体悟"茶道",提升自身的文化修养,完善个人礼仪。

(三)单元教学设计框架

单元教学设计框架见图 4-2-1。

土地和手掌的温度
- 从自然的馈赠和劳动的智慧入手,让学生了解安溪铁观音的制作过程;
- 运用费尔德曼四步鉴赏法赏析古代劳动人民辛勤耕种的图景。

烹茶煮茗 烧水和煮茶的故事
- 通过鉴赏不同朝代绘画作品所呈现的不同喝茶方式,学生了解从吃茶到喝茶的历史;
- 学生学习安溪铁观音的冲泡方法并尝试使用学习到的冲泡方法冲泡茶叶。

一脉相承 过去、现在和未来的茶
- 以中国民间斗茶传统风俗为切入点,学生学习与斗茶相关的内容,如斗茶所需器具、斗茶方式、斗茶的历史以及斗茶的评比要素等。

沁人心脾 一碗茶汤见人情
- 从茶文化和茶礼仪出发,通过鉴赏茶文化相关美术作品和回顾自己的生活经历,学生感受茶文化的魅力,体验茶礼仪的交往方式。

图 4-2-1 单元教学设计框架

(四)资源保障

与"茶"相关的美术作品、安溪铁观音若干、斗茶图片与视频、必要的课件等。

二、单元实施过程

单元实施过程见表 4-2-3 至表 4-2-6。

表 4-2-3　第 1 课时:"土地和手掌的温度"实施过程

核心问题（大观念）	安溪铁观音的独特性与福建安溪的地域气候条件息息相关。	
子问题（链）	福建安溪的海拔、降水量和温度等气候条件如何？安溪铁观音的制作完成需要哪些步骤？安溪铁观音的产生还涉及哪些因素？费尔德曼四步鉴赏法是什么？	
课时学习目标	知识与技能	学生了解安溪铁观音的制作过程；学会运用费尔德曼四步鉴赏法赏析相关美术作品。
	过程与方法	以实地调查和文献调查等方式让学生感受安溪铁观音的制作过程，发现其制作过程产生的原因；通过游戏学习、小组学习和探究学习等学习方式鉴赏古代劳动人民辛勤耕种的图景。
	情感、态度与价值观	通过学习安溪铁观音从种植采摘到冲泡喝茶的一系列知识，感受安溪铁观音的独特魅力。
	重点	学会运用费尔德曼四步鉴赏法赏析相关美术作品。
	难点	通过学习安溪铁观音从种植采摘到冲泡喝茶的一系列知识，感受安溪铁观音的独特魅力。
教学环节	学习活动	设计意图
环节 1	通过实地调查或语音视频连线的方式，学生对茶农进行访谈，提出疑惑的问题。	亲身感受，提高学习兴趣。
环节 2	通过游戏学习、小组学习和探究学习等学习方式鉴赏古代劳动人民辛勤耕种的图景。	多维度了解茶的种植。
环节 3	制作鉴赏成果，以文本、手账或思维导图的形式记录。	强化美术鉴赏学习。
环节 4	展示与评价。	评估是否达到学习目标。

表 4-2-4　第 2 课时:"烹茶煮茗——烧水和煮茶的故事"实施过程

核心问题（大观念）	中华优秀传统美术作品中记载着古代人们的生活方式。
子问题（链）	与"茶"相关的中国古代美术作品有哪些？如何进行美术鉴赏？安溪铁观音的冲泡方法是什么？

续表

课时学习目标	知识与技能	学生了解安溪铁观音的冲泡方法,了解喝茶方式演变的历史进程;学会运用费尔德曼四步鉴赏法赏析相关美术作品,学会灵活运用茶的冲泡方法来冲泡茶叶等。
	过程与方法	通过游戏学习、小组学习和探究学习等学习方式鉴赏不同朝代与"喝茶"相关的美术作品等。
	情感、态度与价值观	从茶的历史中感受中华文化的博大精深和其中蕴含的中国智慧。
	重点	学会运用费尔德曼四步鉴赏法赏析相关美术作品。
	难点	从茶的历史中感受中华文化的博大精深和其中蕴含的中国智慧。

教学环节	学习活动	设计意图
环节1	鉴赏不同朝代绘画作品所呈现的不同喝茶方式,了解从吃茶到喝茶的历史。	了解不同时期人们喝茶的方式。
环节2	了解安溪铁观音的冲泡方法并体验。	亲身感受,提高学习兴趣。
环节3	制作鉴赏成果,以文本、手账或思维导图的形式记录。	强化美术鉴赏学习
环节4	展示与评价。	评估是否达到学习目标。

表 4-2-5　第 3 课时:"一脉相承——过去、现在和未来的茶"实施过程

核心问题（大观念）		茶文化是中华民族生生不息传承的一个标志。
子问题（链）		中国民间斗茶传统风俗是从什么时候开始的?斗茶所需器具是什么?斗茶方式如何?斗茶的历史如何?斗茶的评比要素有哪些?
课时学习目标	知识与技能	学生了解安溪铁观音的喝茶方式,了解民间斗茶风俗;学会灵活运用茶的冲泡方法冲泡茶叶等。
	过程与方法	通过游戏学习、小组学习和探究学习等学习方式了解古代斗茶所需器具、斗茶方式、斗茶的历史以及斗茶的评比要素等。
	情感、态度与价值观	从茶的历史中感受中华文化的博大精深和其中蕴含的中国智慧。
	重点	了解古代斗茶所需器具、斗茶方式、斗茶的历史以及斗茶的评比要素等。
	难点	从茶的历史中感受中华文化的博大精深和其中蕴含的中国智慧。

续表

教学环节	学习活动	设计意图
环节1	通过游戏学习、小组学习和探究学习的方式了解古代斗茶所需器具、斗茶方式、斗茶的历史以及斗茶的评比要素等。	了解斗茶的相关因素。
教学环节	学习活动	设计意图
环节2	安排班级茶王赛，冲泡安溪铁观音，评比茶品，选出"茶王"。	游戏教学，增强趣味性。
环节3	展示与评价。	评估是否达到学习目标。

表4-2-6 第4课时："沁人心脾——一碗茶汤见人情"实施过程

核心问题（大观念）	茶礼仪是中华民族作为礼仪之邦的一种体现。	
子问题（链）	"茶礼仪"有哪些要点需要注意？回顾自己的生活经历，身边有茶礼仪存在吗？是什么？如何做到品茶有礼？	
课时学习目标	知识与技能	学生了解茶礼仪的相关要点；学会运用费尔德曼四步鉴赏法赏析相关美术作品，学会以茶待客的方式等。
	过程与方法	通过游戏学习、小组学习和探究学习等学习方式鉴赏与"茶文化"和"茶礼仪"相关的美术作品等。
	情感、态度与价值观	感受安溪铁观音的独特魅力；从茶文化和茶礼仪中体悟"茶道"，提升自身的文化修养，完善个人礼仪。
	重点	了解茶礼仪的相关要点，学会以茶待客的方式等。
	难点	从茶文化和茶礼仪中体悟"茶道"，提升自身的文化修养，完善个人礼仪。
教学环节	学习活动	设计意图
环节1	运用费尔德曼四步鉴赏法赏析"茶礼仪"相关美术作品。	从美术作品中学习茶礼仪知识。
环节2	学习茶礼仪的相关要点，学会以茶待客的方式等。	感悟茶礼仪的内涵。
环节3	班级讨论：课程学习之后，自身关于茶的感受是什么？有什么变化？以文本、手账或思维导图的形式记录。	体悟"茶道"，表达观点。
环节4	展示与评价。	评估是否达到学习目标。

四、课程评价

(一)参考课程成果

参考课程成果见表 4-2-7。

表 4-2-7　参考课程成果

团队成果	规划方案 访谈记录 探索成果 作品设计	参与评价人员 □班级 □学校 □社区 □网络 □个人：_____
个人成果	鉴赏报告 体验成果 展示汇报	

(二)参考评价量规

过程性评价量规见表 4-2-8，自评与他评清单见表 4-2-9。

表 4-2-8　过程性评价量规

			水平 1	水平 2	水平 3	水平 4
评价维度	团队访谈	倾听回应	随意插嘴打断别人；没有听清内容就匆忙回应。	耐心地听他人讲述；能用肢体、语言等方式回应他人。	耐心地、鼓励式地听完他人的讲述；适时给出回应性的思考。	在耐心倾听的同时，能积极与他人互动，共同思考，营造良好的访谈氛围。
		访谈记录	访谈内容单一，访谈记录零散、不完整。	开展多次访谈且能完整地将流程及内容记录下来。	能从对话中提取关键信息，并将访谈内容完整地记录下来。	能面向不同群体开展访谈，内容体现双方的深层思考与观点的博弈。
		调研报告	没有组织自己的观点，报告内容不连贯。	能体现自己的观点，在报告中流畅地进行表达。	能够富有逻辑地表达自己的观点，在报告中流畅地进行表达。	能够富有逻辑地表达自己的观点，通过流畅的语言进行表达；并有多项资料来充分论证自己的观点。

续表

		水平 1	水平 2	水平 3	水平 4
评价维度	美术学科核心素养	创意实践	能搜集到相关资料和信息，运用合适的材料进行创作与设计。	能运用多种方式搜集资料和信息，进行联想和想象，生成创作意图。	能根据搜集到的信息，运用发散性思维进行联想，将生成的创作意图用不同方式进行呈现。	能运用发散性思维进行联想和想象，借鉴艺术家的创意想法和创作手段，通过吸收和变通完善自己的创作意图。
		文化理解	能初步从文化角度来分析和理解艺术作品和艺术现象。	能从文化角度来分析和理解作品，了解社会和文化是如何影响艺术的。	能从文化角度分析和理解不同地区、民族的传统艺术特点，了解艺术与文化的关系。	能从文化角度分析和研究不同地区、民族传统艺术的继承与创新之间的关系，尊重并理解不同地区的文化内涵。

表 4-2-9　自评与他评清单

对本人创作的作品进行自评	自评清单： （　）1. 我的设计是否聚焦？ （　）2. 我的设计理念清晰吗？ （　）3. 我有认真了解设计元素的来源吗？ （　）4. 我有加入自己的原始想法吗？ （　）5. 我的艺术表达清晰吗？
对评论他人作品的评价自查清单	评价自查清单： （　）1. 我的评论提供了我认真欣赏作品的证据了吗？ （　）2. 我充分识别主题或者创作观点了吗？ （　）3. 我把用来支持观点的证据和论证解释清楚了吗？ （　）4. 我适当地考虑作者的创作风格了吗？ （　）5. 我对作者作品的判断是适当的、可靠的吗？ （　）6. 我评论作者所呈现的东西了吗？ （　）7. 我的评论中包含一些我自己的见解吗？

终结性评价表见表 4-2-10。

表 4-2-10　终结性评价表

维度	内容	占比	评价
知识建构	能用艺术的眼光鉴赏与"茶"有关的美术作品，认识到这些美术作品所承载的文化内涵，能够将所建构知识充分运用在成果的设计与呈现中。	20%	
学习成果	能从成果中展现对茶智慧的深刻认识，包含必要的设计意图说明；有设计的草图或思路，其成果在主题上与观点及主旨相吻合。	20%	
文化内涵	团队设计的成果能让观众体验到在多元视角下所呈现的对茶文化及设计智慧与文化内涵的展现。	20%	
创意思维	能以独到的创意设计来呈现团队的成果，富有新意，能够吸引观众的目光。	20%	
总体成效	能够把所学的知识与技能应用到真实的场景中，最终取得的成果富有内涵，能给人留下深刻的印象。	20%	

第二节 "遇见茶汤和好天气"美术单元课程与教学设计案例

(创意·表现单元)

一、单元简介

单元名称:遇见茶汤和好天气。

适用年级:高一年级。

课时要求:3课时。

单元概述:

本单元课程是"创意·表现"课程,分为三个课程,分别是铁观音的故事、闽南布袋戏和水墨品茶。

"兰香铁韵——铁观音的绘本故事"以创作一本与安溪铁观音相关的绘本为美术表现成果。学生构思绘本故事,学习水彩的相关技法,并将之运用进行绘本创作;"茶农偶头——闽南布袋戏"的美术表现成果是创作一个茶农木偶偶头,学生学习木偶的造型结构和雕刻技法,将之结合并熟练运用,传承非遗文化;"水墨品茶——茶汤与好心情"需要学生创作一幅能够表达喝茶时的感受的水墨画作品,学生首先需要体悟自己喝茶时的感受,构思绘画作品,借助中国传统的绘画工具进行美术表现。

(一)学科知识与技能

1. 知识与技能

通过本单元课程的学习,学生了解安溪铁观音的色彩、外观结构以及水彩画技法要求和表现形式,了解绘本创作的步骤,学会构思故事,设计绘本故事,创作绘本;学生学习闽南布袋戏的历史背景与艺术特色,了解木偶的造型结构和雕刻时需要的雕刻技法,构思茶农木偶偶头的形象,选择合适的工具进行创作;学生了解中国画的绘画技巧和表现形式,根据自己喝茶时的感受,通过想象与构思,创作一幅品茶的绘画作品。

2. 过程与方法

以故事设计、场景想象的方法构思绘本故事,讲述铁观音的故事,完成绘本创作;通过文献调查、小组学习和探究学习的方式学习安溪布袋戏的相关知识,动手实践创作茶农木偶偶头;通过亲身体验的方式,感受自己喝茶时的心情,通过交流讨论的方式,了解他人的想法,将得到的感受加工,以绘画形式表达。

3. 情感、态度与价值观

通过了解安溪铁观音的色彩和外观结构,联系生活,设计铁观音的故事脚本并进行绘本创作,感受安溪铁观音的独特魅力;学习安溪布袋戏的造型结构和色彩基础,从木偶戏的历史传承和演变过程感受中华文化的博大精深和中国智慧,形成保护和传承非遗文化的意识;感悟茶文化的内涵,完善"喝茶"的构成元素,感受喝茶时的心情,或淡泊宁静,或仓促急躁,体悟茶道,修身养性。

(二)核心素养和思政元素

美术创作可以在一定程度上表达创作者对创作元素的认知。本单元所指向的美术学科核心素养和课程思政元素见表 4-2-11 和表 4-2-12。

表 4-2-11 核心素养

☑图像识读	学生能从形态、材料、技法、风格及发展脉络等方面识别安溪铁观音的图像、木偶戏和布袋戏的图片;以搜索、阅读、思考和讨论等方式,识别与解读所创作的图像的内涵。
☑美术表现	学生能形成空间意识和造型意识;了解并运用水彩画工具、雕刻工具和中国画工具以及相关技法要求,通过观察、想象、构思和表现等过程,创作绘本、雕刻茶农木偶偶头和创作水墨品茶图,表达自己对优秀传统文化的理解。
☑审美判断	学生能通过绘本、雕塑和绘画作品表达自己的审美感受,表现出健康的审美趣味。
☑创意实践	学生能养成创新意识,运用创造性思维,创作有创意的美术作品;能联系现实生活,通过各种方式搜集信息,进行分析、思考和探究,并予以呈现,不断加以改进和优化。
☑文化理解	学生能逐渐形成从文化的角度观察和理解安溪铁观音的图像、木偶戏和布袋戏的图片及其传承,了解美术与文化的关系;认识中华优秀传统美术的文化内涵及独特艺术魅力,坚守中华文化立场,坚定文化自信;尊重艺术家、设计师和手工艺者及其创造的成果。

表 4-2-12 思政元素

思政元素	☑政治认同	爱国、爱党、爱社会主义的真挚情感。
	☑家国情怀	中华优秀传统美术作品值得保护和传承;爱国主义情怀的共情共鸣。
	☑文化自信	非物质文化遗产是中华优秀传统文化的重要组成部分。
	☑健全人格	能进行正常的交流讨论和表达创作。
	☑生态意识	选用环保的工具和媒材进行创作,创作时减少不必要的浪费。

二、单元课程创建

(一)挑战性问题

核心问题：

进行美术创作时，你想表现的"茶文化"蕴含的中国智慧有哪些？

(二)单元课程目标

1. 学生能够知道

知道安溪铁观音的色彩、外观结构以及水彩画技法要求和表现形式，知道绘本创作的步骤；知道闽南布袋戏的历史与背景、木偶的造型结构和雕刻时需要的雕刻技法；知道中国画的绘画技巧和表现形式，知道如何将"胸中之竹"转变为"手中之竹"。

2. 学生能够做到

能够学会构思故事，设计绘本故事，创作绘本；能够学会雕刻时需要的雕刻技法，构思茶农偶头的形象，选择合适的工具创作茶农木偶偶头；能够根据自己喝茶时的感受，通过想象完善"喝茶"的构成元素，创作一幅品茶的水墨画作品。

3. 学生能够理解

理解安溪铁观音的独特魅力；从木偶戏的历史传承和演变过程理解中华文化的博大精深和因地制宜、天人合一、说繁到简、返璞归真、由技入道、张弛有度的中国智慧，形成保护和传承非遗文化的意识；感悟茶文化的内涵，理解不同的人喝茶时不同的心情，或淡泊宁静，或仓促急躁，体悟"茶道"，修身养性。

(三)单元教学设计框架

单元教学设计框架见图 4-2-2。

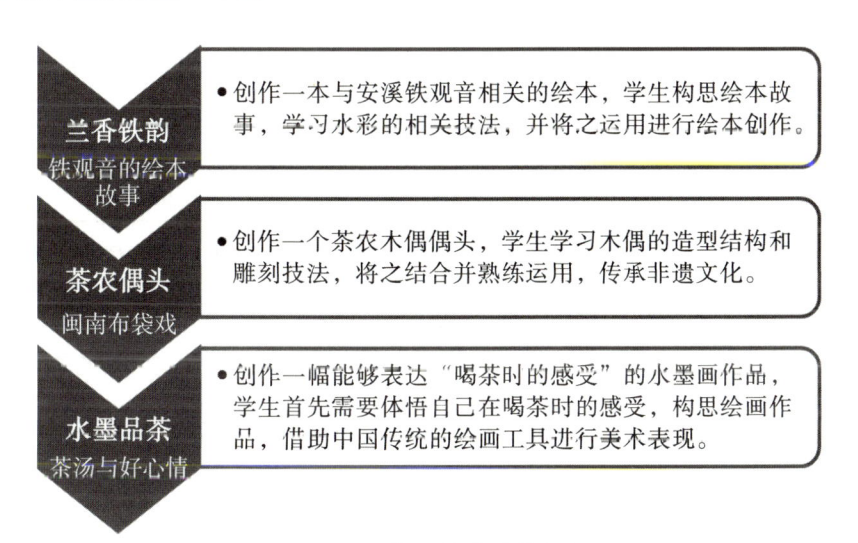

图 4-2-2 单元教学设计框架

(四)资源保障

(1)铅笔、尺子、橡皮、水彩颜料、水彩纸和纸胶带等；

(2)樟木块、刻刀、砂纸、矿物质颜料、毛笔、石蜡和胶水等；

(3)毛笔、墨水、毛毡、国画颜料和调色盘等。

二、单元实施过程

单元实施过程见表 4-2-13 至表 4-2-15。

表 4-2-13　第 1 课时："兰香铁韵——铁观音的绘本故事"实施过程

核心问题 （大观念）		劳动创造新生活。
子问题 （链）		铁观音的故事要设计哪些场景？是否会使用水彩画技法？绘本创作需要哪些步骤？如何完善绘本？
课时学习目标	知识与技能	学生了解安溪铁观音的色彩、外观结构以及水彩画技法要求和表现形式，了解绘本创作的步骤，学会构思故事，设计绘本故事，创作绘本。
	过程与方法	以故事设计、场景想象的方法构思绘本故事，讲述铁观音的故事，完成绘本创作。
	情感、态度与价值观	通过了解安溪铁观音的色彩和外观结构，联系生活，设计铁观音的故事脚本并进行绘本创作，感受安溪铁观音的独特魅力。
	重点	了解绘本创作的步骤，学会构思故事，创作绘本。
	难点	感受安溪铁观音的独特魅力。

教学环节	学习活动	设计意图
环节 1	灵活运用所学安溪铁观音的知识，构思与"安溪铁观音"相关的故事场景。	灵活运用已学知识，激发创意。
环节 2	学习水彩画技法和表现方式。	学习运用美术媒材和工具。
环节 3	创作一本与安溪铁观音相关的绘本。	体验美术创作，表达观点。
环节 4	展示与评价。	评估是否达到学习目标。

表 4-2-14　第 2 课时："茶农偶头——闽南布袋戏"实施过程

核心问题 （大观念）	传承非遗文化。
子问题 （链）	安溪布袋戏是什么？木偶的造型、组成结构是怎样的？雕刻技法有哪些？如何雕刻茶农木偶偶头？

续表

课时学习目标	知识与技能	学生学习闽南布袋戏的历史背景与艺术特点,了解木偶的造型结构和雕刻时需要的雕刻技法,构思茶农偶头的形象,选择合适的工具创作茶农木偶偶头。
	过程与方法	通过文献调查、小组学习和探究学习的方式学习安溪布袋戏的相关知识,动手实践创作茶农木偶偶头。
	情感、态度与价值观	学习安溪布袋戏的造型结构和色彩基础,从木偶戏的历史传承和演变过程感受中华文化的博大精深和其中蕴含的中国智慧,形成保护和传承非遗文化的意识。
	重点	动手实践创作茶农木偶偶头;感受中华文化的博大精深,形成保护和传承非遗文化的意识。
	难点	从木偶戏的历史传承和演变过程感受中华文化的博大精深,形成保护和传承非遗文化的意识。

教学环节	学习活动	设计意图
环节1	学习闽南布袋戏的历史背景与艺术风格。	学习新知识,激发创意。
环节2	学习木偶的造型、组成结构和雕刻技法,熟练运用雕刻技法。	学习运用美术媒材和工具。
环节3	创作一个茶农木偶偶头。	理解和运用不同的空间形态。
环节4	展示与评价。	评估是否达到学习目标。

表4-2-15 第3课时:"水墨品茶——茶汤与好心情"实施过程

核心问题（大观念）	品茶可以修身养性。
子问题（链）	你在品茶时有什么感受?中国画的技法是什么?如何将品茶时的感受体现在中国画作品上?

续表

课时学习目标	知识与技能	学生了解中国画的绘画技巧和表现形式,将自己喝茶时的感受通过想象与构思,形成一幅品茶的绘画作品。
	过程与方法	通过亲身体验的方式,感受自己喝茶时的心情,通过交流讨论的方式,了解他人的想法,将得到的感受加工,以绘画形式表达。
	情感、态度与价值观	感悟茶文化的内涵,完善"喝茶"的构成元素,感受喝茶时的心情,或淡泊宁静,或仓促急躁,体悟茶道,修身养性。
	重点	将自己喝茶时的感受通过想象与构思,形成一幅品茶的绘画作品。
	难点	感受喝茶时的心情,完善"喝茶"的构成元素,体悟茶道,修身养性。

教学环节	学习活动	设计意图
环节1	体验喝茶整个流程,感受喝茶时的心情,完善"喝茶"的构成元素。	亲身体验,增强学习趣味性。
环节2	学习中国画技法和表现方式。	学习运用美术媒材和工具。
环节3	创作一幅能够表达"喝茶时的感受"的水墨画作品。	体验美术创作,表达观点。
环节4	展示与评价。	评估是否达到学习目标。

四、课程评价

(一)参考项目成果

参考项目成果见表4-2-16。

表4-2-16 参考项目成果

团队成果	规划方案 探索成果 作品设计	参与评价人员: □班级 □学校 □社区 □网络 □个人:_____
个人成果	创作报告 体验成果 展示汇报	

(二)参考评价量表

过程性评价量规见表 4-2-17,自评与他评清单见表 4-2-18。

表 4-2-17 过程性评价量规

		水平 1	水平 2	水平 3	水平 4
评价维度	团队访谈				
	倾听回应	随意插嘴打断别人;没有听清内容就匆忙回应。	耐心地听他人讲述;能用肢体、语言等方式回应他人。	耐心地、鼓励式地听完他人的讲述;适时给出回应性的思考。	在耐心倾听的同时,能积极与他人互动,共同思考,营造良好的访谈氛围。
	交流意见	交流内容单一,访谈记录零散、不完整。	开展多次交流且能完整地将流程及内容记录下来。	能从对话中提取关键信息,并将交流内容完整地记录下来。	能与不同群体交流,内容体现双方的深层思考与观点的博弈。
	表达创意	没有组织自己的观点,报告内容不连贯。	能体现自己的观点,在报告中流畅地进行表达。	能够富有逻辑地表达自己的观点,在报告中流畅地进行表达。	能够富有逻辑地表达自己的观点,通过流畅的语言进行表达;并有多项资料来充分论证自己的观点。
	美术学科核心素养 创意实践	能搜集到相关资料和信息,运用合适的材料进行创作与设计。	能运用多种方式搜集资料和信息,进行联想和想象,生成创作意图。	能根据搜集到的信息,运用发散性思维进行联想,将生成的创作意图用不同方式进行呈现。	能运用发散性思维进行联想和想象,借鉴艺术家的创意想法和创作手段,通过吸收和变通完善自己的创作意图。
	文化理解	能初步从文化角度分析和理解艺术作品和艺术现象。	能从文化角度分析和理解作品,了解社会和文化是如何影响艺术的。	能从文化角度分析和理解不同地区、民族的传统艺术特点,了解艺术与文化的关系。	能从文化角度分析和研究不同地区、民族传统艺术的继承与创新之间的关系,尊重并理解不同地区的文化内涵。

表 4-2-18　自评与他评清单

对本人创作的作品进行自评	自评清单： ( )1. 我的设计是否聚焦？ ( )2. 我的设计理念清晰吗？ ( )3. 我有认真了解设计元素的来源吗？ ( )4. 我有加入自己的原始想法吗？ ( )5. 我的艺术表达清晰吗？
评论他人作品的评价自查清单	评价自查清单： ( )1. 我的评论提供了我认真欣赏作品的证据了吗？ ( )2. 我充分识别主题或者创作观点了吗？ ( )3. 我把用来支持观点的证据和论证解释清楚了吗？ ( )4. 我适当地考虑作者的创作风格了吗？ ( )5. 我对作者作品的判断是适当的、可靠的吗？ ( )6. 我评论作者所呈现的东西了吗？ ( )7. 我的评论中包含一些我自己的见解吗？

终结性评价表见表 4-2-19。

表 4-2-19　终结性评价表

维度	内容	占比	评价
知识建构	能用艺术的眼光看待生活中的美术创作，认识到这些创作所承载的文化内涵，能够将所建构的知识充分运用在成果的设计与呈现中。	20%	
学习成果	能从成果中展现对中国智慧的认识，包含必要的设计意图说明；有设计的草图或思路，其成果在主题上与观点及主旨相吻合。	20%	
文化内涵	团队设计的成果能让观众体验到在多元视角下所呈现的对设计智慧与文化内涵的展现。	20%	
创意思维	能以独到的创意设计来呈现团队的成果，富有新意，能够吸引观众的目光。	20%	
总体成效	能够把所学的知识与技能应用到真实的场景中，最终取得的成果富有内涵，能给人留下深刻的印象。	20%	

第三章 "住"的中国智慧

第一节 "对话世界文化遗产"美术单元课程与教学设计案例

(欣赏·评述单元)

一、单元简介

单元名称:对话世界文化遗产。

适用年级:高一年级。

课时要求:1课时。

单元概述:

本单元课程是"欣赏·评述"课程"且'筑'为'家'——古建筑设计的特点"。其以运用综合材料创作古建筑微缩模型为美术表现成果,知道闽西南传统民居的艺术特点,理解闽西南传统民居的营造与生活智慧,并将之运用进行创作。

(一)学科知识与技能

1. 知识与技能

了解闽西南古建筑建造的材料使用、营造技艺和空间布局,理解闽西南古建筑所蕴含的中国智慧,掌握从古建筑中提取设计元素的视角与方法。

2. 过程与方法

运用综合材料创作古建筑微缩模型。

3. 情感、态度与价值观

认识中华优秀传统建筑的文化内涵及独特艺术魅力,形成审美感受,理解闽西南传统民居的营造与生活智慧,形成对传统古建筑的保护意识。

(二)核心素养和思政元素

美术创作可以在一定程度上表达创作者对创作元素的认知。本单元所指向的美术学科核心素养和课程思政元素见表 4-3-1 和表 4-3-2。

表 4-3-1 核心素养

☑图像识读	对美术作品、图形、影像及其他视觉符号的观看、识别和解读的能力。
☑美术表现	运用传统与现代媒材、技术和美术语言创造视觉形象的能力。
☑审美判断	对美术作品和现实中的审美对象进行感知、评价、判断与表达的能力。
☑创意实践	在美术活动中形成创新意识,运用创意思维和创造方法的能力。
☑文化理解	从文化的角度观察和理解美术作品、美术现象和观念的能力。

表 4-3-2　思政元素

思政元素	☑政治认同	通过了解闽西南古建筑,形成对我国建筑文化的认同感。
	☑家国情怀	认识并传承闽西南古建筑蕴含的中国智慧,筑牢家国情怀。
	☑文化自信	探索闽西南古建筑营造中的智慧,坚定文化自信。
	☑健全人格	能进行正常的交流讨论和表达创作。
	☑生态意识	选用环保的工具和媒材进行创作,创作时减少浪费。

二、单元课程创建

(一)挑战性问题

核心问题:
进行美术创作时,你想表现的"住文化"的中国智慧有哪些?

(二)单元课程目标

1. 学生能够知道

知道闽西南古建筑的设计特点,能知道建筑模型制作的方法,如测量、画图、切折、切割、粘贴、组合、装饰等。

2. 学生能够做到

(1)用不同的工具和媒材,采用写实、夸张、变形、抽象等表现方式,描绘各种事物,表达情感和思想。(审美判断、创意实践)

(2)根据创作主题,采用合适的绘画构图形式组织、安排作品画面。(审美判断、创意实践)

(3)因地制宜地选择泥、纸、木材、织物、废弃物品等媒材,用塑造、组装、拼贴等方式进行创作。(审美判断、创意实践)

3. 学生能够理解

(1)在参与班级或小组的各种活动中,能尊重和理解别人不同的看法或想法。(文化理解)

(2)能够理解现代媒材技术拓宽了人们认识世界的方式。(文化理解)

(3)能表达对闽西南建筑背后的"中国智慧"的认识与理解。(文化理解)

(4)能够保护和传承闽西南古建筑文化,维护世界文化多样性。(文化理解)

(三)单元教学设计框架

单元教学设计框架见图 4-3-1。

(四)资源保障

(1)铅笔、尺子、橡皮、水彩颜料、水彩纸和纸胶带等。

(2)综合材料、拼贴工具等。

```
                    ┌─────────────────────┐
                    │  对话世界文化遗产  │
                    └──────────┬──────────┘
                               │
                ┌──────────────┴──────────────┐
                │ 单元大观念议题：            │
                │ 文化遗产中的智慧对于推动人类文明互鉴与发展起到了重要贡献 │
                └──────────────┬──────────────┘
                               │
                    ┌──────────┴──────────┐
                    │ 第 1 课              │
                    │ 且"筑"为"家"——古建筑设计的特点 │
                    └──────────┬──────────┘
                               │
              ┌────────────────┼────────────────┐
        ┌─────┴─────┐    ┌─────┴─────┐    ┌─────┴─────┐
        │ 活动一：  │    │ 活动二：  │    │ 活动三：  │
        │「住」与「筑」│  │ 申遗之路  │    │ 古建微模  │
        └───────────┘    └───────────┘    └───────────┘
```

图 4-3-1　单元教学设计框架

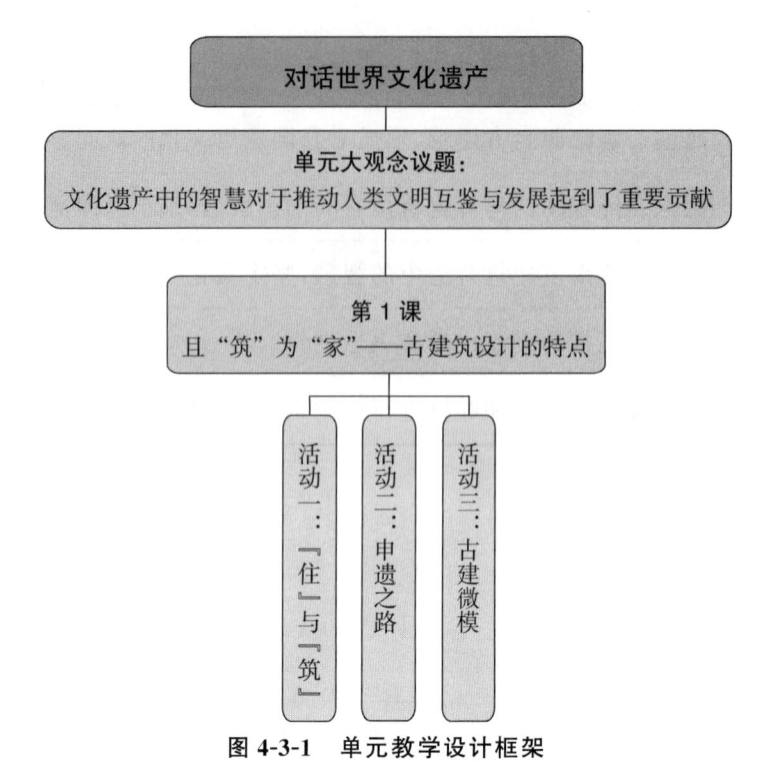

二、单元实施过程

单元实施过程见表 4-3-3。

表 4-3-3　第 1 课时："且'筑'为'家'——古建筑设计的特点"实施过程

核心问题（大观念）	艺术在传统古建筑申遗中发挥了怎样的作用？	
子问题（链）	1. 闽西南古建筑的设计有怎样的特点？ 2. 如何运用艺术的形式来呈现传统古建筑独特的风貌？	
课时学习目标	知识与技能：知道闽西南传统民居的艺术特点。 过程与方法：运用综合材料创作古建筑微缩模型。 情感、态度与价值观：理解闽西南传统民居的营造与生活智慧。	
重点	认识闽西南古建筑，了解其营造特点。	
难点	理解闽西南古建筑的政治智慧、生活智慧以及环境智慧。	
教学环节	学习活动	设计意图
环节 1	闽西南古建筑是一本厚重的家文化的历史书，记录着过去，承载着如今。那我们该如何运用艺术来助力传统古建申遗？	抛出主要问题，引导学生思考，引出课程内容。

续表

教学环节	学习活动	设计意图
环节2	1. 了解闽西南古建筑的魅力,思考:闽西南民间传统建筑的营造体现了人们怎样的智慧？ 引导学生关注周边环境与建筑本身的结构、材料等,总结建筑的生活智慧以及环境智慧。 2. 联系课堂导入的问题,思考:在项目申遗过程中,艺术是如何发挥重要作用的？ 引导学生讨论我们需要做出哪些努力,形成一个最基本的创作思路。 3. 结合单元活动情境,教师激发学生讨论热情,拓展思路。思考:如何将闽西南古建筑所蕴含的中国智慧传达给更多人？ 4. 通过课件示范如何向人们呈现古建筑风采,以微缩模型为例,展示古建筑微缩模型的制作方法。	通过问题导入引发学生对闽西南古建筑的关注,进一步挖掘其蕴含的智慧,让学生产生解决核心问题的驱动力。 借助"申遗""展览"等现实情境,引发学生对创意表现成果形式的思考,激发创造力。
环节3	选择一座闽西南古建筑,了解其建筑结构、营造技艺以及材料等内容;运用身边简易的材料,制作古建筑微缩模型。	通过实践深入了解古建智慧,熟悉不同材料特性。
环节4	闽西南古建筑有着"因地制宜""天人合一"的环境智慧以及"聚族而居"的生活智慧,在开展创作活动时,只有深入了解其内涵,感悟古建魅力,才能在作品中传递更多的信息。	总结本课,升华主旨,涵养学生家国情怀。
环节5	以小组为单位,选择创作所需的材料与工具,运用拼贴的方式重现古建筑及其环境,凸显其天人合一的环境智慧。	废物再利用,提升学生的环保意识。
环节6	闽西南古建筑的设计与营造有着独特美感和艺术价值,其建筑材料与环境相和谐,体现了因地制宜、道法自然的智慧,同时也提醒着我们要关注环境保护,爱惜大自然。	引导学生进一步探索环保材料。

四、课程评价

(一)参考项目成果

参考项目成果见表 4-3-4。

表 4-3-4　参考项目成果

团队成果	规划方案 探索成果 作品设计	参与评价人员 □班级 □学校 □社区 □网络 □个人：_____
个人成果	创作报告 体验成果 展示汇报	

(二)参考评价量表

过程性评价量规见表 4-3-5,自评与他评清单见表 4-3-6。

表 4-3-5　过程性评价量规

		水平 1	水平 2	水平 3	水平 4
评价维度	团队访谈	倾听回应	随意插嘴打断别人;没有听清内容就匆忙回应。	耐心地听他人讲述;能用肢体、语言等方式回应他人。	耐心地、鼓励式地听完他人的讲述;适时给出回应性的思考。	在耐心倾听的同时,能积极与他人互动,共同思考,营造良好的访谈氛围。
		交流意见	交流内容单一,访谈记录零散、不完整。	开展多次交流且能完整地将流程及内容记录下来。	能从对话中提取关键信息,并将交流内容完整地记录下来。	能与不同群体交流,内容体现双方的深层思考与观点的博弈。
		表达创意	没有组织自己的观点,报告内容不连贯。	能体现自己的观点,在报告中流畅地进行表达。	能够富有逻辑地表达自己的观点,在报告中流畅地进行表达。	能够富有逻辑地表达自己的观点,通过流畅的语言进行表达;并有多项资料来充分论证自己的观点。

续表

		水平 1	水平 2	水平 3	水平 4
评价维度	美术学科核心素养 创意实践	能搜集到相关资料和信息，运用合适的材料进行创作与设计。	能运用多种方式搜集资料和信息，进行联想和想象，生成创作意图。	能根据搜集到的信息，运用发散性思维进行联想，将生成的创作意图用不同方式进行呈现。	能运用发散性思维进行联想和想象，借鉴艺术家的创意想法和创作手段，通过吸收和变通完善自己的创作意图。
	文化理解	能初步从文化角度来分析和理解艺术作品和艺术现象。	能从文化角度分析和理解作品，了解社会和文化是如何影响艺术的。	能从文化角度分析和理解不同地区、民族的传统艺术特点，了解艺术与文化的关系。	能从文化角度分析和研究不同地区、民族传统艺术的继承与创新之间的关系，尊重并理解不同地区的文化内涵。

表 4-3-6　自评与他评清单

对本人创作的作品进行自评	自评清单： (　)1. 我的设计是否聚焦？ (　)2. 我的设计理念清晰吗？ (　)3. 我有认真了解设计元素的来源吗？ (　)4. 我有加入自己的原始想法吗？ (　)5. 我的艺术表达清晰吗？
评论他人作品的评价自查清单	评价自查清单： (　)1. 我的评论提供了我认真欣赏作品的证据了吗？ (　)2. 我充分识别主题或者创作观点了吗？ (　)3. 我把用来支持观点的证据和论证解释清楚了吗？ (　)4. 我适当地考虑作者的创作风格了吗？ (　)5. 我对作者作品的判断是适当的、可靠的吗？ (　)6. 我评论作者所呈现的东西了吗？ (　)7. 我的评论中包含一些我自己的见解了吗？

终结性评价表见表 4-3-7。

表 4-3-7　终结性评价表

维度	内容	占比	评价
知识建构	能用艺术的眼光看待生活中的美术创作,认识到这些创作所承载的文化内涵,能够将所建构知识充分运用在成果的设计与呈现中。	20%	
学习成果	能从成果中展现对中国智慧的深刻认识,包含必要的设计意图说明;有设计的草图或思路,其成果在主题上与观点及主旨相吻合。	20%	
文化内涵	团队设计的成果能让观众体验到在多元视角下所呈现的对古建筑设计智慧与文化内涵的展现。	20%	
创意思维	能以独到的创意设计来呈现团队的成果,富有新意,能够吸引观众的目光。	20%	
总体成效	能够把所学的知识与技能应用到真实的场景中,最终取得的成果富有内涵,能给人留下深刻的印象。	20%	

第二节 "对话世界文化遗产"美术单元课程与教学设计案例

(创意·表现单元)

一、单元简介

单元名称:对话世界文化遗产。

适用年级:高一年级。

课时要求:2课时。

单元概述:

本单元课程是"创意·表现"课程,分为2课共2个课时,分别是"'衣衫'傍水——古民居的现代创意演绎"和"'智慧'营造——土楼中蕴含的智慧"。

"'衣衫'傍水——古民居的现代创意演绎"的美术表现成果是运用材料的拼贴来呈现古建筑的独特魅力,学生从古建筑中提取设计元素,将之结合并熟练运用,传承非遗文化;"'智慧'营造——土楼中蕴含的智慧"需要学生运用计算机等技术进行创意表达,学生首先需要知道现代多媒体艺术的创作方法,再构思作品,借由互联网等平台将古建筑蕴含的智慧传达给他人。

(一)学科知识与技能

1. 知识与技能

了解闽西南古建筑建造的材料使用、营造技艺和空间布局,知道现代媒体艺术的创作方法,并结合构思制作出相应作品。

2. 过程与方法

能运用费尔德曼四步鉴赏法赏析相关建筑作品;能够灵活提取建筑中的设计元素;通过实地寻访,探索闽西南古建筑蕴含的中国智慧;通过自主探究、团队合作,运用创意表现的方式来传达古建筑中的中国智慧。

3. 情感、态度与价值观

认识中国传统建筑的文化内涵及独特艺术魅力,形成审美感受,理解并认同闽西南古建筑所蕴含的文化内涵,厚植家国情怀,坚定文化自信,形成对传统古建筑的保护意识。

(二)核心素养和思政元素

美术创作可以在一定程度上表达创作者对创作元素的认知。本单元所指向的美术学科核心素养和课程思政元素见表 4-3-8 和表 4-3-9。

表 4-3-8　核心素养

☑图像识读	对美术作品、图形、影像及其他视觉符号的观看、识别和解读的能力。
☑美术表现	运用传统与现代媒材、技术和美术语言创造视觉形象的能力。
☑审美判断	对美术作品和现实中的审美对象进行感知、评价、判断与表达的能力。
☑创意实践	在美术活动中形成创新意识，运用创意思维和创造方法的能力。
☑文化理解	从文化的角度观察和理解美术作品、美术现象和观念的能力。

表 4-3-9　思政元素

思政元素	☑政治认同	通过了解闽西南古建筑，形成对我国建筑文化的认同感。
	☑家国情怀	认识并传承闽西南古建筑蕴含的中国智慧，筑牢家国情怀。
	☑文化自信	探索闽西南古建筑营造中的智慧，坚定文化自信。
	☑健全人格	能进行正常的交流讨论和表达创作。
	☑生态意识	选用环保的工具和媒材进行创作，创作时减少不必要的浪费。

二、单元课程创建

(一)挑战性问题

核心问题：

进行美术创作时，你想表现的"住文化"中的中国智慧有哪些？

(二)单元课程目标

1. 学生能够知道

(1)视觉元素，如线条、形状、色彩、肌理、空间、明暗等。（图像识读）

(2)色彩知识：如原色、间色、复色、色调、对比色、邻近色等。（图像识读）

(3)形式原理，如对称、均衡、节奏、比例、重复等。（图像识读）

(4)透视知识，如平行透视、成角透视、圆面透视等。（图像识读）

(5)造型表现方法，如写实、夸张、变形、抽象、装饰等。（美术表现）

(6)建筑模型制作的方法，如测量、画图、切折、切割、粘贴、组合、装饰等。（美术表现）

(7)媒体艺术与传统媒材造型的区别。（美术表现）

2. 学生能够做到

(1)用不同的工具和媒材，采用写实、夸张、变形、抽象等表现方式，描绘各种事物，表达情感和思想。（审美判断、创意实践）

(2)根据创作主题，采用合适的绘画构图形式组织、安排作品画面。（审美判断、创意实践）

(3)因地制宜地选择泥、纸、木材、织物、废弃物品等媒材,用塑造、组装、拼贴等方式进行创作。(审美判断、创意实践)

(4)根据古建筑的审美、功能和内涵,进行创意设计,提出设计目标,并用手绘草图、思维导图、模型来呈现设计构思。(审美判断、创意实践、文化理解)

(5)利用计算机、相机、录像机等进行造型表现活动。(审美判断、创意实践)

3. 学生能够理解

(1)在参与班级或小组的各种活动时,能尊重和理解别人不同的看法或想法。(文化理解)

(2)能够理解现代媒材技术拓宽了人们认识世界的方式。(文化理解)

(3)能表达对闽南建筑蕴含的"中国智慧"的认识与理解。(文化理解)

(4)能够保护和传承闽西南古建筑文化,维护世界文化多样性。(文化理解)

(三)单元教学设计框架

单元教学设计框架见图 4-3-2。

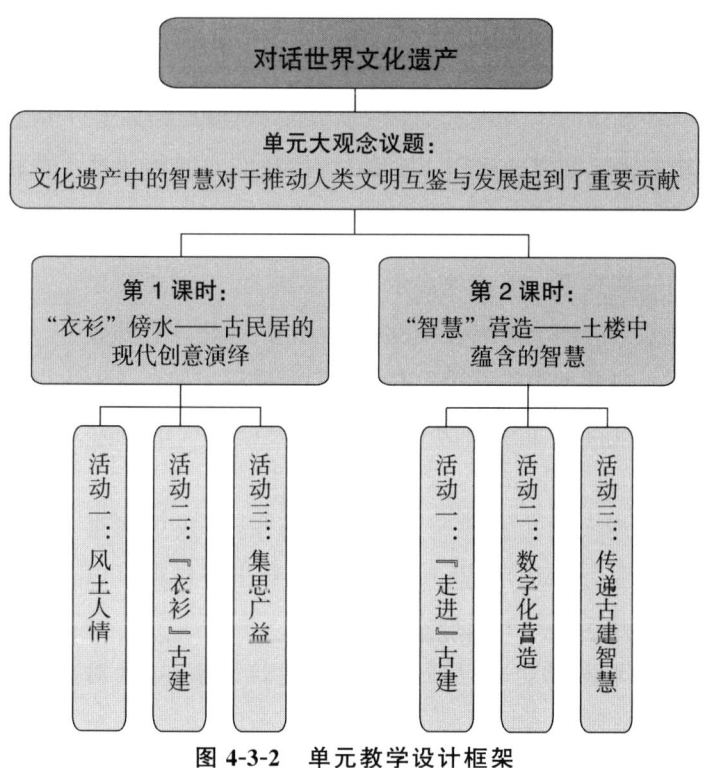

```
                        对话世界文化遗产
                              │
                    单元大观念议题:
         文化遗产中的智慧对于推动人类文明互鉴与发展起到了重要贡献
                              │
              ┌───────────────┴───────────────┐
         第1课时:                          第2课时:
    "衣衫"傍水——古民居的              "智慧"营造——土楼中
       现代创意演绎                        蕴含的智慧
           │                                  │
    ┌──────┼──────┐                    ┌──────┼──────┐
  活动一  活动二  活动三              活动一  活动二  活动三
  风土    "衣衫"  集思              "走进"  数字化  传递古
  人情    古建    广益                古建    营造    建智慧
```

图 4-3-2 单元教学设计框架

(四)资源保障

(1)铅笔、尺子、橡皮、水彩颜料、水彩纸和纸胶带等;

(2)综合材料、拼贴工具等;

(3)拍摄工具、计算机等。

二、单元实施过程

单元实施过程见表 4-3-10 和表 4-3-11。

表 4-3-10　第 1 课时:"'衣衫'傍水——古民居的现代创意演绎"实施过程

核心问题 (大观念)	如何从传统古建筑与其环境的和谐共生中提取或抽象出设计元素?	
子问题 (链)	1. 如何通过综合材料等不同的方式表现建筑智慧? 2. 如何挖掘古建筑及其生活环境所展现的中华优秀传统文化内容?	
课时学习 目标	知识与技能:知道从古建筑中提取设计元素的途径与方法。 过程与方法:运用材料的拼贴来呈现古建筑的独特魅力。 情感、态度与价值观:理解闽西南传统民居的营造技艺与生活智慧。	
重点	古建筑设计元素的提取。	
难点	体现建筑智慧的创意表现。	
教学环节	学习活动	设计意图
环节 1	回顾上一节课的学习内容,进一步引导学生思考:古建筑的建造因地制宜地运用了多种材料,我们如何传达这些不同材料的质感,更生动地展示古建筑魅力?	认识不同古建筑的营造材料,引发学生探索的兴趣。
环节 2	1. 要将古建筑更加生动地展示给更多人,我们就要聚焦古建筑上的细节。结合环境智慧,思考:古建筑有哪些结构?包含了哪些设计元素?它们的质感如何? 引导学生对古建筑进行分解重构,并提取其中的设计元素。 2. 为了再现人们在古建筑中的生活场景,形成更加真实的感受,组织学生思考:使用哪些身边的材料可以重现古建筑本身的质感? 学生讨论问题,结合自己所提取的古建筑元素,寻找对应的创造材料。 3. 人们在建造闽西南古建筑时,因地制宜地选用了当地的自然建材进行营造。思考:在进行创作时,如何向人们展示生活智慧、环境智慧以及空间智慧? 学生依据实地寻访的结果,感知不同古建筑材料的特点,进而选择对应的创作材料。	引导学生通过对古建筑的解构来明晰其结构特点,便于后续创作。 培养学生的观察力,有意识地选用生活中常见的材料进行创作。 通过考察对比选用合适的材料创作,了解不同材料的质感与特性。
环节 3	以小组为单位,选择创作所需的材料与工具,运用拼贴的方式重现古建筑及其环境,凸显其天人合一的环境智慧。	废物再利用,提升学生的环保意识。

续表

教学环节	学习活动	设计意图
环节4	闽西南古建筑的设计与营造有着独特美感和艺术价值，其建筑材料与环境和谐一致，体现了因地制宜、道法自然的智慧，同时也提醒着我们要保护环境，爱惜大自然。	引导学生进一步探索环保材料。

表4-3-11　第2课时："'智慧'营造——土楼中蕴含的智慧"实施过程

核心问题（大观念）	怎样创造性地为世人展现传统古建筑蕴含的中国智慧？	
子问题（链）	1. 如何利用传播媒介的社会影响力推广自己的成果？ 2. 怎样从文化的角度理解并传达传统古建筑智慧的继承与创新？	
课时学习目标	知识与技能：知道现代多媒体艺术的创作方法。 过程与方法：运用计算机等技术进行创意表达。 情感、态度与价值观：借由互联网等平台将古建筑蕴含的智慧传达给他人。	
重点	如何推广自己的创意成果。	
难点	运用新媒体技术进行创意表达。	
教学环节	学习活动	设计意图
环节1	同学们，在之前的学习中，我们熟悉了不同的材料及其特性，创作了精美模型以及拼贴作品，相信大家在欣赏了你们的作品后，都会对闽西南古建筑形成全新的认识。那我们如何将取得的成果展示给全国各地更多的人呢？	结合当下新媒体技术的发展，通过问题导入引发学生思考成果展现形式。
环节2	1. 对于不方便线下看展的观众，我们同样可以让他们欣赏到我们创作的成果，从中深刻感知中国智慧。思考：通过怎样的方式可以全方位地呈现我们作品的结构及细节？ 2. 学生关注到从平面到立体，从静态到动态，可以通过短视频拍摄等方式来整体展现作品。	运用计算机技术拓宽学生的创作平台，基于已有的创作成果进行二次优化迭代，完善成果。

续表

教学环节	学习活动	设计意图
环节3	1. 闽西南古建筑在选址布局、空间营构上都体现出独到的智慧,思考:如何在创作的作品中呈现建筑对四季变化的适应? 教师引导学生思考讨论,学生在争辩与交锋的过程中形成"数字化营造"的思路,通过专业软件的二次创作,将作品"搬入"计算机中,通过新媒体技术再现四季早晚的变化,呈现出古建筑不同的风情,展现出生活智慧与表达智慧。 2. 联系单元活动情境,汇总学习成果,讨论布展的思路和逻辑,团队合作规划展览设计。	借由互联网平台对作品进行在线分享和展示,获取来自更多人的评价,引发学生的总结和反思,深化文化理解。
环节4	从初识古建,到解读建筑智慧,再到创意呈现,我们提取了传统古建筑中的诸多元素,成功设计并展示了闽西南古建筑所蕴含的中国智慧。闽西南古建筑有着悠久的历史和丰富的文化内涵,是人类建筑史上最璀璨的明珠。在传承中创新,在创新中传承,才能使古建筑所蕴含的优秀传统文化生生不息地流传下去。	引导学生在课后进一步探索不同古建筑蕴含的智慧,在比较中对其进行创意设计,以进一步彰显其独特性。

四、课程评价

(一)参考项目成果

参考项目成果见表 4-3-12。

表 4-3-12　参考项目成果

团队成果	规划方案 探索成果 作品设计	参与评价人员 □班级 □学校 □社区 □网络 □个人:_____
个人成果	创作报告 体验成果 展示汇报	

(二)参考评价量表

过程性评价量规见表 4-3-13,自评与他评清单见表 4-3-14。

表 4-3-13　过程性评价量规

		水平 1	水平 2	水平 3	水平 4
评价维度	团队访谈				
	倾听回应	随意插嘴打断别人;没有听清内容就匆忙回应。	耐心地听他人讲述;能用肢体、语言等方式回应他人。	耐心地、鼓励式地听完他人的讲述;适时给出回应性的思考。	在耐心倾听的同时,能积极与他人互动,共同思考,营造良好的访谈氛围。
	交流意见	交流内容单一,访谈记录零散、不完整。	开展多次交流且能完整地将流程及内容记录下来。	能从对话中提取关键信息,并将交流内容完整地记录下来。	能与不同群体交流,内容体现双方的深层思考与观点的博弈。
	表达创意	没有组织自己的观点,报告内容不连贯。	能体现自己的观点,在报告中流畅地进行表达。	能够富有逻辑地表达自己的观点,在报告中流畅地进行表达。	能够富有逻辑地表达自己的观点,通过流畅的语言进行表达;并有多项资料来充分论证自己的观点。
	美术学科核心素养				
	创意实践	能搜集到相关资料和信息,运用合适的材料进行创作与设计。	能运用多种方式搜集资料和信息,进行联想和想象,生成创作意图。	能根据搜集到的信息,运用发散性思维进行联想,将生成的创作意图用不同方式进行呈现。	能运用发散性思维进行联想和想象,借鉴艺术家的创意想法和创作手段,通过吸收和变通完善自己的创作意图。
	文化理解	能初步从文化角度来分析和理解艺术作品和艺术现象。	能从文化角度来分析和理解作品,了解社会和文化是如何影响艺术的。	能从文化角度分析和理解不同地区、民族的传统艺术特点,了解艺术与文化的关系。	能从文化角度分析和研究不同地区、民族传统艺术的继承与创新之间的关系,尊重并理解不同地区的文化内涵。

表 4-3-14 自评与他评清单

对本人创作的作品进行自评	自评清单： (　)1. 我的设计是否聚焦？ (　)2. 我的设计理念清晰吗？ (　)3. 我有认真了解设计元素的来源吗？ (　)4. 我有加入自己的原始想法吗？ (　)5. 我的艺术表达清晰吗？
对评论他人作品的评价自查清单	评价自查清单： (　)1. 我的评论提供了我认真欣赏作品的证据了吗？ (　)2. 我充分识别主题或者创作观点了吗？ (　)3. 我把用来支持观点的证据和论证解释清楚了吗？ (　)4. 我适当地考虑作者的创作风格了吗？ (　)5. 我对作者作品的判断是适当的、可靠的吗？ (　)6. 我评论作者所呈现的东西了吗？ (　)7. 我的评论中包含一些我自己的见解了吗？

终结性评价表见表 4-3-15。

表 4-3-15 终结性评价表

维度	内容	占比	评价
知识建构	能用艺术的眼光看待生活中的美术创作，认识到这些创作所承载的文化内涵，能够将所建构知识充分运用在成果的设计与呈现中。	20%	
学习成果	能从成果中展现对中国智慧的深刻认识，包含必要的设计意图说明；有设计的草图或思路，其成果在主题上与观点及主旨相吻合。	20%	
文化内涵	团队设计的成果能让观众体验到在多元视角下所呈现的对非遗文化和古建筑及设计智慧与文化内涵的展现。	20%	
创意思维	能以独到的创意设计来呈现团队的成果，富有新意，能够吸引观众的目光。	20%	
总体成效	能够把所学的知识与技能应用到真实的场景中，最终取得的成果富有内涵，能给人留下深刻的印象。	20%	

第四章

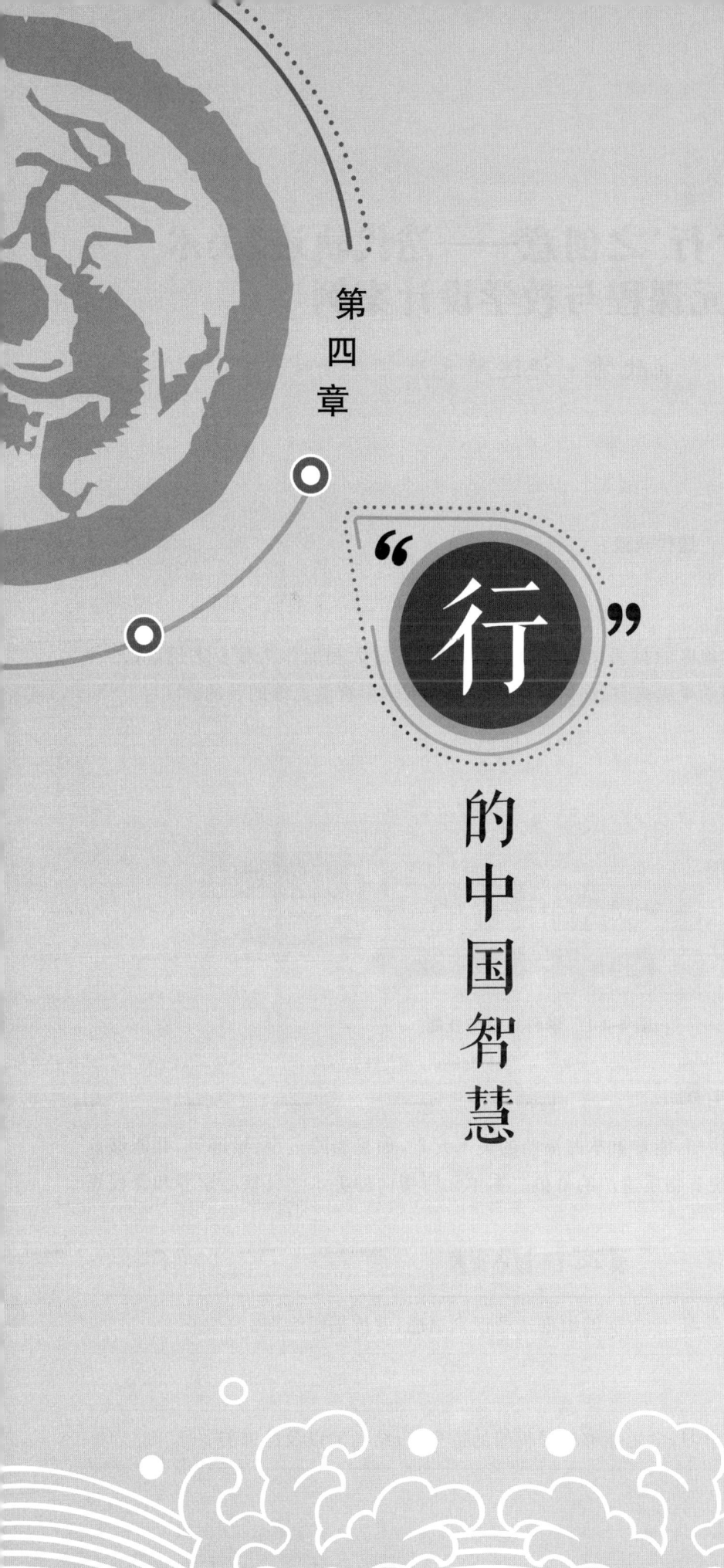

"行"的中国智慧

第一节 "'行'之创意——迭代轨迹"美术单元课程与教学设计案例

（欣赏·评述单元）

一、单元简介

单元名称："行"之创意——迭代轨迹。

适用年级：高中一年级。

课时要求：3课时。

单元概述：本单元以福建地区的福船文化资源为引，将现有的大福船作为核心案例，从艺术鉴赏角度讲解福船，达到扩展学生纵向、横向维度视野以及发展学生视觉思维的目的。

(一)学科知识与技能

学科知识与技能见图 4-4-1。

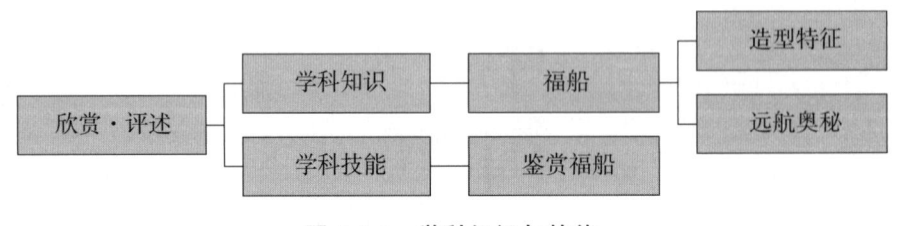

图 4-4-1　学科知识与技能

(二)核心素养和思政元素

学生对福船有一个综合认知，能着重掌握福船的美术元素，如福船的造型、绘饰等，并能够意识到以福船为代表的中国传统非物质遗产的价值。本单元所指向的美术学科核心素养和课程思政元素见表 4-4-1 和表 4-4-2。

表 4-4-1　核心素养

☑ 图像识读	通过课程学习,学生能够根据造型识别福船,解读福船绘饰。
☐ 美术表现	
☑ 审美判断	通过课程学习,学生能够感受福船的造型美、结构美以及绘饰美。

续表

☐ 创意实践	
☑ 文化理解	通过课程学习,学生能够感受到以福船为代表的中国优秀的传统非物质文化遗产的独特魅力。

表 4-4-2　思政元素

☐ 政治认同	
☑ 家国情怀	通过学习与福船有关的民族英雄故事培育学生的家国情怀。
☑ 文化自信	通过认识福船在历史上的重要地位树立民族自豪感。
☑ 健全人格	通过了解与福船有关的民族英雄故事树立高尚的道德情操。
☐ 生态意识	

二、单元课程创建

(一)挑战性问题

核心问题:

在美术学科视野下,可以从哪些方面去鉴赏福船呢?

驱动性问题:

(1)福船与沙船的造型特征有何不同?

(2)福船远航的奥秘是什么?

(二)单元课程目标

1. 学生能够知道

(1)福船的造型特征,如与沙船在造型上的区别。

(2)福船适合远航的原因,如"水密隔舱技术""多重木板结构"等。

2. 学生能够做到

(1)能够分享展示自己的调研结果,与同学讨论。

(2)能够概括总结出福船的造型特征、福船特有的结构。

3. 学生能够理解

理解中国古人传承新生、天人合一、师法自然的大智慧和中华文化的博大精深。

(三) 单元教学设计框架

单元教学设计框架见图 4-4-2。

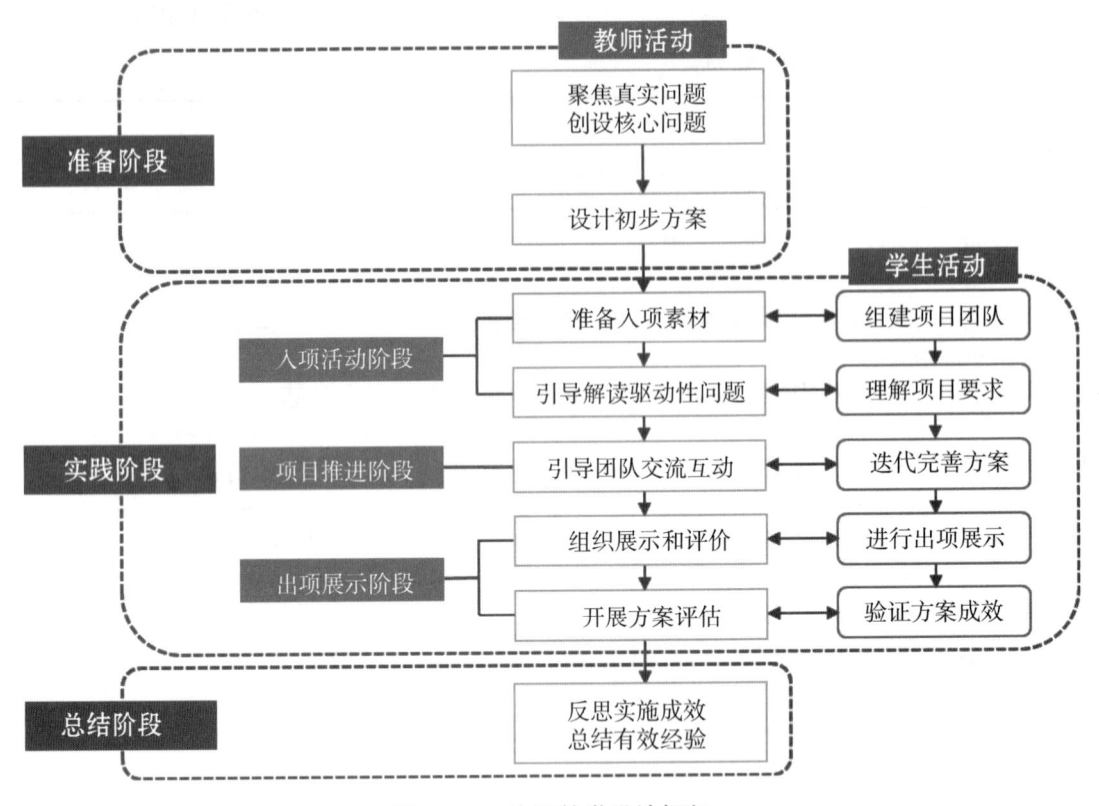

图 4-4-2　单元教学设计框架

(四) 资源保障

福船相关文字资料、图片、视频。

三、单元实施过程

单元实施过程见表 4-4-3 至表 4-4-5。

表 4-4-3　第 1 课时："乘风破浪——福船远航技艺"实施过程

核心问题 （大观念）	在美术学科视野下，可以从哪些方面鉴赏福船？
子问题 （链）	福船与沙船的造型特征有何不同？福船远航的奥秘是什么？
课时学习 目标	掌握福船的概念，了解福船的造型特征、重要结构；培养学生的图像识读核心素养。在教学互动中，学生能够认识到以福船文化为代表的中国非物质文化遗产的珍贵，培养对中国传统文化的热爱，增强民族自豪感，坚定文化自信。

续表

重点	能够从不同角度鉴赏分析福船。
难点	正确理解福船文化。

教学环节	学习活动	设计意图
环节1 前期准备	准备福船的资料,例如南京郑和公园仿制郑和宝船、闽越水镇"福舟号"、泉港峰尾福船等。 福船、沙船的造型特点以及区别。 水密隔舱及福船制作技艺相关视频。	做好课前准备,了解福船相关知识,激发学习兴趣。
环节2 情境导入	教师播放历史人物戚继光、郑成功、郑和航海的视频。 教师引出问题: 他们乘坐的船是什么船?福船作为中国四大古船之一,究竟有何特别之处?	通过民族英雄故事培养学生的道德品质和文化自信,引出本课主题和学生对基本问题的思考。
环节3 探究发现	探究发现1: 教师出示福船与沙船图片,学生观察并总结福船的造型特点,并说一说其与沙船的区别。 答案参考:福船是尖首、尖底船型代表,而沙船是方头、平底船型代表。 探究发现2: 同学分组讨论,远航途中,船员们会遇到什么问题?他们应该怎么解决? 答案参考:船员们可能会遇到的问题包括食物营养问题如何解决?如何确定航向?船只破损怎么办?海上风浪大怎么办?船只如何停靠?主要围绕水密隔舱技术、多重木板结构以及当时的远航船必备工具等方面进行解答。	通过视频图片,从造型特征、结构技术等维度深入分析福船,提升学生图像识读、审美判断、文化理解的核心素养能力。
环节4 课堂总结	教师总结:福船的制作技艺是中国人民宝贵的文化遗产,代表着古代中国人的卓越智慧,值得我们珍视。	通过欣赏优秀作品培养学生审美判断能力。通过思考传播福船文化的方法,激发学生创意思维。通过总结进一步升华福船文化,激发学生传承福船文化的使命感。

表 4-4-4　第 2 课时:"继往开来——福船文化传承"实施过程

核心问题 (大观念)	在美术学科视野下,如何继承和发展福船文化?	
子问题 (链)	1."福宁号"福船是如何继承和发展福船文化的? 2. 船身的图案蕴含了哪些美好寓意? 3. 传播福船文化,你有哪些好的办法?	
课时学习 目标	1. 知道仿古福船是从哪些方面传承福船文化的。 2. 能够用美术学科的方式为福船文化传承做出贡献。 3. 在教学互动中能够认识到以福船文化为代表的中国非物质文化遗产的珍贵,培养对中国传统文化的情感,增强民族自豪感,坚定文化自信,为传播福船文化出谋划策。	
重点	知道福船文化是如何传承发展的。	
难点	理解传承福船文化的重要意义。	
教学环节	学习活动	设计意图
环节 1 前期准备	准备"福宁号"福船的资料。 区域福船非遗传承人相关资料。	做好课前准备,了解"福宁号"相关知识,激发学习兴趣。
环节 2 情境导入	播放"福宁号"相关纪录片。 教师引出问题: "福宁号"是为何而诞生的?	激发学生对福船文化传承的初步感知。
环节 3 探究发现	探究发现 1: 教师出示"福宁号"图片,学生观察并说一说"福宁号"的造型特点。 探究发现 2: 从造型、装饰、工艺、文化四个角度欣赏并探究"福宁号"是如何传承福船文化的。 答案参考:造型部分从传统福船造型出发分析与欣赏;装饰部分:头部为龙雕,船尾为绘饰,可从知识窗找寻;工艺则为上一课所学习的"水密隔舱"技术;文化则从意义、精神的角度分析"福宁号"诞生的意义。 探究发现 3: 学生合作制作"福宁号"宣传册。	通过对"福宁号"的探究学习,初步感知福船文化传承的方式,理解传承福船文化的重要意义。

续表

环节 4 课堂总结	教师分享附近地区有影响力的福船技艺传承人的传承形式,如泉港峰尾"黑舶五青案"仿古船与船模。学生思考还有哪些传播福船文化的好办法,分组讨论。教师总结:福船的制作技艺是中国宝贵的文化遗产,代表着古代中国人的卓越智慧,值得我们珍视。	通过欣赏优秀作品提高学生的审美判断能力。通过思考传播福船文化的方法,激发学生创意思维。通过总结进一步升华福船文化,激发学生传承福船文化的使命感。

表 4-4-5　第 3 课时:"融合创新——红点设计博物馆"实施过程

核心问题（大观念）	设计的概念是什么？如何鉴赏产品设计？	
子问题（链）	红点设计博物馆是什么？日常出行中哪些东西与设计相关？设计与绘画有什么区别？乘坐过的交通工具中有哪些令你印象深刻的设计？	
课时学习目标	1. 学生能够理解设计的概念、设计与纯艺术的区别;理解老旧建筑活化的意义;对红点设计博物馆有一个基本的认识,知道红点设计大奖。 2. 通过学习与"行"有关的设计作品理解不同的设计理念,如"形式追随功能""形式追随情感"等。 3. 通过具体的案例实践,掌握鉴赏产品设计的方法。	
重点	通过对产品设计作品的鉴赏分析,掌握鉴赏方法。	
难点	鉴赏方法的运用。	
教学环节	学习活动	设计意图
环节 1 前期准备	准备好"单车桌"的相关文字资料和图片。搜集红点设计博物馆相关文字资料、图片以及与"行"有关的红点设计大奖的获奖作品、资料、图片,做好电子课件讲稿和教学设计。准备旧建筑改造博物馆/艺术馆的例子的图片资料。	做好课前准备,了解课程主题相关资料。

续表

环节 2 情境导入	观察《第 18 号》《红气球》《红，蓝，黄的构成》三件作品，假如这 3 张图片代表着 3 家航空公司，根据你的出行目的、你的心情、你的同伴，说一说你的选择。 学生将会根据 3 幅作品风格赋予一些象征意义，并根据自己的需求、喜好等给出不同的答案。 教师可以再问，如果 3 幅作品代表公司产品不同的设计风格呢？ 然后教师引出本课的基本问题：设计是什么？设计的目的是什么？	培养对图像的感受能力，引发对设计的思考。 3 张图片的解读是开放式的，可以有不同的答案。例：1. 感性与理性的区别。2.《第 18 号》—重视服务—情感；《红气球》—重视体验—感知；《红，蓝，黄的构成》—重视秩序—形式。
环节 3 探究发现	1. 航站楼的变迁。 通过图片资料介绍红点设计博物馆所在建筑 T2 航站楼的变迁。T2 航站楼→红点设计博物馆→国际/港澳台到达第二通道。 教师问：你还知道哪些由旧建筑改造成博物馆/艺术馆的例子？为什么要这样做？ 答案参考：上海当代艺术博物馆、北京民生现代美术馆、中华艺术宫等。 一方面，旧建筑物作为博物馆、艺术馆被重复利用可以减少城市扩张带来的资源浪费；另一方面，历史建筑反映了社会文化的变迁，新的建筑元素与过去的特征相结合能够在现代与过去之间形成一种象征性的联系。旧建筑不仅保留了文化遗产的特征，同时又能履行新的历史使命。	培养学生对历史文化的感知能力，让学生明白旧建筑本身是重要的文化遗产，也是宝贵的城市资源，重复利用能够保护材料和节约能源。
	2. 设计飨宴。 教师根据图片资料介绍红点设计博物馆的具体情况，例如博物馆内部空间、展厅、作品、设置的奖项等。	通过图像资料帮助学生提高图像识读能力，拓宽学科视野。

续表

环节3 探究发现	3. 行之设计。 与学生讨论设计师基于不同的设计目的、设计理念所设计出来的与日常出行有关的设计作品，如"形式追随功能""形式追随情感"。教师问：你能介绍一下你见过的设计作品吗？猜想一下设计师的设计目的。	通过具体的设计作品欣赏，让学生明白设计作品背后有着不同的设计理念，但最终目的是满足人们的某种实际需求。 通过问题提升学生审美判断的核心素养。
环节4 鉴赏实践	教师向学生介绍产品设计鉴赏方法，并分析"自行车马鞍座"的设计。 教师展示"移动单车桌"相关资料，并给予学生一些提示，学生尝试鉴赏。	认识和掌握产品设计鉴赏方法，提高审美判断能力。

第二节 "'行'之创意——迭代轨迹"美术单元课程与教学设计案例

（创意·表现单元）

一、单元简介

单元名称："行"之创意——迭代轨迹。

适用年级：高中一年级。

课时要求：3课时。

单元概述：本单元以福建地区的福船文化资源为引，将现有的大福船作为核心案例，以设计福船的文创产品为途径，提升学生的创造性思维，培养学生热爱家乡、弘扬中华优秀传统文化的思想情感。

（一）学科知识与技能

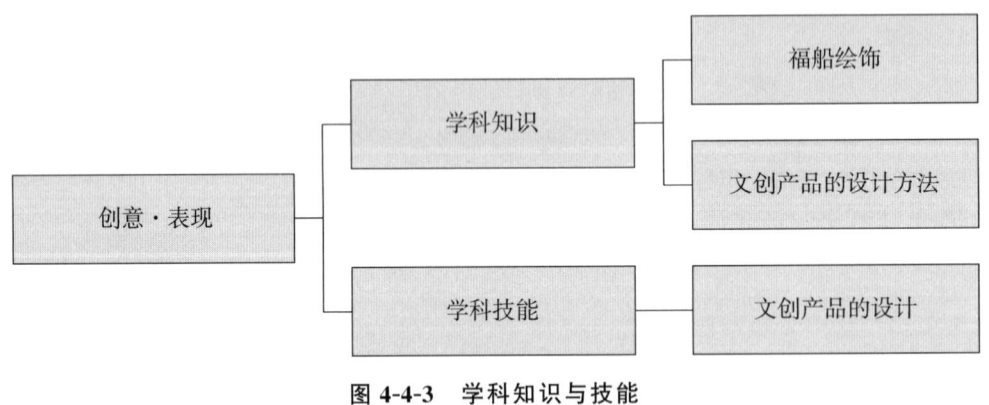

图 4-4-3　学科知识与技能

（二）核心素养和思政元素

通过设计福船传统纹饰的练习，培养学生的动手能力、解决问题的能力。本单元所指向的美术学科核心素养和课程思政元素见表 4-4-6 和表 4-4-7。

表 4-4-6　核心素养

☑ 图像识读	通过福船绘饰的学习和再设计，培养学生对传统纹样的欣赏和理解能力。
☑ 美术表现	以福船的传统纹饰为题材，联系实际生活，构思和设计文创产品，培养学生的美术表现力。

续表

☑ 审美判断	通过课程学习，学生能够感受福船的造型美、结构美以及绘饰美，并能挖掘福船绘饰中"美"的部分，并进行再创造。
☑ 创意实践	借鉴优秀的文创产品，学习文创设计的方法，设计具有实用和审美功能的产品，培养创新意识。
☑ 文化理解	通过课程学习，学生能够感受到以福船为代表的中国非物质文化遗产的独特魅力。

表 4-4-7　思政元素

☐ 政治认同	
☑ 家国情怀	通过了解福船，增强对地方文化的认同感。
☑ 文化自信	感受福船的历史文化，通过福船衍生品的设计，传承和发扬中华优秀传统文化。
☐ 健全人格	
☐ 生态意识	

二、单元课程创建

（一）挑战性问题

核心问题：
如何在文创产品中体现福船文化？

驱动性问题：
（1）传播福船文化，你有哪些好的办法？
（2）怎样才是好的文创产品？
（3）怎样设计文创产品？
（4）如何体现福船文化？

（二）单元课程目标

1. 学生能够知道
（1）福船的造型特征，如前部为小方头，尾部宽大。
（2）福船船体的装饰元素，如"头犁壁""花屁股""猛"等。
（3）文创设计的方法。
（4）福船文化传承与传播的现状。

2. 学生能够做到

(1)能够分享展示自己的作品,与同学讨论。

(2)能够挖掘出福船上更多"美"的、独特的元素。

(3)能够运用文创产品的设计方法,设计新颖的文创产品。

3. 学生能够理解

理解传播以福船文化为代表的中国非物质文化遗产的重要性,及福船文化蕴含的传承新生、天人合一、师法自然的智慧。

(三)单元教学设计框架

单元教学设计框架见图 4-4-4。

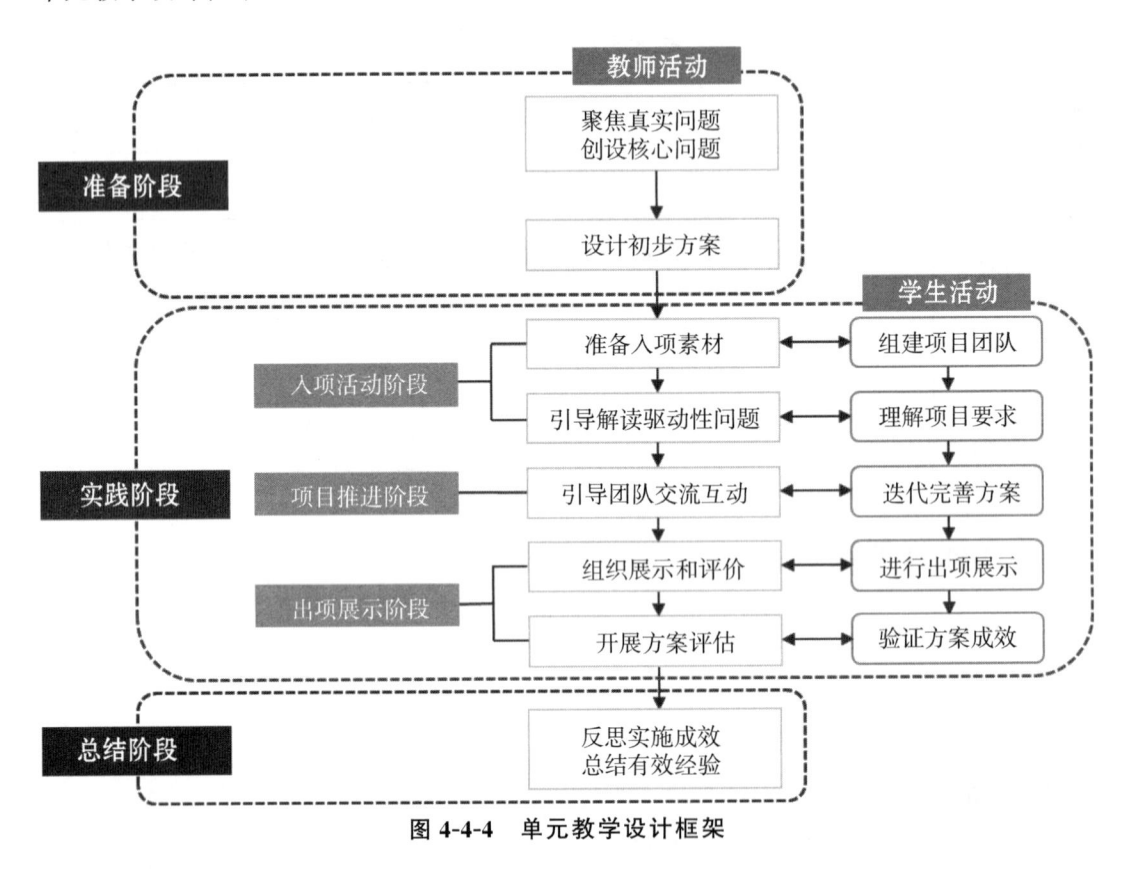

图 4-4-4 单元教学设计框架

(四)资源保障

福船相关文字资料、图片、视频。

三、单元实施过程

单元实施过程见表 4-4-8 至表 4-4-10。

表 4-4-8 第 1 课时:"古船印象——福船文创设计"实施过程

核心问题 (大观念)	学习文创的相关知识,围绕福船这一主题,完成文创产品设计图。

续表

子问题（链）	1. 设计文创产品需要哪些知识和技能？ 2. 如何在产品中体现福船文化？ 3. 如何使产品更具美观性和创意性？	
课时学习目标	通过欣赏优秀的文创产品，了解文创产品设计的知识。 能够将福船的文化元素与文创产品进行结合。 增强学生对家乡的文化认同感，为保护和传播福船文化出谋划策。	
重点	完成一幅产品设计图。	
难点	能够用创新思维进行文创产品设计。	
教学环节	学习活动	设计意图
环节1 知识回顾	回顾上一课时欣赏活动中关于福船及其绘饰的知识。 教师可以展示更多的素材，让学生找一找福船上还有哪些独特的绘饰，说一说为什么认为它美。 揭示课题，我们要运用福船的造型特点和绘饰设计一个文创产品，传播和弘扬福船文化。	回顾福船相关知识，培养学生对福船文化的热爱。
环节2 文创产品欣赏	教师可以将具有设计感的文创产品与普通产品作对比，总结什么是文创设计。 欣赏优秀的文创设计作品。如学习借鉴故宫、苏州博物馆、大英博物馆等文创设计产品的创意。 说明什么样的文创设计才是好的文创设计，我们在设计时应考虑到什么问题，如实用性、美观性、趣味性、故事性、科技性、创造性等。	感悟设计与生活的关系，使学生理解文创设计的意义。激发学生的设计灵感，体验文创产品设计的思考过程。
环节3 创意构思	教师可以将福船的文化元素与文创物品进行随机的自由组合，让学生开展头脑风暴。 小组讨论，撰写创意构思和设想，绘制草图。学生互评，调整方案。	拓展学生设计思路，锻炼学生的表达能力，并使学生的文创设计有了雏形。
环节4 创意表现	选择合适的美术材料，完成设计图。 展示评价。教师组织自评互评，学生可以从文创产品的实用性、外观、设计理念、创意等多角度评价。	完成设计图，展示评价。

表 4-5-9　第 2 课时："布帆无恙——福船粉印版画"实施过程

核心问题 （大观念）	学习粉印版画的相关知识，围绕福船这一主题，完成粉印版画的福船作品。
子问题 （链）	1. 创作粉印版画需要具备哪些知识和技能？ 2. 如何在创作中把握福船的基本特点？ 3. 如何使版画作品更具美观性和创意性？
课时学习 目标	通过欣赏优秀的版画作品，了解粉印版画的知识。 能够创作出既有福船基本特点又有生动饱满画面的福船粉印版画作品。 增强学生对家乡的文化认同感，为保护和传播福船文化出谋划策。
重点	完成一幅福船粉印版画作品。
难点	能够创作出构图饱满、色彩和谐、造型生动的福船粉印版画作品。

教学环节	学习活动	设计意图
环节 1 知识回顾	回顾上一课时欣赏活动中关于福船及其绘饰的知识。 教师可以展示更多的素材，向学生展示福船不同角度的图片，并展示关于船的版画作品，学生能够从各个角度感受福船魅力，感受版画作品的独特韵味。 揭示课题，我们要运用福船的造型特点、色彩以及绘饰创作一幅福船粉印版画作品，传播和弘扬福船文化。	回顾福船相关知识，培养学生对福船文化的热爱。
环节 2 初步了解 版画	教师将版画作品与绘画作品同时进行展示，引导学生思考讨论：版画有什么特点？ 学生回答后，教师进行总结，版画具有间接性、复杂性和多样性，突出强调版画的复数性使得版画作品可以重复印制，因而将福船以粉印版画的形式绘制，有利于大力宣传福船文化。 介绍版画的种类，有木版画、丝网版画、铜版画以及本节课要学习的粉印版画，并简单介绍每一个种类所使用的材料以及方法，进行小拓展。	通过版画作品与普通绘画作品的对比激发学生思考，从而对版画有初步的了解，并以强调复数性的方式，让学生能够知道本节课用粉印版画绘制福船的意义——加强对福船文化的宣传。

续表

环节3 深入感知粉印版画	教师引导学生拿出提前准备好的吹塑板,提问吹塑板和平时的画纸的区别。 学生回答后教师总结:吹塑板具有一定的厚度,并且相比于其他的版画种类的材料来说,比较易雕刻,但不易细腻深入,由此引出版画的一个特点——具有概括性,同时展示版画作品,学生可以更清晰地了解什么样的作品是好的版画作品,比如线条概括、造型生动、色彩搭配和谐、构图饱满等。 具体讲解粉印版画的绘制步骤:起稿—刻板—上色—拓印。	通过驱动性问题,激发学生兴趣,从而引出粉印版画的基本特点,详细讲解绘制步骤,学生可以在完成作品的过程中理清思路。
环节4 创作草图	教师展示福船图片,提问学生福船外观装饰的特点。学生回答后,教师总结福船的造型、色彩、外观装饰,强调绘制草图时要注意突出福船的特点。 教师展示大师关于船的版画作品,引导学生借鉴、学习大师的构图,创作初步草图。 小组讨论,为组内成员作品提出修改意见,学生进行调整。	引导学生向大师作品学习、借鉴,使画面效果更加和谐统一,通过学生互评,使草图方案不断完善。
环节5 创作表现	根据作画步骤以及已完善的草图,完成一幅以福船为主题的粉印版画。 展示评价。教师组织自评互评,学生可以从作品的造型、线条、色彩、创意等多角度评价。	完成创作,展示评价。

表4-4-10 第3课时:"一路福星——交通工具设计"实施过程

核心问题 (大观念)	学习交通工具设计的相关知识,围绕福建交通这一主题,完成创意交通工具设计图以及模型。
子问题 (链)	1. 交通工具有哪些种类? 2. 交通工具设计需要具备哪些知识和技能? 3. 如何在交通工具中体现福建特色?
课时学习目标	通过了解福建交通变迁的历史,了解交通工具设计的重要性。 能够将福船等福建文化元素与交通工具结合进行创意设计,并制作实物。 增强学生对社会的责任感,引导学生为福建省的交通发展出谋划策。
重点	了解船的基本结构,引导学生通过想象力描绘造型或功能独特的船。

续表

难点	运用快题设计的方法,设计出有福建主题特色的创新船只,并进行设计说明。	
教学环节	学习活动	设计意图
环节1 导入	出示左宗棠与福建船政局的照片,让学生联系历史,拉近与福建造船史的距离,并了解福建交通变迁的历史。 了解现代福建船只创造的案例,体验设计与科技的关系。 揭示课题,一路福行,设计出心目中能够传承福建文化的交通工具。	联系历史,了解交通工具对于国家发展的重要性,激发学生的设计热情。
环节2 深入探究	1. 初识船只。通过提问以及图片的引导,讲解船的分类(福船、渔船、战船、龙船、货船等)。 2. 结构分析。观察各式船的3D模型,分析结构,概括为船头、船尾、船壳、甲板、帆、舵等部分。教师出示福船平面图以及12生肖暗示构件,让学生猜一猜,连一连,每个生肖命名的构件在船的什么部位。从而对船的构件进行细致分解,增添设计细节。 3. 案例赏析。让学生分析案例的优秀之处,扩宽设计视野(材质创新、图案、色彩创新、功能造型创新等)。 4. 教师总结。船只设计的类型有:(1)常见船型的图案色彩创新;(2)特殊造型的船(小提琴船、蘑菇船等);(3)特殊功能的船(有清洁功能的、能海陆两栖的等)。 5. 头脑风暴。以福建特色主题船设计为主题,小组学生运用心智图法进行探讨,激发创新点,设想船只设计的雏形。	了解交通工具——船的分类、结构,使学生清楚可进行设计的范围,不脱离实际。了解设计原则。回顾之前所学产品设计的四维度:功能品质、魅力品质、使用品质以及责任品质;文创设计中提炼设计元素的方法。回顾之前课程内容所学,温故而知新,利用福建元素再创作,传承家乡文化。体验主题性交通工具设计的思考过程。
环节3 快题设计	邀请学生发表想法后,老师总结交通工具设计的流程:初识产品—分析结构—优秀案例赏析—头脑风暴—选择表现形式—设计草图。 学生随后根据心智图绘制设计草图。	动手实践,使想法落地,提高学生从二维转向三维的思考能力,加强造型表现能力。

续表

环节 4 展示评价	完成设计后,上台展示,进行设计说明。 教师组织自评互评,学生可以从功能造型、色彩寓意、材质设计等方面评述。 教师总结升华,舟船具有承载希望和连接未来的作用。西方神话创造出诺亚方舟来给灾难中的人民避难,中国人自古以来就靠舟出海与世界联系,舟带领人们驶出中国,驶向海外,甚至驶向了太空,中国的第一艘载人航天飞船仍然使用"神舟"这一名字。因此,学生应当要有破釜沉舟的定力和自强不息的勇气。	回顾设计理念与想法,训练学生进行设计说明的表达能力。教师总结,从舟的寓意培养学生的社会责任感。

四、课程评价

(一)参考项目成果

参考项目成果见表4-4-11。

表4-4-11 参考项目成果

团队成果	规划方案 访谈记录 探索成果 作品设计	参与评价人员: □班级 □学校 □社区 □网络 □个人:_____
个人成果	鉴赏报告 体验成果 展示汇报	

(二)参考评价量表

过程性评价量规见表4-4-12,自评与他评清单见表4-4-13。

表 4-4-12 过程性评价量规

		水平 1	水平 2	水平 3	水平 4
评价维度	团队访谈 - 倾听回应	随意插嘴打断别人；没有听清内容就匆忙回应。	耐心地听他人讲述；能用肢体、语言等方式回应他人。	耐心地、鼓励式地听完他人的讲述；适时给出回应性的思考。	在耐心倾听的同时，能积极与他人互动，共同思考，营造良好的访谈氛围。
	团队访谈 - 访谈记录	访谈内容单一，访谈记录零散、不完整。	开展多次访谈且能完整地将流程及内容记录下来。	能从对话中提取关键信息，并将访谈内容完整地记录下来。	能面向不同群体开展访谈，内容体现双方的深层思考与观点的博弈。
	团队访谈 - 调研报告	没有组织自己的观点，报告内容不连贯。	能体现自己的观点，在报告中流畅地进行表达。	能够富有逻辑地表达自己的观点，在报告中流畅地进行表达。	能够富有逻辑地表达自己的观点，通过流畅的语言进行表达；并有多项资料来充分论证自己的观点。
	美术学科核心素养 - 创意实践	能搜集到相关资料和信息，运用合适的材料进行创作与设计。	能运用多种方式搜集资料和信息，进行联想和想象，生成创作意图。	能根据搜集到的信息，运用发散性思维进行联想，将生成的创作意图用不同方式进行呈现。	能运用发散性思维进行联想和想象，借鉴艺术家的创意想法和创作手段，通过吸收和变通完善自己的创作意图。
	美术学科核心素养 - 文化理解	能从文化角度来分析和理解艺术作品和艺术现象。	能从文化角度来分析和理解作品，了解社会和文化是如何影响艺术的。	能从文化角度分析和理解不同地区、民族的传统艺术特点，了解艺术与文化的关系。	能从文化角度分析和研究不同地区、民族传统艺术的继承与创新之间的关系，尊重并理解不同地区的文化内涵。

表 4-4-13　自评与他评清单

对本人创作的作品进行自评	自评清单： (　)1. 我的设计是否聚焦？ (　)2. 我的设计理念清晰吗？ (　)3. 我有认真了解设计元素的来源吗？ (　)4. 我有加入自己的原始想法吗？ (　)5. 我的艺术表达清晰吗？
评论他人作品的评价自查清单	评价自查清单： (　)1. 我的评论提供了我认真欣赏作品的证据了吗？ (　)2. 我充分识别主题或者创作观点了吗？ (　)3. 我把用来支持观点的证据和论证解释清楚了吗？ (　)4. 我适当地考虑作者的创作风格了吗？ (　)5. 我对作者作品的判断是适当的、可靠的吗？ (　)6. 我评论作者所呈现的东西了吗？ (　)7. 我的评论中包含一些我自己的见解了吗？

终结性评价表见表 4-4-14。

表 4-4-14　终结性评价表

维度	内容	占比	评价
知识建构	能用艺术的眼光欣赏福船，认识到这些福船所承载的地方文化内涵，能够将所建构的知识充分运用在成果的设计与呈现中。	20%	
学习成果	能从成果中展现对福船文化的深刻认识，包含必要的设计意图说明；有设计的草图或思路，其成果在主题上与观点及主旨相吻合。	20%	
文化内涵	团队设计的成果能让观众体验到在多元视角下所呈现的对福船文化及设计智慧与文化内涵的展现。	20%	
创意思维	能以独到的创意设计来呈现成果，富有新意，能够吸引观众的目光。	20%	
总体成效	能够把所学的知识与技能应用到真实的场景中，最终取得的成果富有内涵，能给人留下深刻的印象。	20%	

后 记

厦门英才学校 15 年创美一体化课程第二期"非遗里的中国智慧（福建篇）"，自 2022 年 3 月正式启动以来，课题组成员在华东师范大学钱初熹教授带领下 3 次赴厦门进行项目研讨与实地考察，厦门英才学校的教师也 5 次前往上海参加课题组会议，研讨课程的相关细节。随着项目研制的不断深入，研究团队深刻地认识到：

千百年来，中国人胸怀着对天地草木的敬畏与深情，遵循着日月星辰的运行规律，用双手创造出一系列拔新领异的卓越技艺。采叶制茶，缫丝为衣，抟土作陶，琢泥成器，淬火铸金……一大批中华非物质文化瑰宝成为人类文明天幕中的璀璨群星。

福建人民在世代相续的生产生活实践中，逐步探索形成了具有鲜明地域特色的价值追求、思想创造、技艺传承。这些渗透在衣、食、住、行中的非遗文化，跨越时空的智慧光芒，照亮了我们的过去、现在和未来。

今天，我们凝练、传播、弘扬非遗里的"中国智慧"，就是为了深入学习贯彻习近平总书记关于传承和弘扬中华优秀传统文化的系列重要论述，推动中华优秀传统文化创造性转化、创新性发展，让每一位学生通过学习，守护和弘扬非遗里的"中国智慧"，坚定文化自信，讲好中国故事，推动中华文化更好走向世界。

本书为厦门英才学校"'以美融通五育一体化育人体系'之美育课程系列"的成果之一。本书以"中国智慧"为主题，聚焦福建非物质文化遗产中有关"衣、食、住、行"方面的智慧，引导学生结合现代生活进行欣赏评述和创意表现。这套覆盖厦门英才学校从幼儿园到高中 15 年一贯制的美育课程，将为厦门英才学校乃至福建省其他学校的各学段美术教师在课程研发与教学设计方面提供借鉴与参考。

本书是华东师范大学、上海师范大学、杭州师范大学三所高等师范院校和厦门英才学校美术教育专业老师共同研制的成果，各章节具体分工如下：

华东师范大学美术学院教授、博士生导师钱初熹作为本书的主编，负责全书的总策划与体例设计，撰写序言，并对全书进行了审阅。

厦门英才学校朱黎兵担任本书的主编，负责体例设计，撰写绪论、后记，并承担了全书的协调与统稿工作。

"衣"部分：上海师范大学天华学院学前教育学院副教授杨莹、韩国弘益大学硕士研究生王舒婷、上海市浦东新区彭镇幼儿园教师张欣韵撰写了幼儿分册；厦门英才学校郑惠婷、肖璐和陈淑娴撰写了小学分册；厦门英才学校郭楠捷、卢丽娜、陈怡婷和吴天宇撰写了初中分册；厦门英才学校郑惠婷、卢丽娜、陈怡婷、夏菲菲和赖思沁撰写了高中分册。

"食"部分：华东师范大学美术专业硕士冯永月撰写了幼儿分册；华东师范大学美术学专业硕士李晶撰写了小学分册；宁波市镇海区立人中学美术教师何璐撰写了初中分册；上海尚阳外国语学校桐乡丰子恺学校美术教师郑姜熠撰写了高中分册。

"住"部分：上海师范大学天华学院学前教育学院副教授杨莹、韩国弘益大学硕士研究生王舒婷撰写了幼儿分册；上海市曹杨第二中学附属学校教师陆鑫雨、上海师范大学附属松江实验学校教师徐昕钰、上海师范大学美术学院漆画专业硕士研究生田林、上海市崇明区社区学院教师周益敏、上海师范大学美术学院课程与教学论专业研究生陈思怡撰写了小学分册；上海市闵行区七宝镇明强小学教师刘朱怡、华东师范大学美术学院美术专业硕士研究生陈姣睿撰写了初中分册；上海师范大学美术学院讲师徐耘春、上海师范大学附属第二实验学校教师毛倩倩撰写了高中分册。

"行"部分：杭州师范大学美术学院讲师张旭东、江苏省泰州市泰兴市襟江小学教育集团美术教师王鑫琦、浙江广厦建设职业技术大学艺术设计学院专任教师沈晶晶、诸暨市店口镇文裔小学美术教师戚瀚文、杭州师范大学美术学院美术学(美术教育)专业艺术学硕士王沙撰写了幼儿分册和小学分册；杭州师范大学美术学院讲师张旭东、杭州市银湖实验中学美术教师周灿、杭州师范大学美术学院学科教学(美术)专业教育硕士郑天舒、浙江广厦建设职业技术大学艺术设计学院专任教师沈晶晶、杭州市文澜实验学校美术教师谢汉城撰写了初中分册和部分高中分册；杭州师范大学美术学院美术学(美术教育)专业艺术学硕士凌佳惠、杭州师范大学美术学院美术学(师范)专业本科生竺佳茗也参与了高中分册的撰写。

在此对所有参与本课题组的老师、同学表示衷心的感谢！

福建省普通教育教学研究室黄丽丽副主任，厦门英才学校刘炜校长、孙秀丽副校长，清华大学美术学院社会美育研究所李睦教授一直对本书的编写、出版工作给予关心，在此表示诚挚的谢意。

本书编写组力图体现新课标、新课程的理念和方法，尽可能吸收最新的教学研究成果，编写出具有示范与推广意义的精品教材，但由于时间紧、任务重、编写团队庞大且编者的编写风格与学识水平存在差异，书中难免存在错误与不足。我们恳请使用本书的师生能对我们提出宝贵的意见，以期进一步改进与完善。

朱黎兵

2024 年 4 月 2 日于厦门九天湖畔

说　明

　　本书所用图像主要由厦门英才学校相关老师提供,另有部分图像虽经多方查询,仍未能与著作权人取得联系。请相关著作权人看到此声明后,及时与厦门英才学校办公室联系(邮箱:3683771@qq.com),校方会向您赠书并支付稿酬。在此向您表示诚挚的谢意!

本书图片来源

厦门英才学校